JEAN-MICHEL VIVES

Vencedor do prêmio PRIX ŒDIPE *des* LIBRAIRES 2013

A VOZ NO DIVÃ

UMA LEITURA PSICANALÍTICA *sobre* ÓPERA, MÚSICA SACRA *e* ELETRÔNICA

Título original: *La voix sur le divan*
Aubier, 2012

Editora | Fernanda Zacharewicz

Tradução | Mário Sagayama
Capa | Rafael Brum
Diagramação | Sonia Peticov

Primeira edição: março de 2020
Segunda impressão: outubro de 2021

Dados Internacionais de Catalogação na Publicação (CIP)

Ficha catalográfica elaborada por Angélica Ilacqua CRB-8/7057

V841v

Vives, Jean-Michel
A voz no divã / Jean-Michel Vives; traduzido por Mário Sagayama. — São Paulo: Aller, 2020.
240 p.

Bibliografia
ISBN: 978-85-94347-35-0
ISBN ebook: 978-85-94347-37-4
Título original: *La voix sur le divan*

1. Voz — Aspectos psicológicos 2. Música — Aspectos psicológicos 3. Psicanálise I. Título II. Sagayama, Mário

20-1340 CDD – 150.195
CDU 159.964.2

Índice para catálogo sistemático
1. Psicanálise

ALLER EDITORA
Rua Wanderley, 700
São Paulo–SP, CEP: 05011-001
Tel: (11) 93015.0106
contato@allereditora.com.br
Facebook: Aller Editora
Instagram: @allereditora

A Marie-Ange, Bérénice e Marc-Antoine

AGRADECIMENTOS

O exercício, algo ritual, dos agradecimentos é, aqui, particularmente delicado, tão numerosas foram as contribuições de todas as espécies e que permitiram a esse trabalho de chegar à publicação.

Eu gostaria, primeiramente, de expressar meus mais profundos agradecimentos àqueles que me serviram de bússola nessa exploração da voz e, muito particularmente, a Michel Poizat, infelizmente falecido, cuja obra essencial irriga todo este trabalho, e a Alain Didier-Weill, que não somente acompanhou, mas igualmente encorajou, com o entusiasmo que o caracteriza, a formalização dessas questões que partilhamos.

Meu reconhecimento vai, igualmente, a todos aqueles que acolheram e discutiram, com interesse e boa vontade, os esboços e balbucios do que se tornaria este livro:

- Marco Antonio Coutinho Jorge e os membros do *Corpo Freudiano* no Brasil;
- Mario Eduardo Costa Pereira e os colegas da Universidade de Campinas;
- Paola Mielli e os membros da *Après-coup* em Nova Iorque;
- Céline Masson e os membros do grupo *Pandora;*
- Élisabeth Blanc e os membros da AEFL em Nice;
- Os colegas da *Insistance;*

- Moufid Assabgui e os colegas do *Coût freudien*;
- Roland Gori e a revista *Cliniques méditerranéennes*;
- Olivier Douville e a revista *Psychologie clinique;*
- Laetitia Petit e a revista *Prétentaine*;
- Os colegas da Universidade de Nice: Thierry Bisson et Frédéric Vinot.

Agradeço igualmente aos artistas, cantores, atores, músicos, encenadores que me falaram de sua prática e a ela me associaram, e mais particularmente: Alain Zaepffel, Véronique Dietschy, Jacques Nichet...

Meus agradecimentos vão igualmente aos estudantes de Nice, que seguiram e, por vezes, suportaram meu ensino, e junto aos quais tive a ocasião de "testar" as intuições que, de tão certeiras, tornaram-se figuras maiores desse trabalho.

Eu não poderia concluir esses agradecimentos sem mencionar Sylvie Fenczak, a editora atenta que, com sua paciência (oh, quanta!), sua agudeza e a precisão de sua leitura, foi-me de tão grande ajuda.

SUMÁRIO

PARA PREPARAR UM PREFÁCIO...

Caro Jean-Mi,

Tem realmente muita coisa neste trabalho sobre a voz; essa tessitura entre a sua leitura, os diversos textos e a escrita do seu próprio pensamento, é um êxito. Antes de escrever um prelúdio definitivo, eu lhe dirijo uma série de observações...

Minha primeira questão: como é possível que para a psicanálise não haja, aparentemente, perversão originando uma exibição da voz? Acho que você tem razão: é uma questão inédita. Sem que tivéssemos falado sobre isso, o que é muito curioso, eu me colocava essa questão, sentindo que havia, aí, um desafio importante. Neste verão, quando você estava na casa dos Hugo e Companhia, eu estava concebendo — a respeito de Céline — que uma tal mostração perversa da voz existia em sua obra, mas profundamente camuflada por trás do véu do belo. Eu supunha que o que tornava sua prosa irresistível, para muitos, era, além das invectivas, a transmissão de sua voz urrando um grito. Se for este o caso, é possível que o estudo da vociferação escondida abra uma via para uma nova compreensão da eficácia de certos discursos políticos.

Abordo, agora, um aspecto teórico crucial para você e para mim e que, afora nós dois, parece nunca ter sido abordado por psicanalistas. É o aspecto da questão do que você chama de "ponto surdo".

A esse respeito, eu trago alguns elementos teóricos que me levam, por ora, a preferir o termo "esquecimento do esquecimento" ao de "ponto surdo".

O adjetivo "surdo" dá a ideia de aquisição de uma surdez que, uma vez estabelecida, poderia manter-se por si só. Com "esquecimento do esquecimento", eu tento introduzir a ideia de um verbo ou de dois verbos significando uma ação permanente, sempre a ser retomada, que remete, sem dúvida, ao que há de mais misterioso no processo fundador do inconsciente. Se a cópula desses dois verbos me parece interessante, é porque o esquecimento do esquecimento me parece remeter ao que se produz com a palavra, enquanto o efeito da voz seria o de transmitir um não esquecimento do ato pelo qual um esquecimento se produziu.

Eu me explico. Se nós invocamos a noção de originário, nós podemos levantar essa hipótese: antes mesmo da experiência do grito do *infans*, nós podemos supor que o corpo dele ressoou ao som mais elementar que pode existir: por que não o som do shofar ouvido através da voz materna, se ela não foi atingida pela foraclusão?

Qual é a particularidade do som do Um, nomeado "tekîa", no ritual do shofar? É que ele não é inaudível, mas é indizível.

Indizibilidade, manifestada na Bíblia, pela qual Deus se nomeia "eu", a saber, "anoki": a primeira letra Aleph, que é impronunciável, é aquela que Lacan situa como ancestral de seu objeto pequeno "a".

Essa indizibilidade implica duas coisas: por um lado, ela é intraduzível — e é nessa intraduzibilidade que Lévi-Strauss vê a especificidade da música — mas, por outro lado, ela é evocável ou por um nome próprio ou pela significância de uma segunda nota, que, ao introduzir um deslocamento, vai engendrar o ritmo.

A nominação do som é, por exemplo, o que se produz quando "luz" — criada no terceiro versículo do Gênesis — é nomeado, alguns versículos à frente, "dia". Antes dessa nomeação, "luz" existia, então, mas sem ter nome, sem tradução possível, e na medida em que os talmudistas destacam, não se trata da luz das luminárias, trata-se da música da voz divina, que se dá pela primeira vez como "yehi or".

Pode-se considerar que *yehi or* — traduzida em latim como *fiat lux* — associa a descontinuidade da voz, que profere "iod-hé-iod", à sua continuidade, se através do significante "or" (luz) se ouve a "tekîa", a saber, a continuidade da voz que só é localizável através do 3: iod-hé-iod.

Essa associação do contínuo e do descontínuo (que você evoca quando a voz descontínua de Moisés é mesclada à voz contínua do shofar) nos concerne, pois se trata de considerar o enodoamento de dois furos: o primeiro furo — o furo simbólico no real — precede e cria as condições de possibilidade do segundo furo — furo real no simbólico.

Com essa precedência temporal e topológica, nós somos remetidos a esse lugar sobre o qual Lacan dizia que ele ia "mais longe que o inconsciente".

Esses dois furos iniciam um tipo de silêncio específico que a música da voz permite ouvir como inaudito, enquanto a palavra sem voz não deixa ouvir esses dois silêncios. Com palavra sem voz eu evoco, por exemplo, a "voz de cabeça" de algumas mães autistas.

Com "furo simbólico no real", eu evoco o furo (comparável àquele originado pela ponta do pé do dançarino sobre o palco) no real da bagunça sonora que precede o real sonoro humanizado, quando é habitado pela criação de um silêncio poderosamente audível.

O assentimento à criação do furo (*Bejahung*) corresponde a essa simbolização originária sobre a qual Lacan diz: "isso cessa de não se escrever".

Mas o que cessa de não se escrever encontra um limite que Lacan identifica à resistência específica do real: "isso não cessa de não se escrever".

Com essa limitação à ação do simbólico (*Ausstossung*), é criado um silêncio ao qual o shofar permite acessar. O som contínuo (tekîa) faz ressoar, com efeito, um silêncio originário poderosamente vivo: sua audibilidade o torna muito diferente do silêncio traumático.

Esse silêncio vivo vai, após um certo tempo, retroagir sobre a voz divina, fazendo-a desaparecer com um processo metafórico: a voz de Moisés, que vai se fazer ouvir no lugar da voz divina, que, assim esquecida, vai cessar de falar diretamente para ser aquela em nome de quem Moisés vai falar: assim seja!

Ao se tornar o "ele" sobre o qual se fala e não mais o "eu" que fala, um novo tipo de furo se produz. Esse furo no "eu" da enunciação divina é o furo real no simbólico.

Questão: a substituição do "eu" pelo "ele" é um deslocamento metonímico ou uma criação metafórica? Ou os dois ao mesmo tempo?

Em relação a esse silenciamento da voz do pai simbólico, nós somos confrontados com dois tipos de esquecimentos diferentes: ou esquecimento esquecível (na palavra), ou esquecimento inesquecível (música). Tento me explicar, mas é muito difícil e não sei se isso deve estar no futuro prefácio.

Como pensar o recalque originário da "tekîa"? Ela desaparece atrás da aparição de um segundo som que, produzindo-se no *a posteriori*, faz nascer o ritmo. A palavra hebraica para traduzir o "fiat" latino é, assim, o verbo "yehi", feito das três letras seguintes: iod-he-iod.

O "he", ao se fazer ouvir, faz esquecer o que era a dimensão contínua do "iod". Esse esquecimento tem três destinos diferentes.

Com a voz, há não esquecimento do esquecimento: a desaparição atrás do "he" não é uma foraclusão. Em outras palavras, essa desaparição (*Ausstossung*) deixa *ouvir* a presença do que desapareceu, e deixa *esperar*[1] o retorno do "iod" como recomeço e não como repetição: o primeiro tempo do ritmo é sempre novo e nunca exaustivo, como é a repetição. Enquanto o primeiro tempo do ritmo musical é recebido como não esquecimento do esquecimento da voz, há, na fala (discurso universitário e discurso do mestre), um esquecimento do esquecimento da voz originária.

A diacronia do discurso falado permite esquecer a dimensão da estrutura inconsciente: é o inverso que se produz no piano quando a mão direita faz ouvir uma melodia diacrônica, enquanto a mão esquerda faz ouvir, ao mesmo tempo, a dimensão sincrônica da harmonia.

É impossível, para a fala, encarregar-se dessa ressonância harmônica, exceto quando ela canta.

[1]Aqui, o autor se vale da ressonância de "entendre", ouvir, e "attendre", esperar. [NdT]

Na minha opinião, há encadeamento dos três tempos seguintes: o tempo mais originário é a gênese de um furo no real (*Bejahung, Ausstossung*) pela "tekîa", que se substitui à "bagunça" sonora que é o real mais arcaico, o surgimento de um silêncio resplandecente, extático. Esse furo cavado no real originário o é de uma vez por todas e é, talvez, a raiz dessa constância da pulsão que espantava Freud. A origem dessa constância se dá, talvez, com o encontro de uma ressonância primordial entre o som primeiro (por exemplo, um dó) e sua primeira harmônica, que está na oitava. Assim, o corpo humano ressoaria primordialmente como o encontro de duas vibrações que têm como característica serem, ao mesmo tempo, absolutamente semelhantes e dessemelhantes, já que a oitava do dó vibra duas vezes mais rápido. A inscrição simbólica dessas vibrações idênticas e diferentes poderia ser fonte da excitação constante?

Segundo tempo: com o trauma, a voz originária não é simbolizada pelo par "*Bejahung-Ausstossung*", mas atingida pela foraclusão. A voz foracluída cai, a meu ver, como raiz do supereu "persecutório", que remete à "percepção interna" do pai foracluído (Freud, "Totem e tabu").

A experiência de perseguição é dupla: por um lado, há o caráter intrusivo da voz do supereu, por outro lado, o silêncio, não inaudito, no qual está imersa a experiência traumática. Em um tal silêncio que não se ouve, o *infans* traumatizado não pode sequer gritar. Quando o grito se torna impossível, pode-se dizer que o sujeito vive um terror que está além da angústia.

Terceiro tempo: a saída desse silêncio traumático monstruoso se dá graças à operação do espírito — santo ou não — que cria uma operação metafórica, causa de um terceiro tipo de silêncio; silêncio propriamente ligado ao próprio recalque originário, no qual a voz da "tekîa" é esquecida, ao mesmo tempo em que é tornada inesquecível pelo encontro do segundo som ("hé"), que é, simultaneamente, metonímico e metafórico. Com seu poder metafórico, o "hé" comemora o "iod" esquecido, e dispõe do poder criador de fazê-lo recomeçar a cada vez como se fosse a primeira, como o primeiro tempo do andamento. Com seu caráter metonímico, ele permite o deslocamento pelo qual o sujeito, tendo perdido o um, desloca-se ao dois, que, agora, tem duas faces: por um lado, a face do significante (S_2), e por outro, a do mundo do objeto novamente tornado desejável, se o imundo traumático pôde ser ultrapassado.

A escolha entre o significante e o objeto me parece estar devidamente evidenciada por esse meio humano que é a escada de Jacó: a subida da escada ao céu (lugar do significante), que se opõe à descida de volta para a terra (lugar do objeto), apresenta essa questão: uma vez chegado em cima, ao céu significante, onde reina a voz dos anjos, por que o sujeito desce de volta à terra, onde reina a fala e o esquecimento da voz?

Aqui estão, querido Jean Mi, algumas cogitações que seu texto me faz ter. Obrigado, então. Em minha próxima mensagem, eu vou te falar da minha leitura da segunda parte, em que aprendo, por exemplo, sobre os *castrati*, coisas extraordinárias. Não sei, ainda, o que haverá para guardar para o prefácio. Por ora, eu me deixo levar, ao meu modo, pelo ressoar de sua voz. Em suma, eu deixo operar a pulsão invocante...

Afetos de seu velho Jimmy[2].

[2]Carta de Alain Didier-Weill enviada ao autor em dezembro de 2011, para discutir o manuscrito desse livro que acabara de receber de Jean-Michel Vives.

ABERTURA

Os trabalhos dos psicanalistas abordam pouco a questão da voz, a qual se encontra, entretanto, no próprio coração do dispositivo implementado por Freud[1]. Basta, para verificar esse relativo desinteresse, folhear os dicionários e enciclopédias publicados nos últimos anos: nenhum verbete é dedicado à voz. Nada no *Dicionário enciclopédico de psicanálise*[2], mesmo que ali se encontre um verbete dedicado ao olhar como objeto da pulsão escópica[3]. Nada no *Dicionário de psicanálise*[4]. Nada, ainda, no *Dicionário de psicanálise* de Elisabeth Roudinesco e Michel Plon[5]. Nada, tampouco, no *Dicionário de psicanálise* da *Encyclopaedia Universalis*[6]. Mesmo o colossal *Dicionário internacional da*

[1]Existem, entretanto, algumas exceções notáveis, dentre as quais, Paul-Laurent Assoun, Marie-France Castarède, Alain Didier-Weill, Marie-Christine Laznik, Jean-Claude Maleval, Michel Poizat, Solal Rabinovitch... com quem nós dialogaremos ao longo deste trabalho.
[2]KAUFMANN, P. (org.) *Dicionário enciclopédico de psicanálise*. Trad. V. Ribeiro, M. L. X. de A. Borges. Rio de Janeiro: Jorge Zahar Ed., 1996.
[3]A pulsão escópica já havia sido identificada por Freud sob o nome de "pulsão do olhar", a qual implica, então, o olhar e o que é dado a ver. Será preciso esperar os trabalhos de Lacan para que sejam desenvolvidos, de maneira mais precisa, as questões dessa "pulsão do olhar", tornada, em sua obra, "pulsão escópica".
[4]CHEMAMA, R. (org.) *Dicionário de psicanálise*. Trad. F. F. Settineri. Porto Alegre: Artes Médicas Sul, 1995.
[5]ROUDINESCO, E., PLON, M. *Dicionário de psicanálise*. Trad. V. Ribeiro, L. Magalhães. Rio de Janeiro: Jorge Zahar Ed., 1998.
[6]*Dictionnaire de la psychanalyse*. Paris: Encyclopaedia Universalis/Albin Michel, 2001.

psicanálise não é exceção à regra[7]. Pode-se ler, nele, uma nota dedicada ao olhar, uma outra dedicada à questão das relações entre "música e psicanálise", mas a voz está ausente. Essa ausência espanta tanto mais na medida em que é justamente a voz que os psicanalistas têm de trabalhar no segredo de seus consultórios.

A contrario, as ciências que se preocupam com o humano, a neurologia, a filosofia, a antropologia, a etnologia e até a história, não possuem esse desinteresse, como iremos rapidamente mostrar. Nossa intenção não é, aqui, fazer a recensão do conjunto dos trabalhos que abordaram a questão da voz fora do campo psicanalítico, mas, em vez disso, citar os textos que acompanharam e alimentaram nossa reflexão. Esse parcial e muito rápido sobrevoo nos permitirá, em um segundo tempo, especificar o aporte original do pensamento psicanalítico para a questão da qual nos ocupamos.

As neurociências se interessaram pelo enigma do investimento da música e das condições de sua produção, chegando até a utilizar a relação específica do sujeito[8] com a voz e com a música, para fazer dela um campo de observação da neuroplasticidade e um meio de estudo dos distúrbios neuropsicológicos. Recentemente, a equipe do professor Micah Murray, de Lausanne, por intermédio de um estudo do tratamento da voz, mostrou que, contrariamente ao que se acreditava até o presente, a voz como sinal não é tratada somente por uma zona específica do lobo temporal; mas que diferentes regiões do cérebro trabalham em conjunto para identificar todos os sons que nos alcançam, e para nos permitir, assim, adotar os comportamentos adaptados às

[7]MIJOLLA, A. de (org.) *Dicionário internacional da psicanálise*. Trad. A. Cabral. Rio de Janeiro: Imago, 2005.

[8]AVANZINI, G., FAIENZA, C., MINCIACCHI, D., LOPEZ, L. e MAJNO, M. "The Neurosciences and Music". In: *Annals of the New York Academy of Sciences*, vol. 999, 2003; AVANZINI, G., LOPEZ, L., KOELSCH, S. e MAJNO, M. "The Neurosciences and Music (II). From Perception to Performance". In: *Annals of the New York Academy of Sciences*, vol. 1060, 2005; MASSEY, I.J., "The Musical Dream Revisited: Music and Language in Dreams". In: *Psychology of Aesthetics, Creativity, and the Arts*, vol. S, nº1, p. 42-50, 2006; LEMARQUIS, P. In: *Sérénade pour un cerveau musicien*. Paris: Odile Jacob, 2009; SACKS, O. *Alucinações musicais*. Trad. L. T. Motta. São Paulo: Companhia das Letras, 2007.

situações, às demandas e aos perigos que se apresentam[9]. Esse estudo coloca em dúvida os modelos fundados na especialização funcional do cérebro. Essa equipe demonstrou, além disso, que o cérebro não tratava os diferentes ruídos com a mesma velocidade. Esses resultados incitam a pensar que o cérebro reconhece as vozes tão rapidamente quanto os rostos, corroborando, assim, o que a psicanálise já havia identificado: a voz não é um estímulo como qualquer outro, e seu tratamento "prioritário" pelo cérebro humano indica que ela é o lugar de um investimento particular. Para o Prof. Murray, afora as vantagens evidentes concernentes à sobrevida, essa dimensão possui, provavelmente, uma incidência direta na saúde humana, nas interações sociais e na percepção da fala. São tantas as descobertas, que elas o fazem dizer ser importante substituir os modelos de especialização funcional no cérebro por modelos que levam em conta a dinâmica temporal. Se as neurociências talvez não demonstrem exatamente a psicanálise, elas são levadas, pouco a pouco, a elaborar um modelo "psicodinâmico" que as conduz a dialogar com ela[10].

A filosofia, de sua parte, desenvolveu trabalhos visando a elucidar o enigma da voz como manifestação da consciência moral (Kant), ou das vozes, o que fez, mais especificamente, a psiquiatria de orientação fenomenológica. Da interpretação de Husserl concernente à expressão como ato intencional de um si que exterioriza um sentido por uma voz, proferida ou não, às sutis análises das manifestações alucinatórias acústico-verbais realizadas por Ludwig Binswanger, e retomadas por Henri Maldiney, esse campo teórico-clínico desenvolveu uma abordagem original da voz[11]. Dela, nós retivemos essencialmente a

[9]De LUCIA, M., CLARKE, S., MURRAY, M. "A temporal Hierarchy for Conspecific Vocalization Discrimination in Humans". In: *The Journal of Neuroscience*, vol. 30, nº33, p. 11210-11221, 2010.

[10] POMMIER, G. *Comment les neurosciences démontrent la psychanalyse*. Paris: Flammarion, 2004.

[11]BINSWANGER, L. "Le problème du délire dans la perspective de la phénoménologie pure" (1961). Trad. B. Rordorf. In: *Présent à Henri Maldiney*. Lausanne: L'Âge d'homme, 1973, p. 39-41. BINSWANGER, L. *Délire* (1965). Grenoble: Million, 1993; COHEN-LEVINAS, D. *La voix au-delà du chant. Une fenêtre aux ombres*. Paris: Vrin, 2006; DERRIDA,

fina articulação entre *Stimme* (voz) e *Stimmung* (disposição), naquilo em que *Stimme*, alargando-se em *Stimmung*, faz-nos passar do estatuto de voz única, referindo-se a um sujeito vocalizante, a uma vocação ética — *Stimmung* designando uma aptidão a harmonizar-se com o outro. É a interpretação filosófica dos efeitos da ressonância da voz do Outro no sujeito que nos interessa particularmente. Efeitos que nós cruzaremos ao longo desta obra e, bem particularmente, em suas consequências éticas: a recepção da voz do Outro implica uma "outrificação" do sujeito. Não há acesso possível a uma voz própria sem Outro que lhe tenha feito primeiramente a doação. Com a recepção e a acolhida da voz do Outro, "*Eu* é/se torna um outro".

A antropologia e a etnologia se debruçaram igualmente sobre a voz e se detiveram a pensar como, tão logo emitida, ela se torna um elemento essencial no decorrer de nossa vida cotidiana e se transforma em potência de expressão para o outro em quem ela ressoa[12]. A voz se inscreve, então, em um sistema identitário tributário das relações sociais, pois o locutor toma emprestada uma voz própria à particularidade da pessoa que está diante dele, e do teor de sua proposição. Nosso interesse foi retido, aqui, pelo fato de que a voz — e não somente o código linguageiro — informa de maneira decisiva as relações entre os indivíduos de uma sociedade. Existem estruturas elementares que obedecem às regras da linguagem, tais como descritas por Lévi-Strauss, mas essa antropologia estrutural se encontra, à luz desses recentes trabalhos, completada pelo fato de que não se trata mais somente de escutar

J. *A voz e o fenômeno*. Trad. L. Magalhães. Rio de Janeiro: Jorge Zahar Ed., 1994. DE WAELHENS, A. *La psychose. Essai d'interprétation analytique et existentiale*. Louvain-Paris: Desclée de Brouwers, 1971; HUSSERL, E. *Leçons pour une phénoménologie de la conscience intime du temps*. Trad. H. Dussort. Paris: PUF, 1964; HUSSERL, E., "Postface à mes idées directrices". trad. L. Kelkel. In: *Revue de métaphysique et de morale*, vol. 62, nº4, 1957, p. 372-373; MALDINEY, H. *Aîtres de la langue et demeures de la pensée*. Lausanne: L'Âge d'homme, 1975; MALDINEY, H. *Art et existence*. Paris: Klincksieck, 1986; MALDINEY, H. *Penser l'homme et la folie*. Grenoble: Million, 1991; NAUDIN, J. *Les Voix et la Chose. Phénoménologie et Psychiatrie*. Toulouse: Presses universitaires du Mirail, 1997.

[12]KAWADA, J. *La voix. Étude d'ethno-linguistique comparative*. Trad. S. Jeanne. Paris: École des hautes études en sciences sociales, 1998; Le BRETON, D. *Éclats de voix. Une anthropologie des voix*. Paris: Métailié, 2011.

a fala e suas formulações, mas igualmente a voz, suas vibrações, seu grão, suas singularidades e o que isso induz naquele que a ouve[13]. Mais uma vez, os efeitos da voz naquele que a recebe estão no coração dessas pesquisas.

Enfim, até os historiadores, por mais surpreendente que isso possa parecer — já que a voz é efêmera e deixa traços registrados há apenas muito pouco tempo — tentaram elucidar os efeitos desse objeto na História[14]. Graças aos arquivos nos quais foram por vezes anotados os timbres da voz e as entonações de algumas pessoas, pesquisadores delimitam um território em que conseguem se fazer ouvir essas vozes caladas. Arlette Farge observa que:

> se as vozes possuem uma tão grande importância e são tão abundantemente descritas e descreditadas, é porque formam o cimento das sociedades populares, de assembleias de todos os tipos e da vida do espaço público [...]. Escutar a voz dos mais desprovidos desafia a lógica, mas por que esses cantos, árias, ou gritos não poderiam ser esboçados a partir dos milhares de arquivos existentes? [...] Faltam, para sempre, as vozes, mas não sua busca que, mesmo que permaneça sem resposta, testemunha uma presença ativa e lancinante.[15]

Nós encontramos descritas, na obra da historiadora, as características do objeto voz tais como nós as encontraremos no curso de nossos desenvolvimentos: perda e, paradoxalmente para além da ausência, presença ativa que se manifesta na busca e na tentativa de reencontro que esse desaparecimento suscita.

Uma outra historiadora, dessa vez, helenista, Nicole Loraux, modificou, com seu estudo *A voz enlutada*, a compreensão que possuíamos

[13]LÉVI-STRAUSS, C. *Antropologia estrutural*. Trad. B. P. Moisés. São Paulo: Ubu, 2017.
[14]BRULIN, M. *Le Verbe et la Voix. La manifestation vocale dans le culte en France au XVIIe siècle*. Paris: Beauchesne, 1998; QUÉNIART, J. (org.) *Le Chant, acteur de l'histoire*. Rennes: PUR, 1999; JAMAIN, C. *Idée de la voix. Études sur le lyrisme occidental*. Rennes: PUR, 2004; SALAZAR, P.-J. *Le Culte de la voix au XVIIe siècle*. Paris: Champion, 1995.
[15]FARGE, A. *Essai pour une histoire des voix au XVIIIe siècle*. Paris: Bayard, 2009, p.14-16.

da tragédia grega[16]. Ela nos convida a perceber, além da dimensão política habitualmente observada na obra trágica, a voz propriamente humana, que se expressa em uma queixa mais vocalizada que articulada. "*Aiaî*" é a interjeição queixosa, fora do sentido, em que o som tem primazia sobre a significação que emana do herói quando este é confrontado com o trágico. A tragédia não é mais somente o lugar do *logos* (discurso, da fala), mas, mais essencialmente, o da *phonè* (a voz), que se endereça, então, menos aos cidadãos que ao espectador transtornado. A voz, aqui, é o que toca e permite, ao espectador, investir a mensagem transmitida. Nós veremos, mais à frente, como esse mecanismo opera, igualmente, na transmissão da mensagem divina.

Todos esses trabalhos desenvolvem hipóteses estimulantes e apresentam resultados frequentemente fascinantes. Nota-se que todos eles possuem como ponto em comum abordar a voz unicamente como produção do indivíduo, e não como origem da própria produção do sujeito. Ora, é isso que a psicanálise nos permite perceber: o sujeito não é somente produtor da voz; ele é, igualmente, seu produto. Com efeito, não há sujeito sem um "chamado primeiro" que o convida a advir; não há sujeito sem endereçamento sustentado por uma voz, seja esta sonora ou não, à qual o recém-nascido terá escolhido responder. A partir disso, a psicanálise nos autoriza a pensar a relação, paradoxalmente ambivalente, existente entre o sujeito e as vozes que o rodeiam — necessárias e entretanto invasoras — e, consequentemente, a propor uma análise renovada das questões dos dispositivos sociais que visam a fazer emergir a voz e a mantê-la à distância. A psicanálise permite, então, oferecer em troca à sociologia, à antropologia e à etnologia, um modelo que permite interpretar os ritos e manifestações sociais colocando em jogo a voz, mas igualmente, à psiquiatria, pensar a partir da estaca zero o que poderia ser um dispositivo terapêutico que permite velar as vozes que acometem os pacientes[17].

[16] LORAUX, N. *La Voix endeuillée. Essai sur la tragédie grecque*. Paris: Gallimard, 1999.

[17] Nós não optamos por desenvolver, aqui, a questão do tratamento de pacientes alucinados, no âmbito dos dispositivos terapêuticos, utilizando a mediação do som, da

A abordagem psicanalítica dessa evasão corporal que é a voz, ao mesmo tempo íntima e, todavia, quase desde sempre voltada ao Outro — já que é em um grito, em uma jaculação sonora, que o pequeno humano, que acaba de nascer, apresenta-se ao mundo —, inverte a perspectiva proposta pelas ciências humanas e permite considerar a voz como estando na origem do sujeito. A voz é *ao mesmo tempo* o que chama o sujeito a advir, o que está perdido assim que este aceita entrar na linguagem, e o objeto do qual o sujeito tentará aproximar-se — senão encontrar — pelo intermédio dos dispositivos que a convocam. Observa-se que, contrariamente às pulsões oral, anal e escópica, que são apenas concernidas por um só orifício — respectivamente, a boca, o ânus e a fenda do olho —, a pulsão invocante, que tem por objeto a voz, faz intervir dois orifícios: a boca e ouvido. Além do mais, dois orifícios "ao quadrado", já que estão implicados a boca e o ouvido do sujeito a se tornar, mas, igualmente, o ouvido e a boca daquele que acolhe a produção vocal do *infans* — aquele que ainda não fala. O percurso dos diferentes tempos da pulsão invocante, que se declinará em "ser ouvido/chamar", "ouvir/ ser chamado", "se fazer ouvir"[18], necessita da divisão entre o sujeito e o Outro, a qual implica um ganho — a aparição de uma voz, e então, de um espaço subjetivo próprio — e uma perda: a do gozo da "Coisa".

Nós seremos levados a reencontrar essa "Coisa" muito regularmente. Convém, então, precisar, aqui, seu lugar na teoria psicanalítica. A Coisa (*Das Ding*) é uma noção que foi introduzida bem cedo

música e da voz. Nossa experiência clínica, nesse campo, confrontou-nos com o fato de que a utilização dessa mediação permite ao paciente instaurar uma relação diferente com as vozes alucinatórias que o invadem: não as erradicar, mas poder posicionar-se diferentemente em relação a elas. Nós analisamos essa prática nos seguintes artigos: VIVES, J.-M., VINOT, F. "Pour une assomption sonore du sujet", Blois, In: *Art et thérapie*, nº68/69, p. 102-109, 1999; VIVES, J.-M., AUDEMAR, C. "Improvisation maternelle et naissance du sujet: une approche em musicothérapie. Le petit garçon qui parlait d'une voix sourde", In: *Dialogue*, nº 159. Toulouse: Érès, p. 106-118, 2003; VIVES, J.-M., CABASSUT, J. "À propos de la prise en charge psychomusicale d'un patient psychotique. Enjeux théorico-cliniques", In: *Pratiques psychologiques*, vol. 11, nº3, p. 211-222, 2005.

[18]LACAN, J. (1964) *O seminário, livro 11: os quatro conceitos fundamentais da psicanálise*. 2ª edição. Rio de Janeiro: Jorge Zahar, 1998, p. 184.

por Freud em sua obra[19], e que foi retomada por Lacan, muito particularmente à ocasião de seu seminário 7, *A ética da psicanálise*[20]. A Coisa poderia, antes de mais nada, ser definida como o primeiro objeto de satisfação vivenciada pelo sujeito; objeto entrementes perdido e que se trata de encontrar. Tentativa de reencontro que orientaria o curso desejante do sujeito. Freud — e mais ainda seus sucessores, como Melanie Klein — identifica esse objeto originário como sendo o corpo da mãe. Originariamente, a criança, no estado de desamparo (*Hiflosigkeit*) próprio ao recém-nascido, haveria recebido da mãe o que podia apaziguá-la; tal haveria sido a experiência originária de satisfação: a criança haveria sido, então, preenchida pelo corpo materno. Freud designa com o nome de "Coisa" o núcleo constante, irredutível e inacessível, do encontro com o próximo; a Coisa seria o resto de uma experiência originária na qual o sujeito não se distinguia de nenhum objeto. Mas falar de experiência, aqui, é problemático, já que não há, nesse ponto, objeto diferenciado de um sujeito. O que é, com efeito, uma "experiência" sem a distinção do sujeito e do objeto? A Coisa é designada, então, como experiência originária somente por um abuso de linguagem[21]. É por isso que Lacan qualifica como "mito" a ideia de uma tal experiência originária. A Coisa não é, justamente, alguma coisa; ela não é um objeto do mundo, sequer o objeto de uma experiência originária. Ela é o que falta a todo objeto para vir estancar o desejo, e, todavia, por meio de todo objeto, é a Coisa que é visada. Do mesmo modo que nós não podemos buscar o sentido de uma palavra senão a partir de outras palavras, sem que nenhuma palavra jamais nos faça acessar a presença imediata do sentido puro, o sujeito não pode buscar sua satisfação senão em objetos sucessivos, sem que nenhum deles jamais lhe ofereça a possibilidade de gozar da Coisa. Inacessível e irrepresentável, ela

[19]FREUD, S. (1895) Projeto para uma psicologia científica. In: *Obras psicológicas completas de Sigmund Freud*, vol. 1. Rio de Janeiro: Imago, 1976.
[20]LACAN, J. (1959-1960) *O seminário, livro 7: A ética da psicanálise*. Rio de Janeiro: Jorge Zahar Ed., 2001.
[21]BAAS, B. *De la chose à l'objet: Jacques Lacan et la traversée de la phénoménologie*. Louvain: Peters-Vrin, 2000.

é vivenciada como o bem soberano. Sinônimo do objeto perdido, ela vetoriza o desejo e perdura como marca nostálgica de impossível reencontro. A Coisa, o objeto absoluto do desejo, está radicalmente perdida a partir do momento em que o sujeito entra na linguagem. Ela aparece, assim, como o real mais além de todas as representações que dela poderia fazer o sujeito. A Coisa orienta o curso desejante. Apesar disso, ela é igualmente temida, pois, se o reencontro com ela ocorresse, ele se faria ao preço da abolição do sujeito. Fazer um com a Coisa implicaria sair do campo da subjetividade. Daí a ambivalência que colore essa busca. Se a atividade desejante não cessa de direcionar-se a novos objetos, é porque nenhum deles está à altura do horizonte último do desejo, a saber, o gozo, como fusão do sujeito e do objeto em uma presença sem distância.

Raramente utilizado por Freud, o termo gozo se torna um conceito psicanalítico com Lacan, que opera uma distinção essencial entre o prazer e o gozo. O gozo reside na tentativa permanente de ultrapassar os limites do princípio do prazer, que visa, esse, a manter a quantidade de excitações em um nível nem alto e nem baixo demais. Como teremos a ocasião de mostrar em diferentes oportunidades, o gozo possui sempre a transgressão como horizonte. Movimento ligado à procura do objeto perdido, o gozo, que pode ser causa de sofrimento, nunca erradica totalmente a busca do objeto do desejo. O termo "gozar" designa o fato de tirar proveito, autorização, prazer de algo. Mas, como desvela habilmente o sutil Émile Littré, em seu dicionário, o termo está carregado de uma ambiguidade notada bem antes de que a psicanálise a encontrasse no próprio coração das curas que conduzimos. Com efeito, pode-se também "gozar de sua dor"[22]. Esse termo é, assim, próprio para significar tanto a satisfação pulsional quanto o sofrimento do

[22]"Gozar, implicando uma satisfação, não se diz para coisas ruins. [...] Todavia, quando a coisa ruim de que se trata — tristeza, pesar, sofrimento — pode ser, por uma audácia do escritor, considerada como algo cuja alma se satisfaz, então gozar é muito bem empregado: [...] "Eu te perdi/ perto de tuas cinzas/ Venho gozar de minha dor." *Saint-Lambert*, Epitáfio de Helvétius, LITTRÉ, É. *Dictionnaire de la langue française* (1877), verbete "Gozar" ["Jouir"].

sintoma — Freud lembra, a este respeito, que "há muito de estranho nesse tipo de satisfação que o sintoma propicia"[23].

"Gozo" designa tanto o excesso de prazer, a satisfação demasiadamente intensa, quanto o sofrimento resultante de uma excitação interna prolongada, tendo por consequência desorganizar o frágil equilíbrio visado pelo princípio do prazer.

Porque ele fala — porque é um "falasser", diz Lacan — e, então, media sua relação com o mundo pela palavra, o homem se diferencia dos outros animais: sua satisfação não é somente a da necessidade preenchida; há, na sua busca de satisfação, uma dimensão que ultrapassa a necessidade. Essa dimensão é a do gozo, sempre em excesso, que a necessidade preenchida não estanca. O exemplo da perversão o mostra claramente: nele o sujeito consegue satisfazer a pulsão sexual em dispositivos por vezes extremamente distantes daqueles que deveriam fornecer prazer. A pulsão, que é o "eco no corpo do fato de que há um dizer"[24], explica essa torção possível, que se pode compreender fundamentando-se na incidência da linguagem no corpo. O fato de falar nos desvia, distancia-nos de um gozo unívoco, pois não dominamos a equivocidade inerente à linguagem. Isso leva Lacan a explicar, assim, a particularidade do objeto voz:

> Porque o corpo tem alguns orifícios, dos quais o mais importante é o ouvido, porque ele não pode se tapar, se cerrar, se fechar. É por esse viés que, no corpo, responde o que chamei de voz.[25]

A voz ressoa no corpo. Essa ressonância que põe o corpo em vibração é uma das manifestações do gozo ligado à voz.

Esse gozo ligado à voz é observável em seu poder emocional nos lugares mais surpreendentes: transbordamentos passionais das

[23]FREUD, S. *Obras completas, vol. 13: conferências introdutórias à psicanálise*. Trad. S. Tellaroli. São Paulo: Companhia das Letras, 2014, p. 485.
[24]LACAN, J. (1975-1976) *O seminário, livro 23: O sinthoma*. Trad. S. Laia. Rio de Janeiro: Jorge Zahar Ed., 2007, p. 19, aula de 18 de novembro de 1975.
[25]*Ibid.*

multidões nos *shows* de música *pop*, transes rituais orquestrados, esvaecimento dos amantes da ópera, extenuação dos corpos e das sensações nas festas *techno* ensurdecedoras... Cada um procura o dispositivo que lhe permitirá chegar mais perto possível dessa (re)mobilização da voz. Essa singularidade do gozar da voz é tal que o nosso próximo não encontrará, em sua escuta, as mesmas sensações que as nossas. O gozo da voz se partilha somente em modo comunitário: "família" de *ravers*, admiradores de uma tal cantora, *fan club* de uma tal *pop star*... Pressente-se, já na extrema especialização das escolhas dos melômanos, por exemplo, que o investimento de uma voz pode constituir o traço que permitirá a um grupo reconhecer-se. Esse investimento massivo, extremamente disseminado, permite aos membros de uma mesma "comunidade vocal" identificarem-se uns com os outros. A identificação dos membros da comunidade "normaliza" a dimensão extraordinária do investimento da voz e os comportamentos, frequentemente espantosos, e até desconcertantes, que esse investimento provoca[26].

O psicanalista inglês Darian Leader ilustra isso de maneira realmente divertida:

> Veja-se, por exemplo, o caso do sexólogo Alfred Kinsey. Para a realização do seu vasto projeto de documentação da sexualidade contemporânea, ele entrevistou cerca de dez mil pessoas sem o concurso de auxiliares, para assombro do resto do corpo docente da Universidade de Indiana. [...] Sua satisfação sexual estava ligada ao veículo da própria entrevista: a voz humana. Era este o seu real objeto sexual.[27]

A dimensão "científica" do procedimento permitiria apagar e esquecer a dimensão sexual ligada a essa "escuta" aficionada durante milhares de horas...?

[26]Pensemos nas filas de espera de muitas horas e nos sacrifícios financeiros, por vezes consideráveis, que estão prontos a fazer os admiradores de uma cantora ou ao esgotamento, próximo do desmoronamento, a que se inflige o *raver*...
[27]LEADER, D. *O roubo da Mona Lisa: o que a arte nos impede de ver*. Trad. A. J. S. e Souza. Rio de Janeiro: Elsevier, p. 48.

Assim, contrariamente aos outros objetos pulsionais — os objetos oral (o seio), anal (as fezes) e escópico (o olhar) —, a voz é facilmente idealizada e dessexualizada: ela se torna então, muito rapidamente, voz materna envolvente ou, ainda, voz da diva sublime. Tem-se, com demasiada frequência, a tendência a esquecer que, longe de ser somente pacificadora, a voz é igualmente, e até essencialmente, o campo onde estão em jogo violentos desafios de gozo[28]. E é dessas questões que nos ocupamos, acima de tudo.

À primeira vista — ou, mais precisamente, à primeira escuta —, a afirmação de um gozo ligado à voz poderia parecer não possuir nada de evidente. E, para amparar esse ponto de vista, observemos que não existe, no seio do campo linguístico ligado ao sonoro, nenhum equivalente ao termo *voyeurismo*. Não haveria, então, perversão, gozo extremo ligado à escuta? Sem dúvida, o objeto visado pela "espiada" do *voyeur*, claramente e imediatamente sexual, diferencia-se daquele que o ouvinte busca, objeto cuja dimensão sexual parece mais difícil de reconhecer, e até, de perceber. A língua e a nosografia psiquiátrica não haveriam julgado necessário, ou não haveriam desejado, descobrir uma perversão ligada à esfera sonora. Não há "escutismo", ou "ouvidismo", construído sob o modelo do exibicionismo ou do *voyeurismo*. Entretanto, essa bela evidência começa a vacilar quando se lembra que o amante da música é um melômano, um "melô-mano". A língua grega possui um certo número de compostos em *-manês* (adjetivos) e *-mania* (substantivos), os quais remetem a diversas formas de loucura ou de paixão: o melômano é, etimologicamente, *louco* por música (*melos*). A língua não escolheu fazer dele um apaixonado pela música, um "melófilo", mas um maníaco, um possuído[29]...

[28]Sobre esse tema, pode-se ler a notável análise de Michel Poizat concernente ao lugar da voz no funcionamento do regime hitlerista. POIZAT, M. *Vox populi, vox Dei. Voix et pouvoir*. Paris: Métailié, 2001, p. 154-228.

[29]Há igualmente um amante do som, o audiófilo. Aquele que dedica seu tempo e seu dinheiro para melhorar o aparelho de reprodução do som. Ele parece mais sensível às proezas da técnica que à dos intérpretes. Ele não pode compreender que um melômano se extasia diante de uma gravação do início do século passado, mal audível, mas em que o apaixonado ouve, além das imperfeições técnicas, uma perfeição vocal ou

O melômano é possuído[30] pela voz e busca por todas as vias possíveis satisfazer sua paixão. De fato, a voz é ativamente buscada pelo que permite experimentar: deliciosos sofrimentos nos quais se encontram misturados lágrimas e prazer intenso[31]. Ela é realmente fonte de gozo no sentido em que o definimos previamente. Os melômanos, mas igualmente aqueles que concedem a voz, para seu prazer ou no âmbito de sua atividade profissional, sabem perfeitamente disso.

Essa busca desenfreada da voz pode, de vez em quando, rebaixá-la ao rol da mercadoria, como nos lembra Jules, o jovem carteiro "liricômano" do filme *Diva* de Jean-Jacques Beineix; ele, que arriscará sua vida para conservar o traço, em fita cassete, dessa voz adulada, que a cantora recusava gravar[32]. Esse comportamento, tão frequente no amante da ópera, permite notar a dimensão de fantasia que o sustenta. Muito frequentemente, a qualidade dessas gravações feitas "ao vivo" ["*sur le vif*"] é tão insuficiente que a voz do intérprete se torna irreconhecível[33]. A voz conservada em fita cassete[34] está, então, *analisada*, no

instrumental que fala com ele. Essa diferença do *philein* (amar) e da *mania* (loucura) esboça uma linha de demarcação entre o que remonta ao prazer e o que remonta a seu mais além, o gozo.

[30]O neurologista Oliver Sacks, a partir de um referencial bem diferente do nosso, já que se trata de neurologia, detém-se a identificar as aparições dessa possessão que ele opta por chamar de "musicophilia", enquanto os exemplos não cessam de colocar no primeiro plano a dimensão "assombrante" — um capítulo tem por título, aliás, "Perseguidos pela música" — dessa tomada da e na música. Em vez disso, esperaríamos encontrar, aqui, uma "musicomania". Ver SACKS, O. *Alucinações...* Trad. L. T. Motta. São Paulo: Companhia das Letras, 2007. Theodor Reik, um dos raros psicanalistas contemporâneos de Freud a ter se interessado pela música e pela voz, já havia perfeitamente identificado essa dimensão de possessão: uma de suas obras se intitula, aliás, *The Haunting Melody* (a melodia obcecante ou, para ser mais preciso em relação ao processo descrito por Theodor Reik, a melodia "assombrante"). A tradução francesa muito estranhamente modificou esse título, fazendo desaparecer a dimensão de possessão. Ver REIK, T. (1953) *Variations psychanalytiques sur um thème de Gustav Mahler*. Trad. Ph. Rousseau. Paris: Denoël, 1972.

[31]Michel Poizat notavelmente evidenciou e analisou essa busca, por vezes louca, do liricômano, que corre de sala em sala de ópera. Ver POIZAT, M. *L'Opéra ou le Cri de l'ange. Essai sur la jouissance de l'amateur d'opéra*. Paris: Métailié, 1986.

[32]*Diva*, filme francês de Jean-Jacques Beineix, 1981.

[33]Esse "vivo" do qual o amante tenta se apropriar com o risco, como veremos com o barão de Gortz, em *O Castelo dos Cárpatos*, de Júlio Verne, de transformá-lo em "morto".

[34]Em português, a palavra "cassete" não guardou a polissemia da língua francesa. Nessa língua, *cassette* também designa uma caixa que guarda elementos preciosos. [NdT].

sentido de um processo de retenção anal: trata-se de conservar o objeto precioso, de retê-lo. O cassete, por polissemia, é não somente o objeto no qual o avaro conserva o seu bem, mas igualmente aquele no qual o "liricômano" conservava o seu[35] — a voz se fazendo tesouro a armazenar preciosamente, objeto fetichizado.

Se o rebaixamento é um dos possíveis destinos do objeto[36], ele não é o único. A teoria psicanalítica nos propõe, ao contrário, uma visão mais aberta. Em *A pulsão e seus destinos*, Freud o define assim:

> O objeto da pulsão é aquele com o qual ou pelo qual a pulsão pode alcançar a sua meta. É o que mais varia na pulsão, não estando originalmente ligado a ela, mas lhe sendo subordinado apenas devido à sua propriedade de tornar possível a satisfação. Não é necessariamente um objeto estranho, mas uma parte do próprio corpo.[37]

O objeto voz não faz parte da lista estabelecida por Freud, que identificou essencialmente os objetos oral (o seio), anal (as fezes) e fálico (o falo). Será preciso esperar até os anos 1960, e os trabalhos de Lacan sobre a psicose, para que sejam introduzidos na dinâmica pulsional o objeto "olhar" — já trazido à luz por Freud[38] — e o objeto "voz". Conferindo à invocação, como ao olhar, o estatuto de pulsão, Lacan propõe uma nova dialética das pulsões. Ao lado do objeto oral e do objeto anal, articulados com a demanda (o objeto oral está associado à demanda *ao* Outro, o objeto anal à demanda *do* Outro), Lacan introduz

[35]As fitas cassete hoje desapareceram, cedendo o lugar para os gravadores miniatura, mas o processo de "retenção" permanece idêntico.
[36]FREUD, S. (1912) Sobre a mais comum depreciação na vida amorosa (Contribuições à psicologia do amor II). In: FREUD, S. *Obras completas, volume 9: observações sobre um caso de neurose obsessiva ["O homem dos ratos"], uma recordação de infância de Leonardo da Vinci e outros textos (1909-1910)*. Tradução de Paulo César de Souza. São Paulo: Companhia das Letras, 2013.
[37]FREUD, S. (1915) Os instintos e seus destinos. In: FREUD, S. *Introdução ao narcisismo: ensaios de metapsicologia e outros textos (1914-1916)*. Tradução de Paulo César de Souza. São Paulo: Companhia das Letras, 2010, p. 58. Trad. modificada.
[38]*Ibid.*, p. 70-71.

o olhar e a voz, os quais concernem, ambos, ao desejo — o olhar está associado ao desejo *ao* Outro, a voz ao desejo *do* Outro. Em Lacan, a abordagem da voz tem origem no estudo das alucinações psicóticas que invadem o sujeito e tomam conta dele, especialmente no caso do delírio paranoico. Todavia, Lacan extrairá muito rapidamente o objeto voz dessa particularidade psicopatológica para incluí-lo na própria dinâmica do tornar-se sujeito. A voz — e a pulsão que lhe está acoplada, a pulsão invocante — adquirirá pouco a pouco, no campo pulsional, um estatuto particular pelo fato de seu laço estreito com o significante e com a fala. Mas, se Lacan dedicou vários encontros de seu seminário para circunscrever o olhar como objeto da pulsão escópica[39], seus desenvolvimentos sobre o objeto voz são raros e esparsos. A partir disso, o percurso que propomos seguir participa tanto da elucidação do conceito de pulsão invocante quanto da evidenciação do papel dessa na emergência do sujeito, e de seu funcionamento nas dinâmicas intrassubjetivas, intersubjetivas e sociais.

De fato, a voz se manifesta em toda parte, e a cada vez, de maneira diferente: durante cada enunciado oral, na música — mesmo quando esta não é vocal —, mas igualmente na dança ou na escrita. Se retomarmos a definição dada por Lacan do objeto da pulsão — "algo de que o sujeito, para se constituir, se separou como órgão" [40] —, não é nem o sujeito, nem o órgão, enquanto tais, que contam, tomados isoladamente um do outro; mas é o entre dois que os mantém à distância. Esse espaço marcará o objeto da pulsão com o selo da falta e da perda.

> A voz em si mesma, sua materialidade funcionou como um apito de caça [...] que atrai e impõe um dito, uma interpretação da mãe. Essa colisão, em que a significação transporta o grito, produz um trabalho de

[39]LACAN, J. (1963-1964) *O seminário, livro 11: Os quatro conceitos fundamentais da psicanálise*. Trad. M.D. Magno. Rio de Janeiro: Jorge Zahar Ed., 1988, p. 69-115, aulas de 19 e 26 de fevereiro e 4 e 14 de março de 1964.
[40]*Ibid.*, p. 101.

> fissão em que o som recebe um estatuto de significante. Ele deixa atrás de si, inútil ao olhar da significação, o esqueleto de sua materialidade sonora. Esse resto não quer dizer nada, trata-se do objeto perdido, do objeto freudiano que Lacan designou com a letra do pequeno a, levando em consideração sua falta de significação.[41]

A voz é, com isso, apreendida como o suporte corporal, e então, pulsional, de um enunciado de linguagem, qualquer que seja a modalidade sensorial pela qual ele é expresso[42]. A voz é essa parte do corpo que é preciso pôr em jogo — sacrificar, poderíamos dizer — para produzir um enunciado de linguagem[43]. Suporte da enunciação discursiva, a voz desaparece atrás do sentido.

Esse fenômeno, que tende a apagar a voz atrás do que se diz, é facilmente detectável quando alguém toma a palavra. No início, pode-se ser captado pelas características da voz (seu sotaque, por exemplo), mas esse processo desaparece tão logo se preste atenção ao que é dito. *A fala vela a voz.* Ao contrário, se algum fenômeno vem modificar o enunciado significante (pela introdução de uma temporalidade particular, ou perturbando a enunciação com um registro incompatível

[41]POMMIER, G. *D'une logique de la psychose*. Toulouse: Érès, 1983, p. 40.

[42]Lacan intuiu isso muito cedo, já em 1956: "O que acontece se vocês se apegam unicamente à articulação do que ouvem, ao sotaque, e mesmo às expressões dialetais, ao que quer que seja literal no registro do discurso de seu interlocutor? É preciso acrescentar a isso um pouco de imaginação, pois talvez isso nunca possa ser estendido ao extremo, mas é muito claro quando se trata de uma língua estrangeira — o que vocês compreendem num discurso é outra coisa que o que está registrado acusticamente. É ainda mais simples se pensamos no surdo-mudo, que é suscetível de receber um discurso por sinais visuais transmitidos por meio dos dedos, segundo o alfabeto surdo-mudo. Se o surdo-mudo ficar fascinado pelas lindas mãos de seu interlocutor, ele não registrará o discurso veiculado por essas mãos." In: LACAN, J. (1955-1956) *O seminário, livro 3: As psicoses*. Trad. A. Menezes. Rio de Janeiro: Jorge Zahar Ed., 1985, p. 158, aula de 8 de fevereiro de 1956. Esse exemplo bem indica a tensão entre voz e efeito de significação. Em consequência, torna-se completamente coerente falar da voz do surdo-mudo. Voz que tornaria surdo à significação da mensagem aquele que estaria muito atento ao balé das mãos...

[43]Nós encontraremos uma forma particular desse sacrifício na figura do *castrato*, mas, para além dessa figura extrema, todo ato de fala implica o "sacrifício" da voz, no sentido em que, como veremos, o ato de fala vela a voz, "sacrificando-a" no altar da palavra e da significação.

com a articulação de certos fonemas, como ocorre frequentemente na ópera), a voz cessa de ser transparente sob o sentido. A música faz parte dessas "parasitagens" da enunciação, e tem como efeito tornar a voz perceptível. É realmente questão, então, de gozar da voz enquanto objeto. O dispositivo musical, revelando a voz, funciona como um "extrator" desta.

A satisfação da pulsão invocante pode ser realizada tanto pelos vocalises ardentes da diva, ou pelos baixos retumbantes da música eletrônica, colocando em vibração o conjunto do corpo, apenas com o balbucio, dos milhares de indivíduos entrevistados por Kinsey, ou até com uma "voz de fino silêncio"[44].

As modalidades de satisfação, pressente-se facilmente, são praticamente infinitas, mas a busca da satisfação é, de sua parte, imperiosa. Para tornar preciso o nosso argumento, faremos uma questão que poderia *a priori* parecer bastante ingênua: o que leva o homem a cantar? O que leva uma sociedade a esbanjar quantias e meios, frequentemente consideráveis, para satisfazer essa demanda de satisfação da busca da voz[45]? Em outras palavras, quais são as questões da mobilização da voz, do canto, da música — atividades, no fim das contas, inúteis? Evocar a inutilidade dessas atividades é encontrar um aforisma de Lacan: "O gozo é aquilo que não serve para nada"[46].

A atividade musical não é, sob nenhum aspecto, natural, e os grandes meios implementados para responder à espera tensa e imperiosa, de melô-manos de todos os tipos, mostram que essa prática frequentemente complexa e elaborada visa, para além do prazer ligado ao objeto sonoro, ao gozo da Coisa vocal.

[44]Ver I, Reis, XIX, 9-13; para a tradução dessa citação do versículo 12, ver LAPORTE, R. *Études. Blanchot, Celan, Char, Derrida, Des Forêts, Fredrikson*. Paris: P.O.L, 1991, e *Une voix de fin silence*. Paris: Gallimard, "Le Chemin", 1966.

[45]Os violentos confrontos ideológicos, hoje um pouco esquecidos, concernindo ao abismo financeiro que constituem a criação e manutenção da ópera da Bastilha testemunham isso. É justificável, para o gozo de alguns, colocar em jogo tais montantes? Conhecemos a resposta que foi dada nesse caso: o projeto foi concretizado.

[46]LACAN, J. (1972-1973) *O seminário, livro 20: Mais, ainda*. Trad. M.D. Magno. Rio de Janeiro: Jorge Zahar Ed., 1985, p. 11, aula de 21 de novembro de 1972.

De fato, a voz possui uma dupla vocação. Enquanto suporte da enunciação, ela está articulada à questão da linguagem e de seus efeitos potencialmente pacificantes. Além disso, objeto de gozo, ela é fonte de prazeres intensos, podendo chegar até a paixão. Não se trata mais, aqui, de efeitos pacificantes, mas de irrupções, podendo conduzir aos transbordamentos passionais mais estranhos e surpreendentes para o observador. Por exemplo, a rejeição violenta ou o fervor massivo pelo timbre de uma cantora. *Fonotropismo*, positivo ou negativo, que orienta e sustenta a busca do amante, e não deixa de surpreender aquele que não participa desse movimento. Idealização de um timbre que "toca" o amante e o deixa esperar que essa voz possa ser aquela que o preencherá.

Nós defendemos e mostraremos, ao longo deste trabalho, que a dimensão idealizada, e essencialmente imaginária, regularmente associada à voz, seria somente, *in fine*, o véu pudico lançado sobre esses violentos desafios de gozo. Ela seria somente a última muralha levantada contra o horror que aparece quando, por trás da divina vocalidade da diva, percebe-se a irrupção do grito. Grito que se revela, no fim das contas, como a manifestação mais acabada de toda jaculação vocal: a formalização artística da voz "tocando" constantemente com esse horizonte, visando e evitando, na maior parte do tempo, esse ponto em que, tornada grito, a voz testemunha que não poderia estar situada, em seu conjunto, no campo do sublime. Quando a "face obscura" da voz se faz presente, o ouvinte é tomado por um sentimento de horror que vem sinalizar a proximidade do gozo, o qual Freud situa "além do princípio do prazer"[47].

Essa idealização é claramente perceptível em Jean-Jacques Rousseau[48]. Para ele, a aparição da fala encontraria sua origem na

[47]FREUD, S. (1920) Além do princípio do prazer. In: FREUD, S. *História de uma neurose infantil: ("O homem dos lobos"): além do princípio do prazer e outros textos (1917-1920)*. Tradução e notas de Paulo César de Souza. São Paulo: Companhia das Letras, 2010.

[48] ROUSSEAU, J.-J. *Ensaio sobre a origem das línguas*. Trad. F. M. L. Moretto. Campinas: Editora Unicamp, 2008.

manifestação das paixões. O filósofo das Luzes emprega um mito da origem em que um "antes" da fala haveria tomado a forma de um sistema de gestos vocais. As primeiras línguas haveriam possuído um caráter apaixonado e cantante. Existiria, por esse fato, uma relação de consubstancialidade entre música e linguagem. A música seria primeira e constituiria a linguagem das origens. Ela haveria aparecido, de início, sob a forma do canto, e o canto haveria, ele próprio, precedido a fala. Nós nos situamos, aqui, no nível do "princípio do prazer" musical. A música é a língua ideal: imediata, ela opera e se produz sem intermediário, evitando, desse modo, todo mal-entendido.

Claude Lévi-Strauss questiona, de maneira totalmente diferente, essa articulação música/linguagem, colocando em primeiro plano um mais além do princípio do prazer musical:

> É claro que a música também fala, mas unicamente em razão de sua relação negativa com a língua e porque, tendo se separado dela, a música conservou a marca em negativo de sua estrutura formal e de sua função semiótica: não poderia haver música se não existisse antes linguagem, da qual a primeira continua dependendo [...] A música é linguagem menos sentido. Compreende-se, assim, que o ouvinte [...] sinta-se irresistivelmente levado a suprir o sentido ausente, como um amputado que atribui suas sensações ao membro perdido, quando estão antes situadas no coto.[49]

Essa breve passagem cerne com precisão a posição da música — e então, da voz[50]— em sua relação com a linguagem. Um lugar que Lévi-Strauss estabelece como sendo o negativo da linguagem. A voz e sua instrumentalização musical visariam um além ou um aquém da linguagem, ao mesmo tempo em que permanecem ligadas a essa última. Vê-se, aqui, que Lévi-Strauss sustenta uma hipótese bem diferente, e

[49]LEVI-STRAUSS, C. *O homem nu*. Trad. B. Perrone-Moisés. São Paulo: Cosac & Naify, 2011, p. 664.

[50]Ao longo deste trabalho, música e voz serão consideradas como estreitamente ligadas, a música sendo somente a extensão instrumentalizada da voz.

até inversa, daquela de Jean-Jacques Rousseau sobre a "origem das línguas". Em Lévi-Strauss, a música não é fantasiada como uma protolinguagem; ela é o que não poderia existir sem ela. Com isso, a voz é o que se inscreve em negativo, como o furo que existe somente pelo que o contorna e que, ao mesmo tempo, esvazia, e até destrói, o que o circunda. Aqui aparece uma das modalidades de gozo ligadas à voz: jogo de tensões entre voz e fala, entre velamento da voz pela fala e desvelamento no grito. A idealização da voz, da qual Rousseau, como tantos outros, participa, permitiria sonhar com um lugar enfim pacificado, já que fora da linguagem, uma comunicação "harmoniosa" imediata, e então, fora do mal-entendido: um lugar em que a falta a ser não precisaria ser experimentada, e em que o mais perfeito gozo poderia ser vivido. É fácil compreender, por conseguinte, porque essa idealização, ligada a um perfeito e feliz gozo vocal, possui vida longa: o programa que ela propõe está pleno de seduções[51]. Entretanto, a voz está, com

[51]Assim Marie-France Castarède afirma, com um saboroso otimismo, que: "Em toda música, por mais sofisticada que ela seja, há sempre um ritornelo recomposto, um refrão esquecido, uma melodia ressurgida para traduzir com notas a gama nuançada de nossas emoções e de nossos primeiros diálogos com nosso entorno". (CASTARÈDE M. -F. *Les vocalises de la passion.* Paris: Armand Colin, 2002, p. 132.) e partir daí, a música "constitui o reencontro possível com o objeto de amor perdido" (*ibid.*, p. 156). Essa compreensão do fato musical conduz Marie-France Castarède a conceber a aula de canto como "uma tentativa (de) ressuscitar (essa primordial e inefável comunhão), pois ela é uma situação substitutiva da relação pré-linguageira da criança e da mãe" (CASTARÈDE, M. -F. *La voix et ses sortilèges.* Paris: Les Belles Letres, 1987, p. 103). Naquilo que me concerne, não penso que a relação proposta pela situação de aprendizado do canto possa resolver-se com essa visão exclusiva, algo idílica e pacificada, de um saboroso e doce eco do balbucio primordial. Os exemplos de alienação dos alunos cantores em seu professor — muito maior do que nos casos de estudantes pianistas, flautistas, ou qualquer outro instrumentista, sem dúvida porque o objeto voz, o objeto em que joga o desejo do Outro, está aqui diretamente em jogo — o indicam suficientemente. A paixão, regularmente identificada quando a voz é posta em jogo na relação mestre-aluno, não deixa de nos questionar. O fato de que a voz seja um objeto de gozo — e, no mais das contas, o vetor do "desejo do Outro", para retomar os termos de Lacan — não é, sem dúvida, estranho a essa irrupção passional. O *mestre cantor* é, então, o sujeito suposto saber fazer, ali, a voz. Ora, Lacan não deixou de notar que o objeto voz é central no masoquismo como no sadismo (LACAN, J. [1968-1969] *O seminário, livro 16: De um Outro ao outro.* Trad. V. Ribeiro. Rio de Janeiro: Jorge Zahar Ed., 2008, p. 249-251, aula de 26 de março 1969). O masoquismo viria completar o Outro com a sua voz, no gemido ou no grito que lhe arranca seu parceiro. O sádico, igualmente, mas de modo inverso, tentaria completar o Outro impondo-lhe sua voz, pelo insulto ou pela ordem. Longe de querer ver a relação pedagógica

mais frequência, no campo da tensão e da angústia do que no campo da beleza e do apaziguamento. E, se nós a abordamos regularmente, aqui, por sua face sublime, é para melhor notar esses momentos conturbados em que o prazer vacila, no próprio interior dos dispositivos artísticos e culturais criados para suscitá-lo, e captar as aparições da voz em todos os seus estados "além do princípio do prazer". A partir das ferramentas que oferece a psicanálise, nós nos deteremos, então, em cernir as modalidades de gozo e de evitação desse mesmo gozo ligado à voz.

ligada ao canto de modo ainda mais negativo, parece-nos importante observar o avesso inconsciente da aula de canto: a implicação do objeto voz e da pulsão invocante não é sem risco, já que, vocês terão compreendido, a relação sadomasoquista nunca está muito distante. Para cravar, eis uma outra citação de Marie-France Castarède, que nos apresenta uma outra face idealizada da voz, no âmbito da prática coral: "O regente do coral [...] é uma figura paterna que, longe de separar fantasmaticamente a criança da mãe, leva até ela para uma aliança feliz e plena". O coro seria, assim, uma espécie de família ideal em que "a diferença das gerações se abole em um desejo de fusão com o objeto materno onipotente, e a diferença dos sexos é negada em sua dimensão de castração simbólica" (CASTARÈDE, M. -F. *Chantons em choeur*. Paris: Les Belles Lettres, 2012).

UM

ERA UMA VOZ[1]...

Pequeno conto psicanalítico sobre a origem de uma voz

Nós nos propomos, na ocasião desse capítulo essencialmente teórico, expor um modelo do nascimento do sujeito em sua relação com a voz do Outro. Esse modelo, ao visar dar conta da singularidade da relação do sujeito com a voz, baseará o conjunto das análises propostas nos capítulos a seguir. Se nós o qualificamos como "pequeno conto psicanalítico", é porque essa construção teórica assume sua dimensão de narrativa ficcional[2]. Nós nos situamos, aqui, no campo do "como se": trata-se de "contar", por meio de uma ficção teórica, como o sujeito nasce em uma dinâmica invocante, ou seja, em um chamado recebido e aceito, e como, a partir daí, ele se coloca em relação com as vozes que o rodeiam.

A voz é o objeto visado pela pulsão invocante. *Invocare*, em latim, remete ao chamado. O sujeito invocante é aquele que é capaz de

[1]A dimensão ficcional da proposição teórica deste "pequeno conto psicanalítico" pode ser aqui ouvida pela proximidade sonora entre "era uma vez", início tradicional dos contos populares e clássicos, e "era uma voz", que evoca a função de origem da voz na constituição do sujeito.

[2] Sobre essa questão da necessária dimensão ficcional da teoria psicanalítica, ler os trabalhos de G. Bourlot e, mais particularmente, "Fictions et destins des fictions: enjeux épistémologiques de la fiction chez Freud". In: *Cliniques méditerranéennes*, nº 84, 2011, p. 75-92.

sustentar a hipótese de que existe um Outro não surdo suscetível de poder ouvi-lo. Para poder manter essa posição, o *infans* terá em um primeiro tempo se tornado surdo à voz primordial. Para poder dispor de uma voz, é necessário, com efeito, não ser totalmente invadido por aquela do Outro. Convém, então, que o sujeito constitua um ponto intrapsíquico em que, após ter lá ressoado, o coloque ao abrigo da voz do Outro. Ponto surdo que nós definimos como o lugar em que o sujeito, após ter entrado em ressonância com o timbre originário, tornou-se surdo para poder dispor de sua própria voz. É na elucidação das condições da emergência e da constituição desse ponto surdo que nós nos deteremos agora.

Freud havia proferido a hipótese de que a estruturação do campo visual necessitava da exclusão de algo, o que implicaria a constituição de um "ponto cego". Assim afirma em "Três ensaios sobre a teoria da sexualidade":

> A ocultação do corpo, que cresce juntamente com a civilização, mantém desperta a curiosidade sexual, que busca completar para si o objeto sexual desvelando suas partes ocultas, mas que pode ser desviada ("sublimada") para o âmbito artístico, quando se consegue retirar seu interesse dos genitais e dirigi-lo para a forma do corpo em seu conjunto.[3]

Nossa entrada na civilização exigiria a exclusão de uma parte do corpo, o que seria, ao mesmo tempo, o preço que nós pagamos e a condição do nosso prazer de olhar[4]. O passo que Lacan nos permite completar é que o elemento excluído não é necessariamente a realidade

[3]FREUD, S. (1905) Três ensaios para uma teoria da sexualidade. In: FREUD, S. *Obras completas, volume 6: três ensaios sobre a teoria da sexualidade, análise fragmentária de uma histeria ("O caso Dora") e outros textos (1901-1905).* Tradução de Paulo César de Souza. São Paulo: Companhia das Letras, 2016, p. 50.

[4]Sobre esse assunto, pode-se ler os estimulantes desenvolvimentos de Darian Leader, dos quais retomo, aqui, as linhas gerais. LEADER, D. *O roubo da Monalisa: o que a arte nos impede de ver.* Trad. A. J. S. e Souza. Rio de Janeiro: Elsevier, p. 9; LEADER, D. "La voix en tant qu'objet psychanalytique". In: *Savoirs et clinique,* Toulouse: Érès, 2006, p. 151-161.

dos órgãos genitais, mas, antes, esse objeto que é o olhar[5]. Antes de ver, o *infans* é olhado por todos os lados, e esse olhar é tão mais intrusivo quanto for difícil de determinar de onde ele vem. Esse elemento permite compreender a dimensão maléfica geralmente associada ao olhar: nós somos olhados sem saber de onde "isso" nos olha. O *infans* está mergulhado, já em sua entrada no mundo, em um espaço panóptico. Para poder olhar, e aí obter prazer, o sujeito deverá livrar-se do olhar do Outro, "esquecer" que o olhar do Outro pesa sobre ele. Se a dimensão visual é estruturada por uma ausência em seu campo, parece-nos necessário sustentar a hipótese que o próprio campo sonoro se organiza em torno de um ponto surdo.

Ponto surdo cuja constituição parece, todavia, mais problemática que aquela do ponto cego. Com efeito, se o bebê pode desviar seu olhar, ele não pode desviar seu ouvido. Se Freud teve a tendência de privilegiar a questão da alimentação na relação do *infans* com o Outro primordial, as pesquisas em psicologia do desenvolvimento mostraram que um tempo extremamente relevante, no momento da alimentação, era dedicado a olhar a mãe, e o quanto essa poderia tornar-se ansiosa se o bebê recusasse essa troca de olhares. Desviar-se do seio poderia ser, assim, uma maneira de mostrar sua subjetividade; desviar seu olhar seria uma outra. Mas não se pode fechar o ouvido, que não possui esfíncter. Em face da voz do Outro, não há fuga possível. Talvez seja essa particularidade que confere à voz esse lugar preponderante no seio do fenômeno das alucinações. Já que nenhuma função corporal pode servir de apoio à implementação de ensurdecimento à voz do Outro, nós apresentamos a hipótese que a constituição do ponto surdo vem a ser o efeito de uma operação linguística: a metáfora. Operação na própria origem do sujeito. A metáfora é radicalmente o efeito da substituição de um significante por um outro em uma cadeia, sem que nada de natural o predestine a essa função — presente no sufixo

[5]LACAN, J. (1963-1964) *O seminário, livro 11: Os quatro conceitos fundamentais da psicanálise*. Trad. M.D. Magno. Rio de Janeiro: Jorge Zahar Ed., 1988, p. 69-115, aulas de 19 e 26 de fevereiro e 4 e 14 de março de 1964.

fora[6] (do grego —*phora*) —, a não ser por se tratar de dois significantes como tais redutíveis a uma oposição fonemática. Essa operação, no caso que nos interessa, visa a substituir a voz do sujeito a tornar-se por aquela do Outro que o chamou a advir.

Sustentar a hipótese do ponto surdo permitiria repensar, no campo do sonoro, a dinâmica do surgimento do sujeito no tempo da constituição do recalque primário, tempo do começo absoluto em que o que não existia é chamado a advir, em sua relação com a voz do Outro.

Proponhamos, agora, nosso "conto psicanalítico" visando a descrever o nascimento do sujeito em sua articulação com a voz do Outro.

Era uma voz... No ano de 1895, Freud descreve o nascimento do sujeito da seguinte maneira: na origem, o *infans* é amputado de uma parte de si mesmo em seguida da expulsão do estado de sofrimento, que carrega a ruptura do estado de equilíbrio homeostático[7]. Essa "ex-pressão" toma a forma de um grito que não é ainda um chamado, mas somente a tentativa de afastar a experiência dolorosa: a expressão sonora opera como evacuação motora das tensões. Mas o grito não é desprovido de toda utilidade, já que ele chama a atenção da pessoa cuidadora, que realizará a ação específica visando a neutralizar o estado de sofrimento. O grito do recém-nascido não pode ser considerado, em um primeiro tempo, como um chamado. Ele é somente, de início, a tentativa de ex-primir o estado de sofrimento que invade o bebê. Esse grito se constituirá como chamado somente em um segundo tempo, após a resposta fornecida pela voz do Outro, na qual se marcará seu desejo por meio de um endereçamento à criança. O circuito da pulsão consiste no fato de "se fazer voz" para contatar o Outro e obter dele, como resposta, que ele dê a voz[8].

[6]Não se trata, portanto, da palavra "fora", que poderia aqui remeter erroneamente ao conceito psicanalítico de foraclusão, mas sim do sufixo —fora (proveniente do grego —*phora*) que compõe a palavra "metáfora", metá-fora.

[7]Ver FREUD, S. (1895) Projeto para uma Psicologia Científica. In: *Obras psicológicas completas de Sigmund Freud*, vol. 1, Rio de Janeiro: Imago, 1976.

[8]A expressão "donner de la voix", usada extensivamente ao longo do livro, pode denotar tanto "falar mais alto" quanto "dar a sua opinião". Optamos por traduzi-la literalmente,

O circuito da pulsão invocante implica a presença do Outro: após ter ressoado no timbre do Outro, o sujeito a se tornar o assume e o rejeita ao mesmo tempo. Com efeito, ele assume esse timbre originário pelo fato de que um "sim" acolheu a voz arcaica (*Bejahung*) — sim ao chamado a advir — e ao mesmo tempo a rejeitou (*Austossung*); o sujeito devendo poder tornar-se surdo a ela para adquirir sua própria voz. Nós somos confrontados, aqui, com um "não" (*Ausstossung*) que se põe a serviço de um "sim" (*Bejahung*) e que permitirá ao sujeito vir a possuir uma voz[9]. O *infans*, em um mesmo movimento, diz "sim" e "não" ao timbre originário.

Esse processo, articulando aceitação e recusa do timbre originário, permite, assim, à voz, que chamou o real humano a advir, permanecer em seu lugar, ou seja, em um primeiro tempo inaudível e depois, inaudita. Essa surdez à voz primordial permitirá ao sujeito por vir, por sua vez, dar a voz. Aquele que não terá podido estruturar esse necessário ensurdecimento se verá invadido pela voz do Outro. E aquele que não terá conseguido tornar-se surdo a essa voz primordial permanecerá para sempre suspenso, extraviado[10]. Em outros termos, o sujeito deve poder, após tê-la aceito, esquecer a voz originária sem que haja esquecimento do ato de esquecimento. É por esse esquecimento inesquecível que se amarra, em sua dimensão subjetivante, a pulsão invocante, sobre a qual Lacan, diversas vezes, disse que era "a mais próxima da experiência do inconsciente"[11].

O que permitirá esse processo de subjetivação? É a transformação, pela leitura que fará o Outro, do grito do *infans* em chamado. O que faz do grito um chamado? É o acolhimento que esse grito recebe do

contudo, por compreender que tal formulação contribui para a compreensão do argumento. [NdT]

[9]DIDIER-WEILL, A. *Un mystère plus lointain que l'inconscient*. Paris: Aubier, 2010.

[10]O termo "en souffrance" é utilizado para designar objetos ou cartas extraviadas. Remete, por sua palavra, ao sofrimento, ambiguidade inexistente em português. [NdT].

[11]LACAN, J. (1963-1964) *O seminário, livro 11: Os quatro conceitos fundamentais da psicanálise*. Trad. M.D. Magno. Rio de Janeiro: Jorge Zahar Ed., 1988, p. 102, aula de 4 de março de 1964.

Outro, a nota de recepção que o Outro fornece. Tal é a tese que Lacan apresenta em "Observação sobre o relatório de Daniel Lagache":

> Antes, ele se comprazerá em encontrar ali as marcas de resposta que tiveram o poder de fazer de seu grito um apelo.[12]

Por um lado, há um emissor que ainda se ignora como tal (o *infans*), por outro, um receptor (o ambiente maternal) que se compreende imediatamente como tal. Esse receptor vai se transformar em emissor: tomada por uma "violência interpretativa"[13], a mãe interpreta o grito como uma suposta fala do *infans*, o qual ela coloca, já em seu nascimento, em posição de sujeito suposto falante. Ela acusa a recepção desse grito e levanta a hipótese de que ele quer dizer algo, que ele apresenta o sujeito ao mundo. Nós reconhecemos, aqui, a definição do significante: o que representa o sujeito para um outro significante. O grito do *infans* não representa o *infans* para a mãe, caso no qual estaríamos no registro do signo; ele representa, antes, o sujeito para o conjunto de significantes por vir. A resposta do Outro, a recepção que ele reserva ao grito puro transformando-o em grito "para", vai transformar o grito, o qual se torna, então, significação do sujeito a partir dos significantes do Outro. Nós podemos, com isso, descrever a gênese dos três tempos do circuito da pulsão invocante a partir daquele descrito por Freud, concernente ao circuito da pulsão escópica, em "A pulsão e os seus destinos", de 1915[14].

1. **Ser ouvido**: esse momento mítico corresponderia à expressão do grito. Neste ponto, o sujeito ainda não existe. Nós estaríamos situados

[12]LACAN, J. (1960) "Observação sobre o relatório de Daniel Lagache: 'Psicanálise e estrutura da personalidade'". In: *Escritos*. Trad. V. Ribeiro. Rio de Janeiro: Jorge Zahar Ed., 1998, p. 686.

[13]AULAGNIER, P. *La Violence de l'interprétation*. Paris: PUF, 1975.

[14]FREUD, S. (1915) Os instintos e seus destinos. In: FREUD, S. *Introdução ao narcisismo: ensaios de metapsicologia e outros textos (1914-1916)*. Tradução e notas de Paulo César de Souza. São Paulo: Companhia das Letras, 2010, p. 68. Trad. Modificada.

no nível do que Lacan frisa por ocasião de seu *seminário 10 — a angústia*, sob a paradoxal fórmula do sujeito do gozo[15]. Essa posição ativa será percebida como tal, então, somente no *a posteriori* do encontro com o Outro, o qual fará do que é ouvido um chamado, transformando o grito puro, a manifestação vocal do estado de desamparo do recém-nascido, em demanda. O grito do *infans* é ouvido pela mãe como sendo um chamado no qual ela se atém a ler uma demanda. É a jaculação vocal que é interpretada como significante. A voz é tomada como objeto primeiro. Objeto perdido a partir do momento em que a mãe confere uma significação a essa voz; a voz como objeto está perdida atrás do que ela significa para o Outro. A voz como objeto é esse primeiro objeto perdido, o que cai na formação do significante. O primeiro objeto perdido não é, então, o seio, como frequentemente se disse, e sim a voz, já que, para que o objeto oral possa ser considerado como objeto, é preciso que haja significante.

2. **Ouvir**: esse segundo tempo começaria com a aparição do Outro da pulsão que responde ao grito. O *infans* é, então, confrontado à resposta do Outro. A assunção do ponto surdo se faria com a aparição do Outro interpretante: a interpretação significante do grito vela a dimensão real da voz à qual o sujeito se tornará surdo para acessar o estatuto de sujeito falante.

3. **Se fazer ouvir**: esse terceiro tempo seria aquele em que o sujeito a se tornar se faz voz, indo procurar o ouvido do Outro para obter uma resposta. O terceiro tempo seria o da posição subjetiva em que o sujeito constitui um Outro não surdo suscetível de ouvi-lo. O sujeito que era invocado pelo som originário vai, tomado na linguagem, tornar-se invocante. Nessa reviravolta[16], ele vai conquistar sua própria voz, vai, segundo a fórmula de Lacan, "se fazer ouvir".

[15]"Trata-se do sujeito do gozo, na medida em que essa expressão tenha sentido" (LACAN, J. [1962-1963] *O seminário, livro 10: A angústia*. Trad. V. Ribeiro. Rio de Janeiro: Jorge Zahar Ed., 2005, p. 192, aula de 13 de março de 1963.)

[16]O termo "retournement de situation" pertence ao léxico da ficção. A opção por traduzi-lo como "reviravolta", perde-se, contudo, a remissão à reversão pulsional. [NdT]

Ora, para que ele possa se fazer ouvir, é preciso não somente que cesse de ouvir a voz originária — o que o psicótico não consegue realizar —, mas ele deve, além disso, poder invocar, ou seja, levantar a hipótese de que há um não-surdo para ouvi-lo. O "se fazer ouvir" corresponde à passivação da pulsão invocante. Não se trata de "ser ouvido", como ocorreu no momento em que o Outro primordial respondeu ao grito, nem de "ouvir", como foi o caso na ocasião da resposta que o Outro deu a esse grito — ou, mais primitivamente ainda, no momento em que o real humano entrou em ressonância com a voz que chamou o sujeito a advir -: trata-se de "se fazer ouvir"[17].

Na reversão da pulsão, nesse movimento de passivação, Freud, em "Os instintos e seus destinos", levanta a hipótese de que um novo sujeito aparece. Ele propõe analisar a atividade pulsional a partir do par de opostos pulsionais cuja meta é, ele diz, "olhar e se mostrar". Descrevendo o destino da "pulsão de olhar" em forma de reversão-inversão desse par pulsional, é com o terceiro tempo, ou seja, a busca de uma satisfação em ser olhado, que Freud emprega pela terceira vez o termo "sujeito".

> a) olhar como *atividade* dirigida a um outro objeto; b) o abandono do objeto, a volta da pulsão de olhar para uma parte do próprio corpo, e com isso a reversão em passividade e a constituição da nova meta: ser olhado; c) a introdução de um novo sujeito, ao qual o indivíduo se mostra, para ser olhado por ele.[18]

Freud qualifica, aqui, o Outro da pulsão como novo sujeito. Qual é, então, a diferença qualitativa que Freud distingue nessa novidade? Digamos que esse "novo sujeito" é aquele que o sujeito a se tornar supõe, e que, além disso, ele constitui, ou seja, um Outro não surdo, mas não, apesar disso, "pan-fônico".

[17]DIDIER-WEILL, A. *Un mystère plus lointain que l'inconscient*. Paris: Aubier, 2010.

[18]FREUD, S. (1915) Os instintos e seus destinos. In: FREUD, S. *Introdução ao narcisismo: ensaios de metapsicologia e outros textos (1914-1916)*. Tradução e notas de Paulo César de Souza. São Paulo: Companhia das Letras, 2010, p. 67-68. Trad. modificada.

Esse novo sujeito é aquele que visa à pessoa que se põe a cantarolar uma ária enquanto ela caminha só na rua. Como se dá que uma pessoa que assovia ou canta uma ária, na rua, no meio das outras, não provoca esse sentimento de loucura que se manifesta inevitavelmente em face daquele que, na mesma situação, põe-se a falar sozinho? É que, no caso do cantor solitário, as dimensões da voz e da invocação são postas em primeiro plano. O sujeito não discute com um outro ausente, o que leva sempre à ideia de alucinação. Ele invoca, pelo desdobramento de sua voz, um Outro, certamente ausente, mas que a voz do sujeito possui o poder de convocar para ele, e igualmente para aqueles que o ouvem. Essa estratégia é bastante conhecida pelas crianças que cantam no escuro para não ter medo. É aqui que nós poderíamos situar a origem do sentimento de gratidão que temos pela cantora que logra sua ária: sua voz nos faz ouvir a luminosa voz do Outro, que não é, então, um Outro persecutório, mas um Outro bondoso para o sujeito, que se faz todo ouvidos. Mas ela que tome cuidado se chegar a fracassar em sua performance: o caráter insuportável do fracasso transforma, então, o ouvinte em perseguidor. Não se pode senão ser surpreendido pelo ódio que toma o melômano quando a voz da diva "embarga" em uma nota aguda, que ele esperava com tanto fervor: assovios, vaias e tomates são, então, de praxe... Não se encontrará reação tão violenta em face de um instrumentista que erra uma passagem, um dançarino que esboça desajeitadamente um salto, e ainda menos num trapezista que cai. Como compreender o surto no caso em que a voz está em jogo? Seria possível dizer que o "liricômano" percebe, nesse instante, a voz como ela é: não somente uma montagem sublime, mas um dejeto, que o dispositivo artístico visava a dissimular. Em face da materialização desse dejeto, o melômano escolhe responder com dejetos: tomates, assovios. Ela, que possuía como função social despender o gozo vocal, é, então, tão violentamente rejeitada quanto havia sido, anteriormente, adorada. Como o olhar, cuja dimensão persecutória é facilmente observável quando ele se manifesta no campo do visível — assim como mostra precisamente Sartre[19] —, a voz, quando se revela imperativa e não mais sublime ou sedutora, torna-se igualmente um objeto persecutório ao qual conviria responder do mesmo modo. Nós teremos a oportunidade de mostrar e analisar esse fenômeno operando em diferentes situações. Todavia, essa simples ilustração da brutal transformação, do melômano idólatra em perseguidor "cantoricida"[20], mostra o quanto as questões da voz estão bem longe de originarem-se unicamente da idealização: a doce e divina lira de Apolo nunca vem sem seu arco assassino[21].

O percurso que nós propomos ao longo desta obra cruzará a história da ópera, bem como a do dispositivo de transmissão da palavra divina, colocando em evidência as "cenas" que visam a convocar a voz, ao mesmo tempo em que mantêm à distância os desafios de gozo a ela ligados. Nós nos interessaremos igualmente pela questão do feminino, que nos permitirá aproximar o que diz respeito à articulação da pulsão escópica e da pulsão invocante. Enfim, as festas de música eletrônica nos permitirão ilustrar que a busca da Coisa musical está sempre ativa, já que as sociedades contemporâneas continuam a inventar dispositivos que permitem contatá-la. Esse percurso procede tanto da exposição de uma pesquisa quanto do devaneio associativo, e as repetições e ecos não estarão ausentes, tendo em vista que, a cada nova situação exposta, uma luz nova será lançada sobre a problemática da voz. Nós esperamos que o leitor consiga percebê-las enquanto *leitmotive*, variações sobre o tema da voz.

[19]SARTRE, J.-P. *O ser e o nada: ensaio de ontologia fenomenológica*. Trad. P. Perdigão. Petrópolis: Vozes, 1997.

[20]Georges Perec ilustrou, com muito humor, essa situação em uma paródia de artigo científico. Ver PEREC, G. *Mise en évidence expérimentale d'une organisation tomatotopique chez la soprano (Cantatrix sopranica L.)*. https://www.h2mw.eu/redactionmedicale/2011/11/Perec_FR_tomato%5B1%5D.pdf

[21]Ver DUMÉZIL, G. *Apollon sonore*. Paris: NRF, Gallimard, 1987.

DOIS

A VOZ PERDIDA DOS CASTRATI

Introduzir uma reflexão sobre a voz como objeto da psicanálise, a partir da questão dos *castrati*, pode, *a priori*, parecer paradoxal, na medida em que essa voz — a despeito dos pobres traços das gravações efetuadas, em 1902 e 1904[1], do último dentre eles — está para sempre perdida. Essa perda contribui, sem dúvida, em grande parte, ao extremo encantamento que essa voz provoca e que se manifesta atualmente por meio de filmes, romances, tentativas de reconstrução sonora, pesquisas históricas, fisiológicas, musicológicas... Contudo, o psicanalista não se surpreenderá com essa escolha: a voz como objeto sendo sempre considerada como já perdida. Essa perda está no centro de uma das definições lacanianas do objeto, como nós lembramos anteriormente. O objeto se define por sua perda sem retorno possível, e a voz não escapa da regra[2]. É no negativo, no oco, que ela

[1]Cilindros fonográficos convertidos em CD (Opal 9823), *Alessandro Moreschi: The Last Castrato*. Essas gravações ocorreram em Roma nos dias 3 e 5 de abril de 1902 e no dia 11 de abril de 1904.

[2]Assim, no campo da interpretação musical, parece que só pode haver voz unanimemente reconhecida quando calada. Esse fenômeno foi observado no caso de Maria Callas, que, uma vez morta, tornou-se a "voz do século", ao passo que, em vida, os ataques contra seu timbre estranho não cessaram. Mas, além desse exemplo, o fenômeno sempre existiu e os amantes do início do século XVIII já lamentavam os cantores do século precedente...

se revela. A voz está dissimulada atrás do sentido. O sujeito, para poder tomar a palavra, tornar-se sujeito falante, "falasser", deve, em parte, se fazer "desmemoriado" da voz que se endereçou a ele e o chamou a advir. No caso em que ela vem a se expor, desatando as amarras da significação, o sujeito se encontra confrontado com desafios de gozo, que ele procura e teme ao mesmo tempo. Se ele as procura, é porque orientam a busca desejante. E se ele as teme, é porque o gozo nunca está livre de risco. É o que nos ensinam a história dos *castrati* e, de modo mais geral, a evolução da arte lírica. Neste ponto, a história dos *castrati*, então, constitui somente a "encenação" dessa relação com um objeto perdido, dissimulado atrás do processo de significação. É o que Lacan mostra incidentalmente ao longo do seminário *As formações do inconsciente*, que data dos anos 1957-1958, quando elabora o grafo do desejo e define a voz como "resto", que se estabelece enquanto a intenção de significação cruza a cadeia significante[3].

A voz é o que, da cadeia significante, não participa no efeito de significação. A fim de compreender o que é a voz para o psicanalista, nós não iremos procurar no campo dos estudos de psicofonologia, em que as ínfimas variações de "tom" se refeririam a estados afetivos. Pois nós situamos resolutamente o objeto voz como *á*-fono[4]. Por esse fato mesmo, a voz para sempre calada dos *castrati* pode simbolizar o paradigma.

Enquanto, em 11 de abril de 1904, Alessandro Moreschi, o último *castrato* do coro da Capela Sistina, grava diversos cilindros para a Gramophon Company, o público, em sua grande maioria, já esqueceu as manifestações delirantes de entusiasmo provocadas por esses cantores, por mais que a figura do *castrato* tenha assombrado uma boa parte

[3]LACAN, J. (1957-1958) *O seminário, livro 5: As formações do inconsciente*. Trad. V. Ribeiro. Rio de Janeiro: Jorge Zahar Ed., 1999, p. 353, aula de 23 de abril de 1958.

[4]Tomo emprestada essa grafia de C. Gillie-Guilbert, que, com essa bela descoberta, permite dar conta de que a voz está radicalmente perdida. GILLIE-GUILBERT, C. "Variations sur la voix des enseignants". In: CASTARÈREDE, M.-F. (org.) *Au commencement était la voix*. Toulouse: Érès, 2005, p. 89-96.

da literatura do século XIX[5]. A voz do *castrato*, tornada rara, é então mais fantasiada do que realmente ouvida; ela se torna estranhamente inquietante, como mostra a novela de Vernon Lee, datando de 1887, *La Voix maudite* [*A Voz maldita*][6].

O ano de 1902 é marcado pela criação de *Pelléas et Mélisande*, de Claude Debussy, em que, por ciúme, um barítono mata um tenor, amado por uma soprano; bem como pela criação de *Adrienne Lecouvreur*, de Cilea, em que uma *mezzo* mata, novamente por ciúme, uma soprano, amada por um tenor. Dois anos antes, uma soprano assassinava, pelo amor de um tenor, um barítono demasiado acelerado em *Tosca*; e dois anos depois, em *Madame Butterfly*, ainda de Puccini, uma soprano morria de amor por um tenor demasiado inconstante... Na Itália, na Alemanha, na França e alhures, os amantes são tenores, suas amantes, sopranos, seus rivais, baixos e contraltos. Os heroicos e ambíguos *castrati*, encarnando os papéis viris de Júlio César, Alexandre ou Tamerlão, são esquecidos, e com eles, uma grande parte da música que executaram.

Em 11 de abril de 1904, Alessandro Moreschi grava suas últimas notas. Ele só deixará o coro da capela papal em 1913; e morrerá esquecido por todos em 1922, aos 64 anos, decretando o desaparecimento definitivo de um mundo, cuja morte havia sido anunciada já no século XVIII. A gravação que ele realizou para a Gramaphon Company permanece, para nós, como o único testemunho sonoro, vivo, o eco algo abafado de uma tradição, seu pálido reflexo. O intérprete já não possui todos os seus meios vocais e parece incomodado com a técnica

[5]Enquanto os *castrati* desaparecem, pouco a pouco, da cena lírica, eles aparecem na cena literária. Tal como uma reminiscência escrita, e, então, mediatizada pela letra, com uma voz cuja imediaticidade tende a se apagar irremediavelmente. Pode-se ler, para se convencer disso: BALZAC, H. *Sarrasine* (1830), *Massimilla Doni* (1839); HOFFMANN, E.T.A., *Faintaisies. Kreisleriana. Ombra adorata* (1814); LEE, V. *Winthrop, Fantaisie musicale (1881), La Voix maudite* (1887); STENDHAL, *Roma, Nápoles e Florença* (1817), *Vida de Rossini* (1824).
[6]LEE, V. *La Voix maudite* (1887). Trad. S. Geoffroy-Menoux. Dinan: Terre de brume, 2001, p. 85-111. Nessa novela, o célebre *castrato* Farinelli, de senhor absoluto na arte de controlar a respiração e o canto, torna-se escravo de sua própria voz aos poderes sobrenaturais e cúmplice de seus mais devastadores efeitos. O autor evidencia a dimensão de velamento do horror que representa a excepcional musicalidade do cantor, desvelando seus efeitos mortíferos.

iniciante, e mais que imperfeita, da gravação. Além disso, a formação que os *castrati* dos séculos XVII e XVIII haviam conhecido nos conservatórios de Nápoles não era mais vigente no fim do século XIX. Com efeito, os pequenos *castrati* do século precedente recebiam, no seio dos conservatórios, uma educação musical e técnica excepcional. Durante vários anos (de 8 a 10 anos), chegando a mais de dez horas por dia, eles eram submetidos a um aprendizado intensivo (composição, técnica vocal, prática de instrumentos, humanidades e ciências...) que os transformava em intérpretes extraordinários. À época, nenhum outro músico dispunha de uma tal educação. Sua arte repousava em um virtuosismo, sem falhas, de tipo instrumental — com suas gamas cromáticas e diatônicas, suas oitavas destacadas, seus trilos etc. — em uma notável duração da respiração, e em uma extensão vocal espantosa: enquanto suas ressonâncias de tórax se desenvolviam no grave, eles conservavam o agudo inicial, de sua voz de cabeça. Tudo isso, é claro, ao custo de um trabalho árduo. No século XIX, essa formação havia, pouco a pouco, desaparecido. Mesmo que ainda possamos ouvi-la, a voz dos *castrati* já estava perdida...

Essa história, que pode parecer-nos inverossímil, durou, contudo, mais de três séculos. O mais estranho é que o fim dessa espantosa aventura artística se assemelha, enganosamente, a seus primórdios: oriundo do coro religioso, o *castrato*, após um desvio bastante notável, de mais de dois séculos, pela cena da ópera, retorna à Igreja, onde será tolerado ainda durante alguns anos. Na véspera da Primeira Guerra Mundial, o cantor castrado existe, certamente, mas aquele que foi a peça mestra da ópera, dando corpo e voz aos heróis que encarnava, consegue se manter somente ao desertar o palco e reintegrar o coro eclesiástico, para terminar sendo relegado unicamente à capela papal[7].

[7]Aliás, esse foi o lugar que, essencialmente, lhe foi concedido na França. Enquanto os *castrati* reinavam em todas as cenas líricas da Europa, a França se manteve, em grande parte, afastada desse encantamento, e confinou o *castrato* na capela real, suas aparições na cena da ópera sendo apenas episódicas ou muito secundárias. Será preciso esperar o reino de Napoleão I° para que o *castrato* Crescentini seja convidado à corte para interpretar ao imperador, durante mais de seis anos, árias que, segundo os relatos, o emocionavam

Levanta-se, então, a questão de saber o que permite ao *castrato*, ao passo que ele desapareceu dos palcos de teatro desde há muito tempo, manter essa estranha e anacrônica prolongação no seio da Igreja. Ou, para levantar a questão de outro modo, por que, uma vez transferido da cena religiosa à cena profana, o *castrato* provocou um tal ardor e uma tal repulsa, revelando aí mesmo uma questão de gozo no limite insuportável — questão que parecia ter sido mantida à distância no âmbito do dispositivo religioso? Ou ainda: o que transforma uma voz divina em voz obscena, e conduz os ouvintes a deverem tornar-se surdos? As respostas trazidas a essas questões nos permitirão esboçar um primeiro posicionamento da relação que se instala entre aquele que dá a voz e aquele que a recebe.

APARIÇÃO DO *CASTRATO* NO DISPOSITIVO RELIGIOSO

Lembremos de início, brevemente, como se dá a aparição do *castrato* no dispositivo religioso. É pela Espanha que se difundiu a utilização de cantores não tendo passado pela muda, e isso, parece, em razão da proximidade que existia, durante o período moçárabe, entre católicos e muçulmanos.

> A vinda à corte muçulmana de Córdoba do grande cantor alaudista e compositor Ziryab (798-857), que realizou seus estudos em Bagdá, autorizou o emprego de *castrati* cantores nas novas formas musicais que este desenvolvera [...] Do século IX até a reconquista da Espanha pelos cristãos do século XV, as crônicas muçulmanas indicam a presença de *castrati*, cantores destinados a essas músicas refinadas, no seio das cortes.[8]

até derramar lágrimas. Napoleão o promoveu cavaleiro da ordem da Coroa de ferro de Lombardia, distinção reservada aos maiores militares! Essa paixão imperial devia parecer muito surpreendente da parte de um homem que se incumbira, em nome dos direitos do homem, ao longo de suas campanhas, de um dever de interditar o acesso dos conservatórios e dos teatros italianos aos *castrati*. Como Jean-Jacques Rousseau, alguns anos antes, Napoleão teve dificuldade em conciliar Iluminismo e gozo vocal...

[8]GAUMY, Ch. "Le chant des castrats". In: *Opéra international*, dezembro de 1984 e janeiro de 1985.

Eunucos, tendo sido castrados cedo o bastante e convertidos ao catolicismo, vão pouco a pouco integrando-se às cerimônias religiosas. Um passo decisivo é dado quando a Igreja católica inicia sua Contrarreforma: enquanto os cardinais, majoritariamente italianos e espanhóis, reúnem-se em concílio em Trento (1545-1563), cantores castrados começam a aparecer na capela pontifícia de Roma. Até então, o ilustre coro, em razão da interdição paulina a respeito do canto feminino — "*mulieres taceant in ecclesiis*[9]" —, podia contar somente com crianças, com possibilidades técnicas e musicalidade frequentemente mais reduzidas que as dos adultos, ou com falsetistas, frequentemente limitados do ponto de vista da potência e da extensão vocal[10].

É então que, por uma bula de 1589, Sisto V autoriza o recrutamento dos *castrati*. Com isso, alguns homens de boa vontade irão pôr-se a justificar a decisão e sustentarão, sem o menor equívoco, que:

> a voz é uma faculdade mais preciosa que a virilidade, já que é pela voz que o homem se distingue dos animais. Se então, para embelezar a voz, é necessário suprimir a virilidade, pode-se fazê-lo sem impiedade. Ora, as vozes de *soprani* são tão necessárias para cantar louvores do Senhor que não poderia haver preço elevado demais para sua aquisição.[11]

Observaremos, com interesse, que os homens de "boa vontade" admitiram, perfeitamente, que a voz era devidamente o que se encontra em excesso na fala. Com efeito, se a voz participa do ato de fala, ela não se reduz a ele de forma alguma. Posta em evidência no dispositivo

[9]I Conríntios, XIV, 34 "estejam caladas as mulheres nas assembleias" (tradução ecumênica da Bíblia). O cardeal Robert Bellarmin (1542-1621), que foi o mais influente teólogo católico ao longo do período que nos interessa — sob os papas Clemente VII e Paulo V, ele foi primeiro especialista, e em seguida, cardeal prefeito do Santo Ofício em Roma —, traduziu a frase de São Paulo em seu *De sacramentis in Genere*, I, 24: "Estejam caladas as mulheres na igreja.".

[10]Cantor masculino que se serve quase exclusivamente de sua voz de falsete.

[11]GAUMY, Ch. "Le chant des castrats". In: *Opéra international*, dezembro de 1984 e janeiro de 1985.

musical, a voz visa a turvar a mensagem transmitida, provocando um efeito de lirismo que vem a ser a questão do gozo lírico. Lirismo que definiremos como o que vem perturbar a enunciação de uma cadeia significante, seja pela altura, que vem comprometer a articulação, seja pelo tempo, que distorce as palavras. Esse efeito de lirismo não é encontrado nos animais. É por isso que é impróprio dizer que os pássaros cantam, no sentido em que tentamos, aqui, definir o canto. Em vez disso, digamos que eles falam. As modulações, a ária de sua enunciação sonora, são parte integrante de seus enunciados significantes —, sejam elas sinais de chamado, de alerta ou de demarcação do território — mas não seria possível, de modo algum, notar distorções visando a efeitos de lirismo, abrindo a porta a um gozo. Sua enunciação não obedece a outras funções senão àquelas que a natureza lhes designou. Os cantos dos pássaros possuem uma estrutura mais ou menos imutável, e eles estão, em larga medida, rigidamente conectados ao sistema de sua espécie. Não há nada disso no homem: estudos neurológicos mostraram que um número mais relevante de áreas cerebrais é afetado com o tratamento da música do que com o da linguagem[12]. Para a neurologia, o homem, mais do que o pássaro, seria uma espécie musical. Toda a diferença entre o instinto e a pulsão se encontra, aqui, condensada. O instinto é essencialmente repetitivo e confere ao animal um saber sobre o mundo, sem que ele precise saber nada. A pulsão, por sua vez, é por essência insatisfeita, pelo fato de que seu objeto é contingente. Ela poderá, no caso da pulsão invocante, tomar tanto a forma de um canto quanto a de "uma voz de um fino silêncio"[13], como nos lembram as Escrituras.

Os teólogos que justificam a castração não sabem que estão a introduzir a raposa do gozo no galinheiro da transmissão da palavra divina. Essa tensão, entre a função de mensageiro, de porta-palavra divino, em

[12]SACKS, O. "Como um raio: musicofilia súbita". In: *Alucinações musicais*. Trad. L. T. Motta. São Paulo: Companhia das Letras, 2007.

[13]Como a pulsão oral pode conseguir satisfazer-se por um objeto, mas igualmente pelo "nada", o que mostra a anoréxica que come "nada".

que o *castrato* se encontra em posição angelical, e a função de porta-voz, irá somente tornar-se mais específica ao longo dos séculos XVI, XVII e XVIII.[14] Nós veremos, mais à frente, como a utilização da voz do *castrato*, posta a serviço do projeto político da Igreja visando à "sedução" sonora do fiel, ultrapassou, e muito, todas as suas expectativas. Seja como for, em menos de vinte anos, todos os falsetes do coro pontifício foram substituídos por *castrati*. A amplificação do fenômeno é tal que, em alguns anos, todas as catedrais e todas as capelas da península se veem dotadas de *castrati* sopranos e altos. A Igreja percebe perfeitamente de que modo esses intérpretes constituem uma espécie de ideal musical: voz brilhante, límpida, comovente por seu caráter ambíguo, tão aguda e mais potente que a de uma mulher, mas em um corpo de homem. Este último é um argumento de peso, já que, nessa época, a interdição do canto feminino na igreja, promulgada por São Paulo, é aplicada ao pé da letra. Todavia, seria redutor ver esse encantamento somente enquanto consequência exclusiva do dogma paulino. E isso na medida em que essa interdição só se aplicava estritamente nos Estados pontificais. O *castrato* não é de nenhuma maneira um substituto feminino, ele acena a outra Coisa; e é isso que vai torná-lo, tão rapidamente, indispensável, e depois, uma vez que sua dimensão angelical foi atenuada, tão insuportável.

O que queremos dizer quando afirmamos que o *castrato* acena a outra Coisa? É que, com sua presença e seu canto, o *castrato* acena a esse objeto absoluto do desejo: aquém da castração e do momento em que o desejo tivera de atualizar-se. Como no teatro Nô, em que os personagens femininos são interpretados por atores especializados nesse tipo de papel, o *castrato* parecia poder ultrapassar a diferença dos sexos e das gerações, inventando, na cena da ópera, um improvável e, entretanto, evidente "além da castração". Isso permite pressentir o tipo de gozo que introduz a aparição do *castrato*: um potente gozo estético que,

[14]Os termos "porte-parole" [porta-voz] e "porte-voix" [megafone] foram traduzidos literalmente como "porta-palavra" e "porta-voz" para manter a ênfase nas noções de palavra e voz que atravessam o livro. [NdT]

tomando apoio em uma castração real, sustentaria a fantasia de que existe, fora da castração, um lugar em que o reencontro com a Coisa seria vislumbrável[15]. Pois não há nenhuma dúvida de que existe um gozo específico provocado pela introdução do *castrato* no dispositivo musical religioso. A prova disso é que, nesse início do século XVII, pessoas se estapeiam nas portas das igrejas para ouvir Loreto Vittori, que faz parte da capela papal: a voz do *castrato* provoca transportes até então desconhecidos, os quais "justificarão", durante vários séculos, a mutilação de milhares de crianças.

A intervenção cirúrgica que leva à castração era praticada após o sétimo ano, antes da muda da voz. Ela consistia em uma supressão (ou, mais precisamente, em uma anulação) dos testículos, comprometendo a aparição dos caracteres sexuais secundários, e interrompendo, em particular, o desenvolvimento da laringe. Contudo, o crescimento prosseguia (os *castrati* eram, em geral, de grande estatura), e a caixa torácica atingia a dimensão daquela de um adulto (tornando-se até, parece, anormalmente volumosa), beneficiando-se dessa "ventilação" de adulto e de uma voz cujo timbre havia guardado as características de um menino. Na verdade, eles não sofriam uma emasculação; os *castrati* eram capazes de ereção, e até, de ejaculação. É assim que a vida amorosa dos *castrati* alimentou as crônicas dos séculos XVII e XVIII. Diversos testemunhos mostram o quanto alguns dentre eles haviam se tornado a coqueluche das mulheres[16]. Uma anedota opondo o Papa Inocêncio XI (1676-1689) ao *castrato* Cortona ilustra isso de modo tragicômico. O *castrato*, que vivia uma grande paixão com uma mulher chamada Barbaruccia, com quem ele desejava se casar, solicitou uma derrogação junto ao soberano pontífice, pois o casamento de eunucos era proibido pela Igreja. Ele enviou uma correspondência ao papa,

[15]Ver REGNAULT, F. "Porquoi les hommes jouent-ils une femme sur le théâtre". In: *Théâtre-Équinoxes*. Arles: Actes Sud, 2001, p. 142-169.

[16]As memórias desses dois grandes aventureiros que foram Casanova e Da Ponte (o libretista de Mozart para as Nozze di Figaro, Don Giovanni e Cosi Fan Tutte) não economizam anedotas concernentes à questão. Ver CASANOVA, G. (1794) *Histoire de ma vie*; Da PONTE, L. (1830) *Mémoires*.

argumentando que, por sua castração ter sido malfeita, ele então poderia se casar. Inocêncio XI se contentou em escrever na margem do pedido "Que o castremos melhor!". A Igreja, na pessoa do papa, quer que o *castrato* sirva ao gozo de Deus, bem como, em menor medida, ao dos fiéis — esse gozo permitindo "fazer passar" a mensagem divina, como a Contrarreforma fixou enquanto seu objetivo —, mas o cantor deve conservar uma posição angelical. O desejo sexual do *castrato* é obsceno...

Muito rapidamente, então, a voz dos *castrati* vai suscitar as paixões. Porque o real da diferença dos sexos está, nele, comprometido, o *castrato* se torna, em consequência, um objeto de fascinação. O amante castrado se torna o ideal, fazendo gozar aquelas e aqueles que o escutam desde o lugar de seu sacrifício[17]. Os subcapítulos seguintes nos permitirão estabelecer um panorama do que foi a história dos *castrati*, a evolução de seu lugar na sociedade, bem como as modificações da relação com o gozo vocal que eles induziram.

ANJO MÚSICO E HERÓI DEMONÍACO

O coro, na liturgia católica, encarregou-se de uma função idêntica àquela que a tradição católica dá ao anjo: a glorificação de Deus. Bem cedo, a voz aguda é associada à posição angelical. Na Igreja moçárabe, a voz do anjo intervém e ela não pode senão ser aguda, sem, apesar disso, emanar de uma mulher. Nós poderíamos qualificá-la como "fora do sexo", o que corresponde bem o bastante com a posição angelical... e com a do *castrato*. A voz do cantor castrado será, aliás, ao longo de sua história, sistematicamente associada à do anjo. O testemunho a seguir, concernindo a Baldassare Ferri (1610-1680), constitui um dos diversos exemplos:

> Esse *castrato* era um tesouro da harmonia e a delícia dos tronos; que sua música era incomparável e angelical; [...] que seu canto, por ter sido

[17] O título do disco de Cécilia Bartoli, lançado em 2009, e dedicado à arte dos *castrati*, nomeia-se de maneira muito explícita: *Sacrificium*.

> um dom do céu, tinha todas as perfeições; [...] que seus lábios estavam aptos a tranquilizar os espíritos; [...] que ele tinha a harmonia do céu em seu seio.[18]

Ainda no início do século XX, Alessandro Moreschi é apelidado de *Angelo di Roma* (o anjo de Roma). Essa dimensão angelical persegue, hoje, os contratenores, *ersatz* dos *castrati* desaparecidos. Algo que testemunha esse *slogan* publicitário associado a uma compilação de árias interpretadas por esses cantores: "as vozes dos anjos alcançam, enfim, o coração dos homens"...

Entre os séculos XII e XV, a Igreja introduz, então, por meio da pessoa do *castrato*, um anjo músico. Seria necessário lembrar, aqui, que a função do anjo é ser um mensageiro, entregar uma mensagem, neste caso, a palavra divina, como mostra suficientemente o tema da Anunciação, extremamente presente entre os séculos XV e XVIII? Enquanto o *castrato* está submetido a esse papel de porta-palavra, ele ocupa um lugar angelical, e o intenso gozo, que ele fornece em um lugar sagrado, não parece ser percebido como incômodo, inconveniente ou deslocado. Tudo se complica assim que esse porta-palavra se faz porta-voz, o que corresponde ao momento em que o *castrato* passa da cena sagrada à cena profana. Michel Poizat[19] analisa esse momento com muita pertinência. Com a aparição da ópera, no século XVIII, a referência ao anjo músico a entregar a palavra divina — o que havia defendido e justificado, além da mutilação infligida, a introdução do *castrato* no dispositivo religioso — cede lugar ao herói músico. É assim que aparece Orfeu, cuja voz, livre de qualquer mensagem, vai emocionar o público e carregar um gozo, o qual será tão mais violentamente reprimido, e até recalcado, ao longo do século XIX, quanto terá sido extravasado durante os séculos XVII e XVIII. Dominique Fernandez, no prefácio de seu romance histórico *Porporino*, formula assim:

[18]BONTEMPI, A. *Historia Musica*, p. 111, citado por Barbier, P. *História dos castrati*. Trad. R. Ramalhete. Rio de Janeiro: Nova Fronteira, 1993, p.18.
[19]POIZAT, M. *La Voix du diable. La Jouissance lyrique sacrée*. Paris: Métailié, 1991.

> A celebridade da qual goza a Callas de nossos dias não dá ideia alguma da glória dos *castrati*; ficava-se pasmo, louco, ouvindo-os: eles suscitavam paixões memoráveis. E, entretanto, eles abandonaram o palco do mundo na ponta dos pés; os contemporâneos os mencionam *en passant*, em suas lembranças; apenas algumas anedotas; nenhuma biografia. O esquecimento, ou melhor, a censura. Era preciso mostrar que, para um pequeno ganho de moral, estava-se pronto para abafar uma fonte imensa de prazer. Sentia-se vergonha de se ter gozado tanto.[20]

Esse mal-estar transparece e se encontra racionalizado nas críticas endereçadas, em número bastante grande, aos *castrati*, já no século XVIII[21]. Na maior parte do tempo, essas críticas ressaltam o que diversos contemporâneos percebem como a insuportável e inconveniente gratuidade do virtuosismo desses cantores. Virtuosismo que possui, como consequência imediata, o abandono das questões de significação em prol de uma vocalidade desenfreada. Bastante rapidamente, esses espaços, de virtuosismo livre de contágio, em que a voz se depura, despedaçando o texto sob um maremoto ornamental, serão, no teatro ainda mais do que na igreja, contestados, e até limitados, pelos próprios compositores[22].

[20]FERNANDEZ, D. *Porporino ou les Mystères de Naples*. Paris: Grasset, 1974, p. 8.
[21]Críticas de diversos tipos foram enunciadas. Duas dentre elas reterão a nossa atenção. Primeiramente, uma crítica de tipo socioeconômico que anuncia a mentalidade burguesa do século XIX, preocupada com a utilidade e a rentabilidade, os *castrati* sendo percebidos como "corpos mortos para o Estado econômico". O outro tipo de crítica denuncia, por sua vez, o papel importante cumprido pelos *castrati* na vitória da vocalidade sobre o sentido. Mesmo o grande Farinelli não escapou a essas críticas, já que Charles Burney nos relata, em *Voyage musical dans l'Europe des Lumières*, uma anedota que soube pelo próprio *castrato*, em que se vê Charles VI, imperador da Alemanha, criticar ao célebre cantor suas "gigantescas encavaladas", suas "passagens sempiternas", suas "notas que nunca acabam"... perturbando a compreensão do sentido e a boa e regular medida do tempo.
[22]Rossini é um excelente exemplo da ambivalência dos compositores a respeito dos *castrati*, mesmo que em sua época esses cantores estivessem desaparecendo. Suas relações com Velluti, a quem ele confiou a criação de *Aureliano in Palmira*, em 1813, foram mais que tempestuosas. O compositor gostava do virtuosismo dos *castrati* e da estranheza de seu timbre, mas ele se recusava a ver sua música transformada por suas improvisações incontroláveis. Todavia, em 1863, cinquenta anos depois, enquanto os dois últimos grandes *castrati* do século XIX, Crescentini e Velluti, haviam morrido em

Com efeito, se o virtuosismo está longe de ser excluído do canto religioso, tudo se passa como se essa gratuidade e esse gozo fossem limitados pelo serviço que a voz deve prestar à palavra divina. Assim como o horror da castração é mantido à distância porque ele é necessário ao gozo do Outro divino. No caso da ópera, esse gozo não mais possui justificativa divina; o sujeito, então, é ali confrontado sem mediação. Compreende-se melhor porque, mais ainda na ópera do que na igreja, os compositores tentaram, frequentemente — como testemunham as sucessivas reformas da ópera[23] — corajosamente, mas inutilmente, conter os transbordamentos dos cantores, e muito particularmente, dos *castrati*.

A VOZ SOB ENCOMENDA

Por isso, o prazer necessário, mas perigoso, que podia suscitar a escuta da música na igreja não é uma questão ausente do debate teológico. Ela foi, de maneira bastante surpreendente, um dos problemas mais discutidos durante os primeiros séculos da cristandade[24]. Isso se compreende facilmente se trouxermos à luz que esse questionamento, que poderia *a priori* não parecer essencial, concerne, de fato, à transmissão da palavra divina. Nele, os Padres da Igreja, que defendiam a utilização da música na igreja ou que a reprovavam, haviam percebido perfeitamente as questões pulsionais da situação: a voz é o que vem barrar, perturbar, incomodar e, ao mesmo tempo, favorecer, ajudar, sustentar a transmissão dessa palavra. A voz é fonte de gozo, e por isso

1846 e 1861, respectivamente, ele inscreveu, na partitura de sua *Petite Messe solennelle*, a seguinte distribuição vocal, quase impossível dali em diante: "Doze cantores de três sexos: homens, mulheres e *castrati*." A voz está perdida, a nostalgia pode começar...

[23]Um dos momentos essenciais dessa tentativa de repensar os laços unindo texto e efeitos de voz, na arte lírica, foi a reforma iniciada em 1762 por Gluck e seu libretista, Calzabigi, com a criação de *Orfeo ed Euridice*, em que, segundo as palavras do músico, convinha "reduzir a música à exclusiva condição de acompanhar a poesia". Essa tentativa de domar a voz permitirá o nascimento de algumas obras-primas (*Alceste*, *Iphigénie en Aulide*, *Iphigénie en Tauride*...), mas terá como efeito, sobretudo, reiniciar a busca do gozo vocal, como mostram as árias cada vez mais virtuosísticas à medida que transcorre o século XIX.

[24]Pode-se consultar, a esse respeito, a obra de GÉROLD, T. *Les Pères de l'Église et la Musique*. Paris: Alcan, 1931.

mesmo, ela seduz, ao passo que, no mesmo instante, vem turvar a inteligibilidade da mensagem divina. *Sua utilização é arriscada e, entretanto, necessária.* Nós encontramos aí o paradoxo com o qual nos depararemos do começo ao fim deste trabalho. Paradoxo de uma voz perigosa pois sedutora, mas cuja própria sedução permite o investimento da palavra. A partir disso, todas as posições ideológicas concernindo aos laços suscetíveis de unir palavra divina e música podem ser encontradas. Desde o "sim, com entusiasmo!", que se associa a Santo Ambrósio; até o "não, nunca na minha vida!", dos Padres do deserto — que será retomado pelos puritanos ingleses no século XVII —; passando por um "sim, com a condição de...", posição defendida por Santo Agostinho; ou um "não, exceto se...", que é a posição de São Jerônimo, contemporâneo de Santo Agostinho. De fato, tudo parece possível, à condição de que seja salvaguardado o princípio essencial de conservação da palavra divina. Trata-se de preservar o máximo possível a letra do texto e sua inteligibilidade, na clareza mais completa de sua elocução. O modo de transmissão dos textos sagrados será, então, em um primeiro tempo, a salmodia, que consiste em uma ária de caráter recitativo, muito mais próxima do *recto-tono*[25] que do canto. A materialidade vocal está, aqui, totalmente submetida à letra do texto. O gozo ligado ao objeto voz é limitado pelo sentido: *prima le parole e poi la musica*[26].

Uma primeira brecha será aberta com a aparição da *Aleluia*. Essa exclamação significa, em hebraico, "louvai o Eterno"; mas, retomada na liturgia cristã sem ser traduzida, ela se vê reduzida a uma sequência de sílabas sem significação, lançada à divindade num movimento de júbilo. Porém, adverte-nos Michel Poizat:

> Se na salmodia o verbo garante seu domínio total sobre a voz, na aleluia, esta (a voz) floresce em longos vocalises complexos que chamamos

[25]Em latim, "em um tom claro, monocórdio". Expressão designando uma emissão vocal em uma só nota, sem nenhuma inflexão melódica.
[26]Para inverter o título da ópera de Antonio Salieri, *Prima la musica e poi le parole* (estreada em 7 de fevereiro de 1786, na *orangerie* de Schöbrunn).

> de melismas. Na salmodia [...] a cada sílaba corresponde um só som (nota), com a duração, grosso modo, da enunciação dessa sílaba na língua falada [...]. No melisma, ao contrário, é todo um grupo de notas [...] que vai ser cantado em uma mesma sílaba da palavra, e intervalos muito superiores àqueles que prevalecem na salmodia [...]. Aqui, é a duração e o ritmo da vocalização que se impõem à palavra — a qual se encontra completamente desarticulada.[27]

O texto e o sentido que lhe é associado passam, então, para o segundo plano. Esse espaço dedicado a um puro gozo lírico penetrou o mundo latino, desde o Oriente que o viu nascer, sob o nome de *jubilus*, no século IV. Conhecemos o sucesso que obteve essa prática, que verá a criação da extraordinária "Aleluia", na segunda parte do século XVIII, a partir do moteto *Exultate Jubilate*, composto por Mozart para o *castrato* Rauzzini. A lei da preeminência do verbo, aqui, está, é claro, profundamente comprometida. Mas, enquanto esse espaço estiver claramente circunscrito, parece que o transbordamento para o campo do "fora do sentido" pode ser contido: no salmo se encontram a palavra e o sentido; na *Aleluia*, a voz e o gozo.

Com a aparição do *castrato* na cena sacra, o transtorno se acentua. E atrás do anjo músico, servindo essencialmente de porta-palavra, já se perfila a função diabólica do porta-voz, conduzindo a destituir o texto sagrado em prol do prazer da audição da voz, e a submeter-se à injunção de gozo que ele implica. Basicamente, confere-se ao diabo características de ambiguidade ou a capacidade de tornar-se duas coisas opostas ao mesmo tempo: o Ardiloso é aquele que torna indistinto, indiferenciado, que traz a confusão. Como diz Fausto a Mefistófeles: "Contigo, caímos sempre no incerto". E o *castrato*, em razão de sua própria "fabricação", participa dessa indeterminação; mas, além de suas características físicas, sua voz realmente extraordinária traz ao primeiro plano a materialidade sonora, relegando ao segundo plano

[27]POIZAT, M. *La voix du diable. La jouissance lyrique sacrée*. Paris: Métailié, 1991, p. 33-34.

a questão da situação litúrgica — que é a transmissão de uma palavra divina. A voz é, aqui, "logocausto": nela, o verbo arde em brasas com o risco de se consumir.

Apesar disso, parece que a limitação ao âmbito estrito da Igreja permitiu manter mínimo o gozo experimentado. Com efeito, esse gozo não é nem desprovido de sentido, nem diabólico, já que entusiasmante (no sentido etimológico, ou seja, que permite ao fiel ser inspirado, e até possuído por Deus, "indeusado"). Em outras palavras, no âmbito do dispositivo religioso, a voz, e o gozo que ela fornece, não tem nada de gratuito, pois, endereçada ao Outro divino, ela constitui uma das vias de acesso possíveis, como ressalta perfeitamente Santo Agostinho:

> Às vezes, de fato, lhes atribuo um valor maior do que o oportuno, quando sinto que nossas mentes são comovidas mais intensa e piamente pelos próprios textos sagrados, se eles forem cantados assim, do que se não forem cantados assim.[28]

O gozo experimentado permite receber e, sobretudo, investir a mensagem divina. O que já revela um elemento estranho e, todavia, essencial: a lei, para ser investida e para não permanecer letra morta, deve ser secundada por uma questão de gozo. Não há lei sem voz! Eis o que poderia surpreender aqueles que haviam tomado o hábito de pensar gozo e lei em uma relação de estrita oposição. Nós voltaremos a isso mais detidamente, mas digamos, desde já, que nos parece pertinente considerar as ligações entre lei e gozo sob o olhar de uma necessária articulação, e não a partir de uma relação de exclusão. Para estudar essa ideia, nós estabeleceremos a voz como suporte inseparável da lei. Esse enigmático ponto de gozo, tornando a lei operante, tendo, a partir disso, que se situar na voz. Nós encontraríamos, aqui, uma ilustração possível do que Didier-Weill chama de furo mediano[29]. Essa situação

[28]SANTO AGOSTINHO, *Confissões*. trad. L. Mammí. São Paulo: Companhia das Letras, 2017, X, XXXIII, 49.

[29]Ver DIDIER-WEILL, A. *Un mystère plus lointain que l'inconscient*. Paris: Aubier, 2010, p. 59.

nos permite pensar essa articulação entre real e simbólico que ele ressalta, e que não seria somente de prevalência de um sobre o outro, mas de "cumplicidade" — tornando possível a abordagem de uma ressonância silenciosa, detentora de um poder de chamada do sujeito, que nós já encontramos na ocasião da elaboração do ponto surdo.

Para explorar essa pista da articulação da lei e da voz, nós vamos, aqui, abandonar momentaneamente a história dos *castrati*, para nos interessarmos pelas questões vocais da instauração da lei — que nós estudaremos a partir das teses de Freud sobre o nascimento do estado de sociedade, bem como a partir da releitura que realizam Theodor Reik e Jacques Lacan.

QUANDO A VOZ FAZ EK-SISTIR A LEI

As relações unindo a lei e a voz nunca foram tratadas enquanto tais por Lacan; porém, raros elementos esparsos, concernindo às questões da voz, cruzados ao longo de seu ensino, permitem balizar esse questionamento. Na ocasião de seu seminário sobre a angústia, realizado em 1962-1963[30], e depois, durante a única aula dedicada aos Nomes-do-Pai, em novembro de 1963[31], Lacan introduz incidentalmente uma série de proposições sobre o objeto voz — e isso em relação com a questão da transmissão da lei, explorada essencialmente a partir das pistas abertas por Freud em "Totem e tabu" e "Moisés e o monoteísmo". Ali, a voz é designada como o objeto a suportar, particularmente, o desejo do Outro, e a convocar o sujeito, e até a destiná-lo.

A Bíblia ilustra perfeitamente esse princípio na célebre cena da árvore do conhecimento, tenho como moldura o jardim do Éden. A primeira vez em que, na Bíblia, o homem diz "Eu" encontra-se no momento em que este deve responder à voz do Outro divino.

[30]LACAN, J. (1962-1963) *O seminário, livro 10: A angústia*. Trad. V. Ribeiro. Rio de Janeiro: Jorge Zahar Ed., 2005, p. 266-366, aulas de 22 e 29 de maio, 5, 12, 19 e 26 de junho e 3 de julho de 1963.

[31]LACAN, J. "Introdução aos Nomes-do-Pai". In: LACAN, J. *Nomes-do-Pai*. Trad. A. Telles. Rio de Janeiro: Jorge Zahar Ed., p. 55-87.

A mulher viu que a árvore era boa para comer,
Sim, apetitosa aos olhos,
Cobiçável, a árvore, para tornar perspicaz.
Ela pega o fruto e come.
E o dá ao seu marido
E ele come.
Os olhos dos dois se abrem,
Eles sabem que estão nus.
Eles costuram folhas de figueira
E fazem cintos.
Eles ouvem a voz de IHVH Elohim
Que vai no jardim ao sopro do dia.
O homem e sua mulher se escondem,
Face a IHVH Elohim,
Entre as árvores do jardim.
IHVH Elohim grita ao homem e lhe diz:
"Onde você está?"
Ele responde: "Eu ouvi sua voz no jardim
E eu tremi; sim, estou nu
E me escondi.[32]

A voz que suporta o desejo do Outro introduz o "Eu" à alteridade, à separação, à solidão cuja nudez, aqui, não é senão uma metáfora.

"Eu ouvi a sua voz no jardim. E eu tremi; sim, [eu] estou nu", poderíamos traduzir.

A originalidade de Lacan está em situar esse Outro menos do lado materno, como é frequentemente o caso nos estudos a respeito da voz[33],

[32]Nota da editora: nessa e nas próximas citações bíblicas, optamos por utilizar a tradução francesa usada pelo autor com o objetivo de melhor acompanhar as declinações que ele faz a partir de tais passagens. *Entête/La Genèse*, III, 6-10, trad. A. Chouraqui, Paris: Lattès, 1992.

[33]Poderíamos citar os trabalhos de D. Anzieu sobre o envelope sonoro (ANZIEU, D. *O eu-pele*. São Paulo: Casa do Psicólogo, 1988) ou de M. F. Castarède sobre o laço vocal mãe-criança (*A Voz e os Seus Sortilégios*. Alfragide: Editorial Caminho, 1998).

que do lado paterno. Essa voz do Outro seria o ponto no qual o sujeito poderá fundar a garantia de sua filiação na abertura que preserva a dimensão do chamado; no qual o sujeito pode, por sua vez, tornar-se invocante — a invocação estando, nesse caso, suscetível de ser ouvida como vocação a advir. A voz, sem explicação particular, é assim apresentada como possuindo uma relação estreita com a lei. Essa ligação podia ser pressentida já no seminário sobre as psicoses, já que ali Lacan mostrava como, quando a questão da filiação vem causar problema, a voz se torna real, e então, alucinatória — designando o ser do sujeito, de maneira intolerável, no insulto[34]. No psicótico, responde uma elaboração delirante, que fixa uma significação ao real da voz, que com isso, torna-se puro endereçamento, chamado incondicional. Nesse chamado, o psicótico ouve a certeza de um destino, de uma missão. Não se trata de uma vocação processual a advir (*Eyé asher eye*, "eu sou o que eu serei"), na qual o sujeito não conseguiria se alienar, mas de uma vocação a ser. A vocação psicótica vem tentar suplantar o que falta no chamado: o esquecimento da voz do Outro. Pois, sem a lei, a voz se desencadeia. Aparece, então, uma voz fora da lei, a qual, tal como as Erínias perseguindo Orestes, não o abandona, está nele e com ele, para onde quer que fuja. É isso que nos mostra dramaticamente a clínica da psicose: pacientes que erram nos hospitais, com os ouvidos colados em um rádio para tentar cobrir essas/suas vozes. A lei permite, então, que a voz do Outro permaneça em seu lugar, e, por esse motivo, permite ao sujeito não ser invadido[35].

[34]Ver a análise da alucinação auditiva "Eu venho do salsicheiro". In: LACAN, J. (1955-1956) *O seminário, livro 3: As psicoses*. Trad. A. Menezes. Rio de Janeiro: Jorge Zahar Ed., 1985, p. 55-69, aula de 7 de dezembro de 1955.

[35]"O drama da psicose alucinatória nos ensina, com relação a isso, que a impossibilidade de advento do sujeito falante deve-se a que o sujeito, na medida em que ele não pode se arrancar de sua posição de receptor da voz que alucina, está na possibilidade de esquecer o Outro e, por esse fato, de se esquecer e de se produzir como falante. [...] O que é que permite, geralmente, a um sujeito esquecer esse lugar Outro, onde isso não cessa de falar, senão o domínio do próximo que, falando com ele, ouvindo-o, olhando-o, desvia-o do grande Outro?" (DIDIER-WEILL, A. *Os três tempos da lei*. Trad. A. M. de Alencar. Rio de Janeiro: Jorge Zahar Ed., 1997, p. 319-320).

Que se pense igualmente nas milhares de pessoas que sucumbiram ao charme — etimologicamente, aos cantos — venenoso das injunções hitlerianas ao longo de manifestações políticas. Se a questão lhes fosse feita, a maioria sustentaria não se lembrar do conteúdo dos discursos, e diriam que o que os conectava era o chamado, incondicional, que percebiam na voz do ditador. Quando a voz sobrevive ao desaparecimento da significação, ela pode se fazer imperativa, mandamento[36]. O gozo ligado à voz como objeto se revela, então, em toda sua obscenidade: não é mais questão do gozo estético sublime, mas da dimensão hipnótica da voz que se faz imperativa. Isso conduziu Lacan, na ocasião de seu seminário "O avesso da psicanálise"[37], a chamar a voz de "o objeto sadomasoquista". De fato, a meta do encontro sadomasoquista é impor a voz ao Outro ou de lhe subtrair. Nós podemos notar, clinicamente, que os roteiros perversos implicam uma encenação na qual o sujeito se faz endereçar ou se endereça ao outro de forma depurada. Nessa ocasião, a voz, mais ainda que a prática sexual, revela ser o vetor do gozo.

Enfim, os místicos nos ensinam que o que é próprio à relação com a voz do Outro, na invocação, é que o sujeito não saiba o que ele ouve, mas que creia. Por exemplo, a partida de Abraão mostra como uma voz pode conduzir a sair de seu lugar próprio, a renunciar à posse de sua herança, a se exilar de sua identidade, desembocando no Outro, que aparece como o "lugar-tenente"[38] de um projeto, de uma destinação ainda não fixada. Pois essa partida é uma partida para si mesmo: "Parta por ti", diz a voz, como se si mesmo fosse um destino, uma destinação:

> YHVH/Adonai disse a Abraão:
> "Vá por ti, vá da tua parentela

[36]Menos no sentido religioso (os textos sagrados, aliás, não falam de mandamentos, mas de palavras) que militar e superegóico.

[37]LACAN, J. (1969-1970) *O seminário, livro 17: O avesso da psicanálise*. Trad. A. Roitman. Rio de Janeiro: Jorge Zahar Ed., 1992.

[38]O autor separa a palavra "tenente", "lieutenant", obtendo "lieu-tenant [lugar-detentor]", jogo de palavras que não podemos reproduzir. [NdT].

Da casa de teu pai
Para a terra que te mostrarei".[39]

Abraão crê menos na promessa que lhe é feita do que em YHVH/Adonai. Ele tem confiança nele, apoia-se nele. "Vá por ti" (*lekh lekha*): o verbo *lekh* incita a uma partida rumo a um final ainda indefinido; com isso, é a uma caminhada sem fim que Abraão é convidado. *Lekha*, "por ti", indica a intenção da ordem divina, que é o bem do destinatário. A partida que YHVH/Adonai ordena a Abraão deve fazer-se sem espírito de retorno, e, ao escutar a voz de Elohim, não há nada a perder. Está aí a definição mais vigorosa do amor não ilusório: *nele* crer e não *o* crer, que seria a definição da alienação religiosa ou psicótica (o alucinado crê nas suas alucinações, o apaixonado amante crê *na* mulher, o fanático religioso crê em seu deus). A voz é, aqui, portadora de um desejo para o sujeito, de uma lei subjetivante. É na voz que reside a dimensão performativa da lei. Não que a voz faça a lei, como no caso da psicose, mas, aqui, a voz permite à lei "ek-sistir" — no sentido literal, manter-se fora de si — arrancar-se da estase, do repouso. A lei não é, aqui, uma lei louca e imperativa, a designar o sujeito a um lugar. Ela é uma lei que ordena, no sentido em que ela diferencia e propõe ao sujeito tomar posição.

Essas relações entre lei e voz pouco retiveram a atenção dos psicanalistas, exceto pelo aspecto da tomada da voz pela lei. Entretanto, a dupla elucidação dos efeitos da lei sobre a voz, e da voz sobre a lei, parece necessária para dar conta do nascimento, ou não, do sujeito psíquico, em sua relação com a voz do Outro. Com efeito, nossa hipótese é que é o chamado, o endereçamento do Outro, que permitirá ao sujeito advir *ex nihilo*. Com a lei e a voz estando no coração desse nascimento, convém notar, mais delicadamente, quais são suas interações nos dispositivos culturais; a fim de poder, em um segundo tempo, evidenciar esses mecanismos e essas questões, em relação com o possível tornar-se sujeito.

[39] *Entête/La Genèse*, XII, 1, trad. A. Chouraqui, Paris: Lattès, 1992.

Nós já começamos, anteriormente, a encarar as incidências da lei sobre a voz a partir da posição angelical do *castrato* na igreja — e nós nos deteremos, mais à frente, em especificá-las ainda mais a partir do dispositivo operístico — mas, antes disso, nós nos interessaremos pelo que parece ser o negativo da situação encontrada na ópera: a utilização da música, e mais particularmente da vocalização, na transmissão da palavra divina. Com efeito, os dispositivos operísticos e religiosos fazem, ambos, intervir a voz e a lei, e oferecem a possibilidade de estudar, em uma clareza quase experimental, dois tipos de interações que podem existir entre os dois termos. No âmbito da ópera, em que a questão deveria ser claramente o gozo da voz como objeto, essa se encontra estranhamente mantida à distância, barrada pela lei da palavra. Ao contrário, no ritual religioso, em que a lei, a palavra divina, deveria poder bastar-se a si mesma, ela se encontra regularmente associada à vocalização. Por que a voz não pode vir sem a lei e, inversamente, por que a lei divina deve necessariamente encontrar-se associada, no âmbito de sua transmissão, à voz? Duas modalidades de cruzamento entre lei e voz estão, aqui, expressas; o que resumiremos no aforisma seguinte: *A voz sem a lei cai no gozo mortífero, a lei sem a voz permanece letra morta.*

A ambivalência dos Padres da Igreja em relação à música permite-nos afirmar que eles pressentiam, com precisão, de que modo a lei permite ao sujeito não se perder no gozo que o conduziria à morte. A lei barra o acesso à voz e ata o sujeito à busca desejante, a qual, por esse fato, encontra-se balizada e mantida. Entretanto, se a lei é necessária para impedir o sujeito de entregar-se a impossíveis reencontros com a Coisa, a voz, paradoxalmente, não poderia desaparecer completamente atrás da lei do significante, sob o risco de que essa se torne caduca. É a segunda parte do aforisma, menos explorada na literatura analítica que a precedente, que nós gostaríamos, agora, de esclarecer.

A LEI SEM A VOZ PERMANECE LETRA MORTA

Partiremos da seguinte questão: por que as três religiões monoteístas, que são as religiões da lei e do Verbo, integraram a voz, ou seus substitutos, a despeito de uma reticência amiúde muito forte, na transmissão da palavra divina? Apesar das resistências que a vocalização da palavra divina carregou, nenhuma religião jamais pôde impedi-la totalmente. Reduzi-la, por vezes, restringi-la, jamais. A única tentativa de erradicação da dimensão vocal/musical na transmissão da palavra divina que nós conhecemos é o episódio do puritanismo inglês ao longo do século XVII. Durante uns quinze anos, a música religiosa se calou. Os órgãos foram destruídos, as formações, dissolvidas, os livros de música, queimados. Todavia, a palavra divina continuava a ser recitada, e não simplesmente dita, o que prova que não é possível se livrar tão facilmente das necessárias questões vocais ligadas à transmissão da lei...

De fato, nós encontramos essas questões de evitação/fascinação nos três monoteísmos. Na religião judaica, a utilização do shofar, à qual voltaremos, acompanha o ritual em seus momentos cruciais. No islamismo, a salmodia do Alcorão[40] é sutil, mas ornamentada, e o chamado à reza é tão vocálico e melismático que se origina de uma verdadeira proeza técnica. Enfim, a religião cristã, e mais ainda a sua expressão católica, parece, após longos séculos de regulamentações, ter sido transbordada pelo gozo ligado à voz, o que culmina nessa situação particularmente estranha em que o oficiante, o porta-palavra, encontra-se relegado a um lugar subalterno, murmurando a palavra divina em um segundo plano enquanto o porta-voz — massas corais imponentes e/ou órgãos retumbantes — ocupa o primeiro plano. Parece até que o próprio objetivo da cerimônia, a saber, transmitir a palavra divina, foi esquecido. Isso levará a música religiosa a sair da igreja para invadir a

[40]Daniel Sibony destaca o próprio aspecto musical do texto corânico: "Para quem os lê — ou melhor, os canta — em árabe, o sentido é ainda menos observado; a encantação *abre o duto do gozo*, em vez das fendas do espírito crítico. Isso posso relatar por experiência própria: as raras suratas do Alcorão que conheço de cor se tornaram, para mim, quase impossíveis de pensar, de tanto que é forte a *impregnação do ritmo e da música*" (SIBONY, D. *Les trois Monothéismes*. Paris: Seuil, 1992, p. 67, grifos nossos). Uma estudante de origem argelina, que não conhecia as suratas de cor, nos disse que, enquanto sua mãe recitava, ela tinha a impressão de ouvir um canto.

cena profana, como mostra o exemplo do Concerto espiritual na França no século XVIII.

Entretanto, as coisas, vimos anteriormente, não haviam começado assim, e a desconfiança e a ambivalência a respeito da música foram, antes, a norma para os Padres da Igreja. Essa citação de Santo Agostinho, de quem não se pode suspeitar que sinta ódio pela música, resume perfeitamente essa problemática:

> Amiúde exagero em evitar essa falta e erro por excesso de severidade, a tal ponto, às vezes, de querer afastar de meus ouvidos e daquele da própria igreja todas as doces melodias que acompanham os salmos de Davi, e julgar mais seguro aquilo que lembro de ter ouvido com frequência sobre o bispo Atanásio de Alexandria, que mandava o leitor pronunciar os salmos com uma inflexão tão moderada que parecia mais próxima da declamação que do canto.[41]

Nesse texto, Santo Agostinho expõe muito claramente os termos do problema: a voz é necessária para a transmissão da lei. Mas, quando esse "mal necessário" se torna por demais invasivo, como dar de volta à palavra sua preeminência? Santo Agostinho propõe, nesse caso, o retorno à recitação. O que não ocorre sem nos surpreender: por que não voltar à simples fala, por que passar pela recitação, que introduz acentos[42] e, de fato, musicaliza a palavra? Nós encontraremos, mais uma vez, a necessária associação da voz para o estabelecimento da lei.

Os místicos muçulmanos e cristãos levaram essa necessidade, da presença da vocalidade na transmissão da lei, a um tal ponto de incandescência que a lei s'ignifica na voz. É o que tenta implementar o *dhikr* nos dervixes.

[41]SANTO AGOSTINHO *Confissões*, trad. L. Mammí. São Paulo: Companhia das Letras, 2017, X, XXXIII, 50.

[42]O acento é, etimologicamente, uma elevação da voz em uma sílaba. O canto, aí, já se esboça...

> Contrariamente ao que se passa em geral no falado como no cantado, em que a emissão vocal se faz apenas durante a expiração do sopro, aqui as cordas vocais vibram tanto durante a inspiração quanto durante a expiração do ar, com somente uma breve interrupção no momento em que o movimento se inverte.[...] Essa salmodia aparece, no fim das contas, como um exercício vocal em que a modulação do sopro, constantemente forçado, cumpre um papel de primeira importância.[43]

De fato, no místico, essa dimensão vocal do Outro[44], ou da enunciação da lei, tende a se depurar. O místico tende a se fazer pura voz para não se fazer senão um com o Outro divino.

Hildegarde von Bingen, célebre mística do século XII da região do rio Reno, ilustrará essa problemática, da inevitável articulação da lei e da voz, sustentando sua tese a partir da divina trindade. Ela escreve:

> Como há três elementos constitutivos da Palavra humana, do mesmo modo é preciso considerar a Trindade na Unidade da Divindade. Como? Na palavra, há o som, a força expressiva e o sopro. O som para que se ouça, a expressão para que se compreenda, o sopro para que alcance seu objetivo. No som, ouça o Pai que tudo manifesta com sua potência indizível, na força expressiva, o Filho que maravilhosamente nasceu do Pai, no sopro, o Santo Espírito que queima levemente neles.[45]

[43]ROUGET, G. *La musique et la Transe*. Paris: Gallimard, 1980, p. 411.

[44]Ninguém melhor que a mística sabe o que é essa impossibilidade de se esquecer: na medida em que ela não é, como o psicótico, abandonada à voz do Outro, mas que a isso se abandona deliberadamente, detém, pelo próprio fato dessa escolha, uma lucidez atroz sobre a impossibilidade em que se encontra de esquecer esse Outro. Marie Pesenti-Irmann evoca, assim, o horror em que se encontra Teresa de Ávila diante da ditadura de sua memória, que nunca pode esquecer a vontade de Deus: "Isso fica gravado na memória de tal maneira", diz ela, "que nunca esqueço [...]. Essa memória me cansa, eu a detesto [...]" (DIDIER-WEILL, A. *Os três tempos da lei*. Trad. A. M. de Alencar. Rio de Janeiro: Jorge Zahar Ed., 1997, p. 320). É nessa estratégia de abertura máxima à voz do Outro que a mística vai desdobrar uma estratégia de fechamento às vozes do mundo.

[45]Citado por POIZAT, M. *La voix du diable. La jouissance lyrique sacrée*, Paris: Métailié, 1991, p. 85

O sopro deve ser compreendido, aqui, como voz no sentido em que a psicanálise a definiu: "Tudo aquilo do significante que não concorre ao efeito de significação"[46]. Por conseguinte, compreende-se melhor por que o místico se impõe o silêncio: o que o solicita é menos a mensagem divina que a voz que a carrega. É essa voz de fino silêncio, descrita pelas Escrituras, que nós postulamos na origem do chamado a ser. Compreende-se igualmente porque a atitude mística sempre teve um odor ligeiramente sulfúreo aos olhos das autoridades religiosas... Gozar para o gozo de Deus e para gozar de Deus, eis o programa que, se não é propositalmente posto a serviço da lei, poderia devidamente conduzir seu promotor à fogueira. Essa intuição, que articula voz de Deus e lei de Deus, Hildegarde levará até as últimas consequências. Com efeito, defendendo a dimensão divina do canto — sempre suspeito de ser de origem diabólica —, essa religiosa afirma que ele seria a rememoração de uma voz original paradisíaca: cantar na igreja conduziria a encontrar a voz do Pai indisponível, e em consequência, chamá-lo novamente.

Todos esses exemplos levantam, de maneira aguda, a questão da transmissão da palavra de Deus. Por que é necessário recitá-la, salmodiá-la ou cantá-la? Por que não transmitir a palavra divina em sua própria imediaticidade? E por que, pura e simplesmente, não a falar? Por que não se pode contentar com o dito divino, por que transformá-lo em um dizer implicando sempre "efeitos" de voz? Para essas questões, Michel Poizat traz a seguinte resposta:

> A partir do momento em que uma consideração externa, especialmente ligada não mais apenas à proclamação, mas à difusão [...], valida que o projeto divino poderia se acomodar por um suporte de gozo, a tentação se torna grande de tomar como pretexto, dessa vontade de difusão, a consolidação de uma fé, para se deixar levar por esse gozo. [...] Em

[46]MILLER, J.-A. "Jacques Lacan et la voix". In: LEW, R., SAUVAGNANT, F. (orgs.) *La Voix*. Paris: La Lysimaque, 1989, p. 180.

> outras palavras, vulgarmente: não é com vinagre que se pega moscas. Um pouco de prazer não faz mal... já que está ao serviço de Deus.[47]

A questão da sedução, até da "promoção publicitária", observada por Michel Poizat, parece-nos realmente pertinente, mas talvez ele aplique um pouco rápido demais à música religiosa o modelo que construiu a partir da ópera. Parece-nos essencial, com efeito, destacar que as questões da ópera e do ritual religioso são diametralmente opostas. O que está na base do nascimento da ópera — apesar das denegações de seus criadores — é a visada de um gozo ligado ao objeto voz. Na ópera, é a voz que é primeira; na igreja, é a transmissão de uma palavra divina cuja difusão não necessita, *a priori*, de vocalização. A força da mensagem divina deveria poder bastar a si própria. Nesse sentido, a voz não está presente somente para fazer passar a mensagem — como se faria "dourar a pílula" —, mas igualmente, e sobretudo, porque a palavra divina perderia toda "eficácia" sem essa vocalização[48].

Essa necessidade parece expressar-se muito claramente no episódio bíblico em que Moisés quebra as tábuas da lei. Episódio extraordinário que Marc-Alain Ouaknin[49] interpreta como a necessidade de acompanhar a lei de sua interpretação, de sua vocalização. A lei dada e apreendida de uma vez por todas não poderia ser uma lei viva. É o que faz do povo judeu não somente o povo da lei — outros códigos instaurariam, em uma época contemporânea à de Moisés, uma lei próxima daquela que ele inscrevera nas tábuas, por exemplo, o Código de Hamurabi, estabelecido por volta de 1720 antes de Cristo —, mas igualmente, e sobretudo, da interpretação da lei.

Nós gostaríamos de questionar essa necessidade, para a lei, de ser suportada por uma voz, de ser vocalizada, a partir de um texto de Theodor Reik — um dos raros psicanalistas próximos de Freud a

[47]POIZAT, M. *La voix du diable. La jouissance lyrique sacrée*, Paris: Métailié, 1991, p. 32.
[48]Uma primeira elaboração dessa questão foi publicada em VIVES, J.-M "Les trois temps de la voix". Paris. In: *Synapse*, n° 163, 2000, p. 29-35.
[49]OUAKNIN, M.-A. *Les dix Commandements*. Paris: Seuil, 1999, p. 42-44.

ter se interessado pela música — dedicado a um instrumento litúrgico judaico: o shofar[50]. Nesse texto se encontram articuladas as dimensões do assassinato do pai primordial, cuja voz, exprimindo-se por meio do shofar, constituiria o resto — no sentido matemático do termo — e o ponto no qual poderá erigir-se a lei. No próximo subcapítulo, analisaremos a passagem do assassinato do pai arcaico à instauração da lei, e o lugar essencial que ocupa a voz no seio desse processo.

O ASSASSINATO DO PAI ARCAICO, O GRITO E A INSTAURAÇÃO DA LEI

O shofar, instrumento da liturgia judaica, é feito de um chifre, no qual é soprada uma série de toques para o Ano Novo Judaico e para o Dia do Perdão, mas, também, no caso de uma excomunhão. Theodor Reik descreve esses toques da seguinte maneira:

> Os três grupos de notas [...] não se diferenciam senão por uma mudança de ritmo que comporta, no ritual, nomes diferentes: o "tekîa" (longa emissão do sopro sem interrupção), o "schebarim" (som interrompido), o "térûa" (som destacado ou "vibrante", "trêmolo"). Um quarto grupo, o "tekîa guedolá", não é senão um longo "tekîa" e não se distingue da forma primitiva senão por uma longa quinta.[51]

O que poderíamos esquematizar da seguinte maneira:

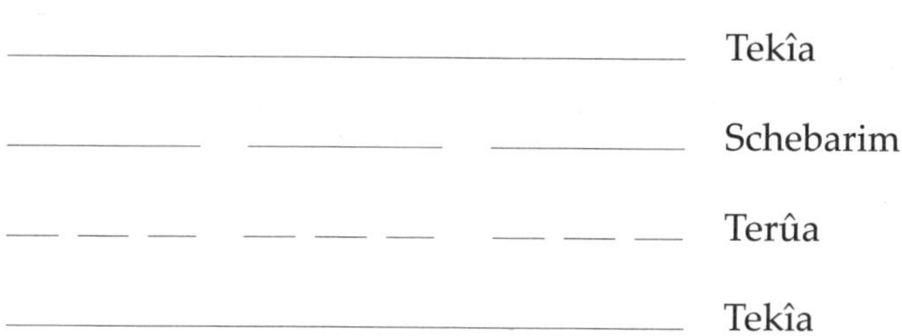

[50]REIK, T. "Le schofar". In: *Le rituel. Psychanalyse des rites religieux*. Trad. M.-F. Demet. Paris: Denoël, 1974, p. 240-387.
[51]*Ibid.*, p. 257.

Há, então, três tipos de toque[52]. O primeiro, longo e sem corte, o tekîa, poderia ser traduzido como "estar fixo". Após este primeiro toque, são produzidos três sons de uma duração igual, cada um com um terço do tekîa; essa série é o schebarim, cuja tradução é "quebras". O terceiro, constituído por nove sons curtos — de tempo igual a um nono do tekîa ou a um terço de cada um dos sons do schebarim — o terûa pode ser traduzido como "abalo, movimentação". Enfim, um novo tekîa conclui o ciclo.

Na esteira de Reik, que considera desproporcional o efeito no auditor no que diz respeito ao material musical utilizado[53], Lacan se espanta com o efeito produzido pela audição do shofar, mesmo nos ouvintes não judeus:

> Os que se houverem proporcionado ou vierem a se proporcionar essa experiência atestarão [...] o caráter — digamos, para permanecer dentro dos limites que não sejam líricos demais — profundamente comovente e inquietante desses sons. Independentemente do clima de recolhimento, de fé ou de arrependimento em que eles se manifestem e ressoem, uma emoção inusitada surge pelas vias misteriosas do afeto propriamente auditivo, as quais não podem deixar de comover, num grau realmente insólito, todos os que ficam ao alcance desses sons.[54]

Reik, a partir de uma análise muito cerrada dos textos sagrados[55], liga o efeito provocado pela audição do shofar à problemática do assassinato do pai primordial, descrito por Freud em "Totem e

[52]Ver a análise do ritual realizada por STEINSALTZ, A. *Le Chandelier d'or*. Lagrasse: Verdier, 1988; e OUAKNIN, M.-A. *Concerto pour quatre consonnes sans voyelles*. Paris: Balland, 1991.

[53]"É impossível que esses acordes primitivos, abruptos e vibrantes, carreguem neles o segredo de sua ação. A obra menos bem realizada de nossos compositores modernos os ultrapassa ainda em valor musical e em ciência da composição" (REIK, T. *Le rituel. psychanalyse des rites religieux*, Trad. M.-F. Demet. Paris: Denoël, 1974, p. 258).

[54]LACAN, J. (1962-1963) *O seminário, livro 10: A angústia*. Trad. V. Ribeiro. Rio de Janeiro: Jorge Zahar Ed., 2005, p. 269, aula de 22 de maio de 1963.

[55]Essencialmente, *Gênesis*, XXII, 1-2, *Êxodo*, XIX, 5-16, XXXII, 1-35, *Deuterônimo*, V, 23-27.

tabu"[56]. Ele é, assim, conduzido a levantar a hipótese de que esse som, misto inquietante de dor e de gozo, produzido pelo shofar, seria o eco indefinidamente repetido do estertor do pai primordial, não castrado, levado à morte.

Para amparar a sua tese, ele aproxima o shofar de um outro instrumento tradicional: o *bullroarer* (em inglês, "rugido do touro"), o qual imitaria o grito do deus assassinado. O timbre do instrumento lembra, segundo diferentes comentadores, o mugido de um touro. O som do shofar não seria outro senão a voz de Deus, mas sob sua forma antiga de animal totêmico levado à morte durante a cerimônia sacrificial. Nessa vertente, o shofar evocaria uma prática do gozo anterior à lei. Para chegar a essa conclusão, Reik se apoia no mito criado por Freud, na ocasião de "Totem e tabu", em que o pai da psicanálise tenta observar, *in statu nascendi*, o nascimento do estado de civilização.

Para continuar, convém retomar as grandes articulações do texto de Freud e tentar revelar de que modo voz e lei estão ligadas. Vejamos agora, então, como — por não serem as questões do sonoro e da voz, a rigor, uma problemática manifesta em Freud[57] — nós nos encontramos condenados a perseguir as poucas alusões presentes no texto para fazer sobressair uma coerência.

POR UMA LEITURA SONORA DE "TOTEM E TABU"

Na "origem", a humanidade haveria sido organizada tal como uma horda sobre a qual haveria reinado um ancestral tirânico, gozando de todas as mulheres e interditando o acesso a todos os outros homens que eram, entretanto, seus próprios filhos. A figura obscena do pai da horda, impondo aos outros uma lei da qual ele mesmo se excluiu, é a

[56] FREUD, S. (1912-1913) Totem e tabu. In: FREUD, S. *Obras completas, vol. 11: totem e tabu, contribuição à história do movimento psicanalítico e outros textos (1912-1914).* Tradução de Paulo César de Souza. São Paulo: Companhia das Letras, 2012, p. 214-223.
[57] Édith Lecourt mostrou com uma grande precisão, todavia, como essas questões se infiltravam em toda a obra freudiana, e como sua identificação permitia criar ali um percurso original. Ver LECOURT, É. *Freud et le sonore.* Paris: L'Harmattan, 1992.

encarnação do gozo absoluto. A interdição que pesa sobre os filhos — Não gozarás! — tem como efeito designar o lugar e o objeto do gozo, levando, por aí mesmo, os filhos a desejar e a tentar tomar posse do objeto do desejo. E o que devia acontecer aconteceu. Um dia, os filhos excluídos do gozo se uniram, mataram o pai e o comeram. Buscando apropriar-se dos atributos da onipotência do tirano, os filhos realizaram uma identificação, a qual Freud qualifica como identificação por incorporação. Buscando apropriar-se dos atributos da onipotência do tirano, a fratria realiza uma identificação, da qual Freud descreverá o processo, em 1921, em "Psicologia das massas e análise do eu"[58]. Ele nos diz:

> O fato de haverem também devorado o morto não surpreende, tratando-se de canibais. Sem dúvida, o violento pai primevo era o modelo temido e invejado de cada um dos irmãos. No ato de devorá-lo eles realizavam a identificação com ele, e cada um apropriava-se de parte de sua força.[59]

A mediação da refeição canibal, evocada por Freud, é fundamental. A voz põe em jogo, aqui, uma forma de identificação com o pai que, como Freud nos permite compreender, não é toda simbólica, mas inclui uma dimensão real — o que revela o termo "incorporação". Não é mais questão do mito do pai morto, mas daquele do pai devorado cru. A ligação de pertencimento à comunidade se funda, então, em uma identificação tomando apoio sobre o ato mesmo de devoração. Mas, ao lado da ingestão canibal do corpo do pai morto, encontra-se o fenômeno de incorporação de sua voz. Incorporação da voz do terrível pai levado à morte, que realiza a escuta pública do toque do shofar.

[58]FREUD, S. *Psicologia das massas e análise do eu e outros textos (1920-1923)*. Tradução de Paulo César de Souza São Paulo: Companhia das Letras, 2011, p. 84-92.
[59]FREUD, S. (1912-1913) Totem e tabu. In: FREUD, S. *Obras completas, vol. 11: totem e tabu, contribuição à história do movimento psicanalítico e outros textos (1912-1914)*. Trad. P. C. de Souza. São Paulo: Companhia das Letras, 2012, p. 216-217.

Em "Totem e tabu", Freud introduz a voz ao menos em duas ocorrências. A primeira é aquela em que ele fala da imitação da voz do animal totêmico:

> Numa ocasião solene, o clã mata cruelmente seu animal totêmico e o devora cru, carne, sangue e ossos; os membros do clã estão vestidos à semelhança do totem, imitam-no em sons e movimentos, como se quisessem enfatizar sua identidade e a dele.[60]

Aqui, Freud insiste na identificação que passaria, em uma certa medida, por uma imitação de natureza vocal. Os filhos tomam posse da voz do pai. Nós encontramos, aqui, a problemática do "porta-voz", com a qual já havíamos deparado na ocasião das páginas dedicadas aos *castrati*.

A segunda ocorrência, mais implícita, encontra-se no momento em que Freud associa o herói trágico ao pai arcaico morrendo. "Mas por que o herói da tragédia tem de sofrer?", pergunta Freud.

> Ele tem de sofrer porque é o pai primevo, o herói daquela grande tragédia dos tempos primeiros, agora repetida tendenciosamente, e a culpa trágica é aquela que ele tem de tomar sobre si, a fim de livrar o coro de sua culpa.[61]

Aqui, a voz não é diretamente citada, mas implicitamente ouvida. Com efeito, todos sabem que a tragédia antiga era em parte cantada. O coro — ou o grupo de irmãos, se for seguida a hipótese freudiana — canta a cada uma de suas intervenções. O que não é o caso do herói, que canta apenas em certas circunstâncias, no caso, enquanto está no paroxismo da desgraça, como no momento de seu assassinato — se, novamente, nós seguirmos a hipótese freudiana. O canto seria, então, uma forma sublimada do estertor do pai morrendo. O grupo de irmãos, o

[60]*Ibid.*, p. 214.
[61]*Ibid.*, p. 237

coro, cantaria para comemorar esse instante. Nós encontraríamos, aqui, a primeira ocorrência da voz no texto freudiano em que, pela imitação do grito ou do canto do animal totêmico, os irmãos se reconhecem filhos de... Cantando, os filhos se identificariam com o animal totem, mas ao lembrar seu grito de agonia, eles significam igualmente, ao pai, que ele está morto. Seguindo essa hipótese, poderíamos resolver o paradoxo da presença do canto do herói nesses instantes de derrelição. Com efeito, o canto não seria, *in fine*, senão a modulação do grito. Ele comemora e vela o grito do pai agonizante[62].

Os irmãos cantam ou imitam vocalmente o animal levado à morte para se reconhecerem filhos de... Eles dão a voz após tê-la incorporado. Com efeito, a audição não é um processo fundamentalmente diferente da ingestão. Além disso, ela também constitui uma forma de incorporação. Nós podemos perceber, aqui, uma ilustração mítica do nascimento da pulsão invocante: após haver incorporado a voz do Outro, o sujeito lhe restitui a voz na invocação enquanto ele faz soar o shofar, fechando, assim, o circuito da pulsão.

Após o assassinato, a via está, enfim, livre. Porém, longe de se deixar levar à irrupção do gozo, os irmãos renunciam a ele e instauram a lei para regulá-lo: a interdição do assassinato e a interdição do incesto, que Freud considera como base da sociedade e do laço social, traduz a vontade de recalcar esse assassinato. Ora, isso só pode fracassar, já que o pai morto é "lembrado" sob a forma do totem. Esse símbolo, presentificando o pai assassinado, servirá para lembrar que este está mesmo morto, e que ele não deveria retornar.

O shofar seria o atributo vocal do totem. O shofar, vindo inscrever-se como um rito de comemoração do assassinato primitivo cuja manifestação sonora, sem cessar lembrada no âmbito do ritual, constituiria um resto do pai arcaico. No processo de identificação por incorporação, é também, então, uma incorporação da voz do pai que é realizada.

[62]VIVES, J. -M. "La voix du père ou le chant de l'émasculin". In: *Trames*, n°28, 1999, p. 41-48.

É isso aliás o que realiza Moisés quando, ao descer do Sinai, derrete o bezerro de ouro e o mistura à água que dá de beber ao povo idólatra. A voz é, aqui, portadora desse resto de gozo absoluto, e incorporá-la é participar do que dele resta. Estranhamente, nós descobrimos, aqui, que a instauração da lei se apoia sobre a incorporação necessária do suporte do gozo (bezerro de ouro ou resto vocal do pai arcaico). Isso apoia a nossa hipótese desse necessário ponto de gozo, no próprio seio da lei, para que essa seja operante.

Aqui, a voz incorporada é paterna. O pai, aqui em questão, não é aquele do Nome do Pai enquanto este último suporta a autoridade simbólica, mas, antes, a figura obscena do pai-o-gozo anterior ao Édipo, encarnação mítica da Coisa inominável. Essa voz seria aquela que a diva — e antes dela, o *castrato* — faria existir sem, contudo, torná-la presente. A ópera deveria ser compreendida, então, como a situação social em que um grupo, sem saber o que faz, comemora esse instante mítico em que a voz do pai ressoa em um estertor, antes de se calar para sempre, ao mesmo tempo em que permanece, para sempre, inesquecível.

Encontra-se desenhada, assim, uma estrutura na qual um laço social primitivo é selado pelo objeto vocal. O poder de sideração e de gozo dessa vocalização poderia situar-se na lembrança inconsciente de um assassinato fundamental; o assassinato do pai primitivo da horda: interditor, figura de um gozo absoluto, pacificado e idealizado no *a posteriori* sob a forma de um substituto divino[63], ao mesmo tempo amado e temido. A voz estabelece o laço com a figura sagrada de um Outro em que se adivinham os atributos do supereu arcaico, terrível lugar de gozo e de soberania absoluto, promulgando uma lei louca da qual ele mesmo se exclui. Escutar essa voz é obedecer a ela. Isso a etimologia da palavra atesta: do latim *obaudire*, em que *ob* significa diante e *audire*, escutar. "Obedecer" é "emprestar o ouvido a" e, daí, "ser submetido a". A voz é, aqui, portadora de uma lei louca, a qual se

[63] Notaremos que essa divinização está operante nas cantoras de ópera, que são "divas".

enuncia sob a forma de imperativos interrompidos sem complemento: "Tu deves...", "Tu não deves...".

No toque do shofar, o povo hebreu incorpora esse resto do pai morto que é a sua voz e, por esse fato, identifica-se com essa figura idealizada, divinizada. Identificação que fundará sua própria identidade social. Contudo, se essa figura do pai arcaico foi idealizada, no *a posteriori* do assassinato desse pai original permanece uma instância de onipotência e de gozo absoluto — por consequência, odiada. Incorporando essa voz, é também com essa onipotência que o ouvinte tende a se identificar. O que nos permite compreender as emoções e os afetos, paradoxais e contraditórios, que aparecem ao longo da audição ritual: sentimentos em que se misturam onipotência, lágrimas e submissão.

Além disso, o ritual lembra que, por esse assassinato primeiro, instaurou-se uma ordem social regulada pela lei do simbólico — ou em outras palavras, a lei da linguagem — e não mais pelo gozo do pai arcaico. O assassinato e a voz, que dele é o resto, aparecem, então, enquanto aquilo que realmente são: o assassinato como o ato fundador da lei e a voz como o suporte dessa mesma lei. Resta determinar a natureza exata desse lampejo de voz que o shofar faz ouvir, bem como aquele que é seu destinatário.

"PAI NOSSO QUE ESTAIS NO CÉU. FICAI AÍ"[64]

Lacan se pergunta qual é o verdadeiro destinatário do toque do shofar e esclarece, com uma nova luz, a análise de Reik. Seguir o desenvolvimento lacaniano nos permitirá precisar nossa hipótese de uma necessária infiltração da lei pela voz.

A quem se endereça o shofar? ele se pergunta. A resposta mais evidente parece ser a seguinte: à comunidade de crentes. É, aliás, a resposta que traz Reik:

[64]PRÉVERT, J. (1946) "Pater Noster". *In: Œuvres complètes*. Paris: Gallimard, Bibliothèque de la Pléiade, 1992. Texto também disponível na edição portuguesa: PREVERT, J. *Palavras/ Paroles*. Edição bilíngue. Tradução de Manuela Torres. Lisboa: Sextante Editora, 2010.

> O som do shofar que estoura repentinamente e que lembra o mugido do touro que se vai abater, a voz do substituto totêmico lembra, inconscientemente, a todo homem que o ouve, esse crime dos tempos antigos, desperta seu sentimento de culpa escondido, esse sentimento que dorme em todos após os sentimentos de hostilidade recalcados e experimentados durante a infância: o shofar deve incitar ao remorso e ao progresso moral.[65]

Porém, Lacan mostra que o shofar não se endereça de modo algum à comunidade de crentes, mas ao próprio Deus, a Deus enquanto morto. O toque do shofar repete e, então, lembra a morte dessa instância no momento em que aparece a angústia, a qual está sempre ligada ao gozo do Outro, e ao enigma que a ele está ligado: "O que quer de mim? O que sou, para ele?" No momento em que o supereu, interiorização desse Outro não castrado, manifesta-se por suas vociferações obscenas e ferozes que envenenam o sujeito, o toque do shofar comemoraria o assassinato do pai arcaico, recolocando-o em seu lugar. O toque do shofar o lembra que está morto! Deus, o Pai, não sabe que está morto, e é por isso que ele continua a nos envenenar sob a forma de injunções superegóicas culpabilizantes. Por meio do toque do shofar, o sujeito tentaria se fazer ouvir pelo Outro, não para lisonjeá-lo, mas para mantê-lo à distância. A clínica da psicose nos indica que isso é impossível para esses pacientes, tendo em vista que estão violentamente submetidos à voz do Outro. Mas isso pode igualmente revelar-se impossível, em menor medida, para o neurótico, que, submetido às ferozes injunções do supereu, continua a ser envenenado pelas vociferações do pai morto[66].

A afinidade de estrutura entre a alucinação e a instância superegóica, em sua dimensão "feroz e obscena", não escapou de Freud, que,

[65]REIK, T. *Le rituel. Psychanalyse des rituels religieux*. Trad. M.-F. Demet. Paris: Denoël, 1974, p. 279.

[66]Como o pai morto de Hamlet, que envenena seu filho ordenando-lhe que o vingue. A morte do pai foi perpetrada por envenenamento auricular, mas é o filho que sofre dessa voz que, para além da morte, não quer se calar.

em "Introdução ao narcisismo", notava que o sintoma dos delírios paranoicos e das neuroses de transferência possuíam um ponto em comum: uma instância psíquica que observa

> continuamente o eu atual, medindo-o pelo ideal. [...] Os doentes se queixam então de que todos os seus pensamentos são conhecidos, todas as suas ações notadas e vigiadas; há vozes que os informam do funcionamento dessa instância, falando-lhes caracteristicamente na terceira pessoa ("Agora ela pensa novamente nisso; agora ele vai embora").[67]

Dito de outro modo, o funcionamento dessa instância não estaria sem relação com aquele da alucinação auditiva: nela se encontra um excesso de voz.

Essa instância, Freud, em 1923, chamará de supereu. Supereu que, longe de ser somente o herdeiro do complexo de Édipo, revela-se, igualmente e sobretudo, tirânico, imoral e cruel. Assim Freud nos adverte:

> Enquanto o eu é essencialmente representante do mundo exterior, da realidade, o supereu o confronta como advogado do mundo interior, do id.[68]

E depois, mais à frente:

> O que então vigora no supereu é como que pura cultura da pulsão de morte, e de fato este consegue frequentemente impelir o eu à morte [...]. Do ponto de vista da restrição instintual, da moralidade, pode-se dizer que o id é totalmente amoral, o eu se empenha em ser moral,

[67]FREUD, S. (1914) Introdução ao narcisismo. In: FREUD, S. *Introdução ao narcisismo: ensaios de metapsicologia e outros textos (1914-1916)*. Tradução e notas de Paulo César de Souza. São Paulo: Companhia das Letras, 2010, p. 41-42.
[68]FREUD, S. (1923) O eu e o id. In: FREUD, S. *Obras completas, vol. 16: O eu e o id, "autobiografia" e outros textos (1923-1925)*. Tradução de Paulo César de Souza. São Paulo: Companhia das Letras, 2011, p. 45.

> e o supereu pode ser hipermoral e tornar-se cruel como apenas o id vem a ser.[69]

A partir disso, o objetivo ao qual esse supereu selvagem nos leva é o próprio gozo, além do princípio do prazer; ele nos ordena infringir todo limite e atingir o impossível de um gozo que se esquiva sem cessar. O "Vem!" — que encontraremos mais à frente no chamado incondicional das Sereias — é uma das expressões desse supereu "feroz e obsceno" que pode levar o eu a abolir-se no gozo. Lacan formulava assim a injunção do supereu: "O supereu é o imperativo do gozo — Goza!"[70].

Nós somos, então, confrontados com uma lei que se veria reduzida a uma simples injunção, engendrando a culpa. Ao longo do seminário sobre "Os escritos técnicos de Freud", Lacan define, aliás, o supereu como sendo uma lei enquanto lei incompreendida. Uma lei, então, que ordena, no sentido de comandar, sem ordenar no sentido de organizar[71].

> Eis o que é a culpa. É aí que aparece a interdição, mas não, dessa vez, como formulada — mas como demanda que interdita, que atinge o desejo, o faz desaparecer, mata-o.[72]

[69]FREUD, S. (1923) O eu e o id. In: FREUD, S. *Obras completas, vol. 16: O eu e o id, "autobiografia" e outros textos (1923-1925).* Tradução de Paulo César de Souza. São Paulo: Companhia das Letras, 2011, p. 66-68.
Nota da editora: optamos por utilizar a grafia "supereu" ao invés de "Super-eu" como consta na edição supracitada.

[70]LACAN, J. (1972-1973) *O seminário, livro 20: Mais, ainda.* Trad. M.D. Magno. Rio de Janeiro: Jorge Zahar Ed., 1985, p. 11, aula de 21 de novembro de 1972.
Nota da editora: optamos por utilizar "supereu" ao invés de "superego" como consta na edição supracitada.

[71]"O supereu tem uma relação com a lei, e ao mesmo tempo, é uma lei insensata, que chega até a ser o desconhecimento da lei. [...] O supereu é, a um só tempo, a lei e a sua destruição." (LACAN, J. [1953-1954] *O seminário: livro 1. Os escritos técnicos de Freud.* Trad. B. Milan. Rio de Janeiro: Jorge Zahar Ed., 1986, p.123, aula de 10 de março de 1954.)

[72]LACAN, J. (1957-1958) *O seminário, livro 5: As formações do inconsciente.* Trad. V. Ribeiro. Rio de Janeiro: Jorge Zahar Ed., 1999, p. 512, aula de 2 de julho de 1958.

Para compreender o que nos indica Lacan, convém voltar ao texto de Freud "Batem numa criança":

> Desde sempre supomos que ela [a consciência de culpa] diz respeito à masturbação da primeira infância, não à da puberdade, e que não deve ser relacionada, em sua maior parte, ao ato masturbatório, mas à fantasia que, embora inconsciente, está na base dele — vinda do complexo de Édipo, portanto.[73]

Em outras palavras, não se é culpado pelo fato de se masturbar, mas masturba-se pelo fato de ser culpado, e esse sentimento de culpa está articulado com a fantasia inconsciente.

Aplicado ao shofar, e mais extensamente ao objeto voz, isso nos conduz a dizer que, diferentemente do que propõe Reik, não é o som do shofar que desperta o sentimento de culpa, mas é a culpa que conduz a tocar o shofar. A lei carregada pela voz faz, então, calar a voz fora da lei que constitui o supereu. A função do shofar, nessa vertente, é, então, eminentemente pacificadora, naquilo em que visa a neutralizar a dimensão superegóica. Na medida em que o shofar está associado ao pacto entre homem e Deus, o toque emitido lembra Deus que ele deve cumprir seu estatuto de portador do pacto simbólico e cessar de nos assediar. A voz suporte da lei combate, aqui, as vozes superegóicas fora da lei. As duas dimensões do som do shofar (o mugido da morte do pai primordial do gozo e a cena da dádiva da lei) chamam a atenção de Deus para o fato de que ele não pode reinar senão como morto, ou seja, senão como uma vez morto; e enquanto participante desse horizonte, comum a todos os homens, que é a morte. Com isso, o toque do shofar não deve mais ser compreendido como uma incitação à clemência, mas como uma recolocação de Deus em seu lugar.

[73]FREUD, S. (1919) "Batem numa criança": contribuição ao conhecimento da gênese das perversões sexuais. In: FREUD, S. *História de uma neurose infantil: ("O homem dos lobos"): além do princípio do prazer e outros textos (1917-1920)*. Tradução e notas de Paulo César de Souza. São Paulo: Companhia das Letras, 2010, p. 315.

Nós vemos, aqui, enodarem-se as duas faces da voz: a face do gozo persecutório e a face da paz legisladora. Por meio do mugido do shofar, a voz é, ao mesmo tempo, traço do assassinato e o que resulta desse último: a saber, a renúncia ao gozo absoluto. Desta forma, ela se torna suporte da lei pacificadora. Ela é o lugar-detentor da aliança entre o povo judeu e seu Deus. Contemporânea do gesto fundador da lei, ela se torna a origem dela. O que parece fundamental, aqui, é a associação do som — o grito — e da instauração da lei no assassinato. Esse assassinato faz com que a origem da lei seja impensável; seu funcionamento supõe o esquecimento de sua origem. É a narração fantasmática das origens que vem preencher o vazio desse impensável. A lei exige esse suplemento vocal que ocupa o lugar de origem. Na ausência de voz, o vazio, mantendo-se no coração do edifício jurídico, apareceria onipresente, tornando esse edifício inoperante, já que sua eficácia resulta de que o percebamos como estando sempre aí.

A interpretação que podemos fazer do mito freudiano identifica, então, a voz como traço de um gozo primeiro, absoluto, e, ao mesmo tempo, como suporte da linguagem, cuja função é, precisamente, separar o sujeito desse gozo primeiro. O som do shofar deve ser compreendido, então, como a articulação da expressão mítica direta da substância viva pré-simbólica (o pai da horda) e da palavra articulada. Ele vem no lugar do gesto pelo qual o gozo primeiro, tendo se tornado impossível, abriu a via à lei simbólica. Nesse nível, nós não estamos somente em uma oscilação entre palavra legiferante e voz fora da lei, pois a voz, por seu excesso, serve à instauração da palavra articulada. Essa imisção da voz na lei pode ser pensada a partir do furo mediano postulado por Didier-Weill, e que articularia o furo real no simbólico (voz/lei) com o furo simbólico no real (lei/voz). Uma necessária violação estruturante que permitiria à lei simbólica existir e insistir. Com efeito, a operação de separação, indispensável à estruturação do sujeito falante, como ao laço social, implica que o sujeito pague seu advento ao estatuto de ser falante com a perda de seu gozo. Compreende-se, aqui, a ambivalência fundante que o sujeito mantém com a voz: esse objeto é, por um lado, suporte do verbo da lei simbólica, de natureza pacificadora; e, por outro, sua recepção aciona os mecanismos pulsionais — implementados durante a relação primeira ligando o *infans* ao Outro primordial —, com todos os desafios de gozo percebidos pelo sujeito como mais ou menos perigosos. A idealização da voz (a suave voz, a bela voz...), que nós assinalamos acima, poderia ser somente uma formação reativa, tendo de gerir essa ambivalência ao ligar o sujeito ao objeto voz.

Esse duplo aspecto da voz está inscrito na própria forma da mensagem entregue pelo shofar. Poderíamos arriscar uma aproximação entre as diferentes formas de toques e os três tempos da instauração da lei aos quais responderiam os três tempos da voz. Nessa hipótese, o longo *tekîa* inicial remeteria a essa continuidade do gozo, que era conforme antes da instauração da lei. De sua parte, a quebra dos *schebarim* lembraria a saída do assassinato do pai-o-gozo: a instauração da lei e a aparição da interdição do incesto. O *térûa*, enfim, seria a quebra da quebra, remetendo à dispersão e à exogamia. Além disso, o retorno do *tekîa* seria uma espécie de lembrança ou de comemoração das razões que necessitaram a instauração da lei. É o equivalente da aliança cristã, a qual se pode ler na fala que Jesus pronuncia ao longo da Ceia, no momento em que o sacrifício estava a ponto de ser realizado: "Fazei isto em memória de mim".

O grito do pai, ferido de morte, não se apaga, e seu urro ainda se faz ouvir no som do shofar, como resto vocal desse assassinato. O traço de uma voz, em que subsiste o gozo do pai, é necessário para fazer dele a origem da palavra, a fim de que a lei e o desejo tomem o lugar do gozo. Essa voz, resto e lembrança do estertor paterno, não desaparece uma vez a lei instaurada: ela é necessária como suplemento irredutível da lei. Eis porque seu eco se ouviu aos pés do Sinai. Já que, como nos conta a Bíblia, o povo ouvia o som *contínuo e não articulado*[74] do shofar, enquanto Moisés recebia as palavras de Deus.

[74]Depois do que acabamos de desenvolver, não parecerá espantoso a ninguém que o shofar, no momento em que a lei é transmitida, soe de maneira contínua. Nós percebemos, aqui, como a lei é sustentada pela voz: necessária articulação moebiana do contínuo da voz e do descontínuo da fala legiferante.

> No terceiro dia, logo de manhã, houve trovões, relâmpagos e uma espessa nuvem sobre a montanha, e um som muito forte de shofar: no acampamento todo o mundo tremia.
>
> Moisés fez o povo sair do acampamento ao encontro de Deus, e se pôs ao pé da montanha. Todo o monte Sinai fumegava e toda montanha tremia.
>
> O som do shofar ia aumentando; Moisés falava e Deus lhe respondia em uma voz.[75]

Pelo shofar, a voz se torna enunciação: ela é, assim, tornada operante. O dito se transforma, então, em dizer. Sem essa dimensão de gozo ligada à voz, a lei permaneceria letra morta, como mostra o desaparecimento de diversos códigos próximos àquele promulgado por Deus no Sinai. A diferença que caracteriza essa lei reside na obrigação que é feita ao povo judeu de comentar, vocalizar sem cessar, a Torá escrita, o que faz dela uma lei subjetiva e transmissível. A voz é também o intervalo que existe entre a Torá escrita e a Torá oral. É o resto do gesto fundador da lei que lhe permite "ek-sistir". Fora dessa vocalização, a lei se torna um escrito ineficaz, um mandamento no sentido superegóico, e não mais uma palavra de vida subjetivante. De fato, a lei deve conter esse ponto de gozo introduzido pela voz, e que permite perceber, no próprio coração da lei, a dimensão do fora do sentido. Trata-se, então, de um ponto de vacuidade em que o sujeito tem de advir como sujeito, e não como objeto, da lei.

Nós podemos, com isso, encarar a diferença que instaura Didier-Weill, a partir do fechamento da audição à voz ou à palavra.

> Quando a audição se fecha à voz, o sentido do ato de fechamento não é o mesmo se ele incidir sobre o que diz a voz — o sentido das palavras — ou sobre o real da música da voz: no primeiro caso,

[75]*Exode,* XIX, 16-19, trad. A. Chouraqui, Paris: Lattès, 1992.

falaremos de recalcamento pelo eu, e no segundo, de foraclusão do sujeito.[76]

Na problemática da qual nos ocupamos aqui, essa diferença interessante, proposta por Didier-Weill, poderia ser traduzida assim: quando a audição se fecha para o sentido das palavras, só a voz, enquanto expressão do desejo do Outro, é percebida. O que resta é a interrogação do sujeito quanto ao desejo do Outro. *Che vuoi?* [77] — "O que quer?" — é devidamente a questão que o neurótico faz ao Outro. Outro cujo endereçamento revela ser, *in fine*, a manifestação mais importante a respeito do sujeito a se tornar. Com efeito, como nos lembra Lacan, a voz está diretamente articulada com o desejo do Outro. Como compreender isso?

Quando a audição se fecha à palavra, o *infans* se encontra suspenso na voz do Outro, sem que nada venha lhe assegurar. Ele se encontra, então, confrontado com essa voz que se endereça a ele, o endereça, e que o chama a advir, sem, apesar disso, oferecer-lhe os significantes nos quais ele poderia se reconhecer.

Em contrapartida, enquanto a audição se fecha à voz, o sujeito se encontra confrontado com uma pura injunção, uma fala de sentido único. Aqui, não se trata mais das questões da relação com o Outro e com o desejo desse, mas de uma aterrorizadora certeza: o sujeito está submetido a uma lei louca que goza dele, mas da qual ele não pode gozar. Uma lei da qual ele é o objeto de gozo. Uma lei completa que não poderia ser vocalizada, sequer interpretada, pois não pode ser questionada[78].

[76]DIDIER-WEILL, A. *Invocations. Dionysos, Moïse, saint Paul et Freud*. Paris: Calmann, Lévy, 1998, p. 150. Disponível em português: DIDIER-WEILL, A. *Invocações: Dionísio, Moisés, São Paulo e Freud*. Rio de Janeiro: Companhia de Freud, 1999.

[77]Referência à obra de J. Cazzote, *Le Diable amoureux* (1772), em que o Esperto, em sua primeira aparição, faz essa questão àquele que o invocou. Lacan utiliza essa referência nos seminários 4 e 5.

[78]Seria possível ler os comportamentos extremistas religiosos à luz dessa hipótese.

Em definitivo, dizer que a lei implica uma dimensão de gozo, que nós situamos no trabalho da voz, é dizer que ela é não somente furada, mas que está, além disso, sempre inacabada[79]. Com efeito, a voz é transmitida ao *infans* enquanto assombrada por um paradoxo. Por um lado, a ele é transmitida uma lei simbólica fundada nas escansões próprias à linguagem, e cujos microssilêncios, introduzidos pelas consoantes, podem servir de ilustração. Por outro, essa lei é, ao mesmo tempo, trabalhada por uma violação ou uma subversão. Com efeito, a pura continuidade produzida pela voz da mãe, com a qual o *infans* foi primeiramente confrontado — e sempre agente no coração mesmo da fala — tende a abolir a descontinuidade, servindo para transmitir a inteligibilidade do sentido. A relação do *infans* com o Outro é vetorizada pela transmissão da lei, a qual poderá exprimir-se em um "torna-te", e, ao mesmo tempo, por uma violação dessa lei, por esse resto de gozo, sempre ativo, encontrando-se no coração mesmo da palavra materna, e que, por sua vez, será expresso em um "vem". Esse trabalho de "solapa", de violação, permite à lei transmitida não se completar de uma vez por todas, mas, ao inverso, subjetivar-se. Ela lhe permite, além disso, a partir do furo real que introduz no simbólico, efetuar o trabalho de sublimação, visando a dar uma forma a esse vazio.

A sublimação é, segundo a definição proposta por Lacan, a possibilidade de "elevar um objeto à dignidade da Coisa"[80]. Quando a obra de arte opera sobre o espectador, cria-se um encontro de choque. A obra opera na ferida do íntimo do sujeito, na fronteira do real e do simbólico, que o impele a uma outra cena. É frequente ouvir um espectador, sob o choque de uma ária, manifestar a emoção que toma conta dele

[79]A tão bela releitura do mito de Antígona, realizada por H. Bauchau, aborda, muito precisamente, essa questão. Em face da lei iníqua de Creonte, Antígona possui somente seu grito, que alguns ouvem (enquanto outros, não) e que permite aos tebanos que se revoltem. A vocalização de Antígona, mesmo que ela não impeça sua morte — mas será que ela somente quer morrer? —, abala a lei louca e permite aos cidadãos (essencialmente mulheres e crianças) que ouçam uma outra possibilidade de investir a lei. Ver BAUCHAU, H. *Antigone*. Arles: Actes Sud, 1997.

[80]LACAN, J. (1959-1960) *O seminário, livro 7: A ética da psicanálise*. Trad. A. Quinet. Rio de Janeiro: Jorge Zahar Ed., 2008, p. 137, aula de 20 de janeiro de 1960.

e afirmar: "Fui transportado!". A ópera é um desses dispositivos que transportam o sujeito, permitindo-lhe ter contato com a Coisa por meio do desdobramento vocal. A obra de arte se torna, de algum modo, um avatar da Coisa. Originando-se da força pulsional, que impulsiona à criação e à sublimação, ela provoca um gozo à altura do sentimento de júbilo, de sideração, de nostalgia ou de pavor que ela suscita no desvio do encontro inesperado e, entretanto, desejado, com a Coisa. O processo, ao agir no conjunto dos protagonistas que partilham o efeito de gozo artístico que a proximidade com a Coisa provoca, parece resultar da relação que, segundo Lacan:

> coloca o homem em função do *médium* entre o real e o significante. Essa Coisa, da qual todas as formas criadas pelo homem são do registro da sublimação, será sempre representada por um vazio, precisamente pelo fato de ela não poder ser representada por outra coisa — ou, mais exatamente, de ela não poder ser representada senão por outra coisa.[81]

Outra Coisa que se mantém na fronteira do simbólico e do real, lá onde o real se conjuga com o significante. Se, como afirma Lacan, "o vazio é determinante da sublimação"[82], então a sublimação sempre falha em encontrar a Coisa em outro lugar senão no vazio, o qual a vela e desvela ao mesmo tempo. É esse processo de velamento e desvelamento da Coisa, no seio do dispositivo operístico, por meio dos lampejos da voz, que nós nos propomos a analisar agora.

A VOZ NA ÓPERA: GOZO E OB-SCENIDADE

A partir de sua fascinante e rigorosa análise das grandes fraturas da história da ópera, Michel Poizat mostra como a voz, em suas expressões extremas (o vocalise, o grito...), não cessa de ameaçar a ordem da representação, de transbordá-la; e, consequentemente, como ela se

[81] *Ibid.*, p. 158, aula de 27 de janeiro de 1960.
[82] *Ibid.*

encontra submetida a um controle, subordinada à articulação da fala. Quando a voz rompe as amarras da significação, como no caso da ária na ópera (essencialmente no registro agudo, em que o texto não pode mais ser articulado e, então, reenvia ao contínuo do grito), ela abre o espaço do gozo, no qual o sujeito corre o risco de abolir-se. Assim, o grito — aproximado no vocalise superagudo —, que constitui, entretanto, o que se encontra mais próximo do objeto perdido, é, na maioria das vezes, evitado na ópera. Quando não o é, como n'*Os contos de Hoffman*[83], de Jacques Offenbach, ou *Lulu*, de Alban Berg, a fala vem imediatamente após, como para anular, diminuir o horror da proximidade desse objeto. A aparição do grito, ao qual tendia toda obra desde a criação da ópera, também assina, aliás, a sua morte. Isso pois o gênero não podia se sustentar senão com uma tensão, sempre diferida, rumo a essa presentificação do grito sobre o palco.

Com a aparição da ópera, no século XVII, o objetivo, primeiramente velado, e depois, claramente exibido, será o gozo da voz em todos os seus estados; e, de preferência, nos mais extremos dentre eles: vocalizes apaixonados[84], em um primeiro tempo, e em seguida, sucessão de gritos, como n'*Os contos de Hoffman*, mas também em *Parsifal*, de Richard Wagner, ou *Lulu*. Desaparece, então, a dinâmica da regulação do gozo, ligada ao objeto voz pela submissão dessa ao desejo do Outro divino. O gozo do ouvinte definitivamente não é mais velado por necessidades teológicas, como pudemos observar anteriormente. Desconectada desse pacto pacificador com o Outro, a voz vai, pouco a pouco, arrancar-se dos limites que a lei lhe havia designado, para tender ao grito, com o qual o canto havia se contentado em evocar — esforçando-se, sobretudo, para velá-lo. Assim se esboça, ao longo da história da ópera, uma dinâmica, nunca pacificada, entre o velamento e

[83]Ver a análise dessa obra abaixo.

[84]No original, "*vocalizes éperdues*". A palavra francesa "éperdues" traz em si a palavra "*perdues*" (perdidas), "é-perdues". Neste sentido, "*vocalises éperdues*" seriam os vocalises nos quais tanto o cantor quanto o ouvinte correm o risco de se perder, de se abolir. Daí a escolha pela tradução desta palavra como "apaixonados", e, mais à frente no texto, "a-paixonados", que evoca a ideia de se perder e se abolir na paixão.

o desvelamento da Coisa, que consegue expressar-se na aproximação, e depois, na aparição, do grito na cena lírica.

Elaborada em Florença, em meados do ano 1600, a ópera surgiu como retorno e reflexão às artes do palco tais como eram praticadas ao longo da Antiguidade grega. A ópera buscava reinventar o drama grego — percebido, nessa época, como um harmonioso misto de textos recitados, cantos e danças — esquecendo, por isso mesmo, a dimensão de conflito criada por essa heterogeneidade, já na criação da tragédia ática[85]. *O Orfeu* de Monteverdi, considerado como a "origem"[86] da ópera, foi apresentado no dia 24 de fevereiro de 1607; ele celebrava essa união amorosa entre a música e a poesia, na qual uma ocupa o lugar de humilde serva da outra. A distribuição dava primazia aos papéis interpretados pelos *castrati*. A Musica, Prosérpina e Esperança são encarnadas por Giovanni Gualberti Magli. O curto papel de Eurídice é, de sua parte, confiado a um *castrato* soprano: Girolamo Bacchini. Nota-se, todavia, que o papel que leva o título foi atribuído a um tenor grave, Francesco Rasi — cantor passível, com sua tessitura próxima daquela utilizada no ato de fala, de fazer ouvir perfeitamente o texto. O projeto consciente ainda era, aqui, submeter a voz à palavra. Contudo, uma parte da obra já olhava para o que se tornará a ópera nos anos por vir: trata-se da ária de Orfeu descido aos infernos. Ária excessivamente virtuosística, em que o vocalise dissolve o sentido sob cascatas de estrondos vocálicos. É interessante notar que uma das primeiras aparições do virtuosismo encontra seu lugar em uma ária de sedução. Orfeu não tenta convencer Caronte, o passador dos mortos, com palavras — o que, musicalmente falando, corresponderia a um recitativo. Ao contrário, ele quer encantá-lo com o que constitui a expressão mais pura da voz, a saber, o vocalise. É, então, o vocalise "*a*-paixonado" que seduz e

[85]Ler, sobre esse assunto, o trabalho muito esclarecedor de DUPONT, F. *Aristóteles ouo vampiro do teatro ocidental*. Florianópolis, Cultura e Brabárie, 2017.

[86]Diversas tentativas precedem a de Monteverdi — a *Eurídice*, de Péri, composta em 1600, é uma delas. Todavia, a obra de Monteverdi pode ser considerada por sua impressionante perfeição como a verdadeira certidão de nascimento do teatro musical.

dobra o outro à sua vontade[87]. Além disso, anuncia-se, aqui, o reinado dos *castrati* na ópera *seria*[88], que predominará durante o século XVII e a maior parte do XVIII.

Muito rapidamente, o casamento por amor se transformará em um casamento por interesse. Na maioria dos países, a música e, mais particularmente, a voz reinarão como soberanas do drama. *Prima la musica e poi le parole,* para seguir a variação em torno do título, no mínimo explícito, da ópera de Antonio Salieri. O barroco musical, dominado essencialmente pelo modelo da ópera *seria,* vai, assim, encontrar no *castrato* uma figura emblemática. No início do século XVII, a Itália barroca se apropria dessa voz de anjo encarnado e a desloca da cena sagrada para a cena profana. O objetivo não é, como se disse demasiado frequentemente, remediar a interdição feita às mulheres de subir aos palcos de teatro, mas antes, tirar proveito do fascínio que a voz dos *castrati* exerce nos ouvintes. A referência ao anjo músico decerto desapareceu, e o anjo vai se transformar em herói. Pois é importante notar que, mesmo que haja ocorrido aos *castrati* de interpretar papéis femininos, os personagens que lhes são mais frequentemente atribuídos são papéis eminentemente viris — tais como Júlio César, Ottone, Armínio, Teseu, Rinaldo, Radamisto ou Orlando, para citar somente uma parte dos heróis das óperas de Haendel. O objetivo é menos encontrar uma pseudoadequação realista entre uma voz e um personagem (como será o caso no século XIX, quando os tenores interpretarão os papéis de jovens apaixonados e os barítonos, os papéis de pais) do que alcançar uma adequação entre a importância do papel e o gozo que trará a voz

[87]Esse procedimento atravessará toda a história da ópera. Benjamin Britten saberá se lembrar dele, em 1954, em sua ópera escrita a partir da novela fantástica de Henry James: *A volta do parafuso.* Enquanto o fantasma de Peter Quint quer levar o jovem Miles com ele, suas intervenções vocais se fazem extremamente virtuosísticas. A voz purificada de suas questões de transmissão da fala dominará a vida do menino. Esse simples exemplo bastaria para reconstruir a voz como objeto ideal: a morte e a loucura se encontram, frequentemente, na ponta da voz.

[88]A ópera *seria,* nascida da separação dos gêneros cômico e sério, no fim do século XVII, colhe seus sujeitos na mitologia, na Antiguidade ou na História, e põe em cena personagens heroicos, divinos ou reais, interpretados, quase sistematicamente, por *castrati.*

encarregada de encarná-lo. É a voz inaudita que é procurada, em detrimento de uma realidade sexual aparentemente desrespeitada.

O barroco encena, e mostra de maneira exemplar, que o gozo da voz não está unicamente ligado a seu caráter de marcador sexual, mas que ele depende também da faculdade, própria à voz, de fazer emergir outra coisa. A voz do *castrato*, sendo a mais extraordinária por seu aspecto "fora do sexo" — a mais inaudita, no sentido próprio do termo —, ela parece, por isso mesmo, a mais apropriada para dar conta do aspecto sobre-humano dos personagens postos em cena pela ópera *seria*. O *castrato* presentifica um timbre que não é nem masculino, nem feminino, nem mesmo infantil. Trata-se de um timbre que, paradoxalmente, permitiria fazer ouvir um possível além da castração. Assim, se emascularam crianças durante tantos anos, foi para que jorrasse dessa laringe — mantida à distância do empuxo do real que constitui a muda — esse timbre inaudito cujas descrições deixadas pelos contemporâneos não nos permitem ter uma noção muito precisa.

Pois, como definir o timbre de uma voz? Essa voz é regularmente qualificada como "brilhante", o que nos deixa supor que o brilho fálico está, aqui, posto em causa. Esse timbre "fora do sexo" e "fora do tempo" haveria suportado, durante tantos séculos, a promessa de que a maldição da castração estava ludibriada; e que a distinção sexual, que era uma de suas manifestações principais, podia ser, no tempo da escuta, suspensa... Os *castrati* ilustraram com seus caprichos, chegando a ser caricatural, essa posição divina e "fora da lei". O mais divertido desses caprichos, e talvez, o mais significativo, é a demanda que formulou o célebre *castrato* Marchesi (1755-1829) de não aparecer, qualquer que fosse a ópera e qualquer que fosse a situação, senão no cume de uma colina, com uma espada em uma mão, uma lança reluzente na outra, e na cabeça, um capacete com plumas "com ao menos seis pés de altura", como precisa Stendhal em *Roma, Nápoles e Florença*. Qualquer que fosse o conteúdo da cena, ele exigia, além disso, começar com as palavras: *Dove son io?* ("Onde estou?")... O que acrescentar, a não ser que essa voz desencadeava as paixões, mostrando que ela era o suporte de uma mobilização relevante de gozo?

A relação com a voz dos *castrati* prova que o gozo da voz está ligado a um timbre que age diretamente no corpo daquele que o ouve. O filme de Gérard Corbiau, *Farinelli* (1994), mostra bem esse aspecto, no momento em que o célebre cantor mantém uma nota muito longa, com a qual ele parece querer trespassar uma das espectadoras/ouvintes, que desmaia. É importante observar que a dimensão contínua do olhar é sustentada pela dimensão contínua da voz. Pois, nesse momento, o cantor se torna puro olhar e pura voz: o texto e o próprio vocalise não existem mais. O cantor se encontra reduzido a uma pura continuidade, fora do tempo e fora do sexo — tal um deus, poderíamos dizer. Benjamin Britten, no século XX, encontrará espontaneamente, aliás, essa associação entre a voz "fora do sexo" e personagens divinos, quando atribuirá a Oberon, personagem feérico do *Sonho de uma noite de verão* — bem como a Dionísio e Apolo, em *Morte em Veneza* —, não uma voz de *castrato*, desaparecido à época, mas de contratenor, seu sucedâneo contemporâneo.

Quanto mais o gozo da voz, na igreja, pudesse ser percebido como perigoso, até inconveniente, mais a sua presença se justificava, se ela era considerada como um mal necessário para tocar o coração dos fiéis. A voz e o gozo que ela carrega estão ao serviço de Deus e, por isso, tomadas em uma dimensão simbólica. O que definitivamente não é mais o caso na ópera, em que se goza da voz como de um objeto autônomo, sem se preocupar realmente com o sentido que ela veicula. O que é diretamente visado pelo dispositivo operístico é um ponto em que a palavra não restringiria mais a voz. Gozarão dela, aliás, o quão mais ela se encontrar destacada do sentido e da lei do significante. Essa questão é muito facilmente observável na plena consciência que possui o amante de ópera de que não é no recitativo dito *secco*, próximo da linguagem falada e acompanhado do cravo ou do fortepiano, que ele encontrará um prazer intenso (a tal ponto, aliás, que algumas gravações ou produções o cortam); mas, preferivelmente, na *ária*, em que a voz se desdobra, liberada ao máximo das restrições da fala. Um outro elemento que vai no sentido dessa interpretação é a insuficiência de diversos libretos: não se vai à ópera como se vai ao teatro, para prender-se no sentido, mas para gozar da audição da voz em sua mais pura possível materialidade sonora. Entretanto, e é aí que encontramos a tensão entre sentido e gozo, as palavras são necessárias para o gozo do amante. É realmente a tensão entre a lei simbólica — que impõe suas condições, que são a separação e o descontínuo — e o contínuo de vozes que autoriza o gozo do amante. A pura continuidade vocal — como o grito — não provoca gozo estético, mas um sentimento de horror. Mesmo a voz libertada de toda significação, como no vocalise ou no *scat*, do jazz, permanece submetida a um sistema de oposição simbólica em que cada nota, opondo-se às outras, cria um sistema diferencial. Com efeito, é realmente porque a lei do significante impõe descontinuidade que nós podemos gozar desses instantes em que a voz transgride essa lei, sem foracluí-la. Com isso, e como iremos ver, a arte lírica nasceu dessa tensão entre a voz e a lei.

Conscientemente, o que é buscado, ao menos em teoria, com a criação da ópera, no século XVII, é um *parlar cantando* — um falar (en)cantado, poderíamos traduzir (e trair). Ou seja, uma arte na qual a palavra e o sentido seriam primeiros, e na qual a voz, enquanto tal, seria autonomizada, pouco a pouco, como no caso da música religiosa. Esse ideal de uma vocalidade pura, libertada da lei do significante, parece ter se aproximado ao máximo em uma das árias mais célebres da primeira parte do século XVIII: *Quell'usignolo che innamorato* ("Esse rouxinol que amorosamente..."), composta por Giacomelli para Farinelli, o mais célebre dos *castrati*. A lenda diz que o ilustre cantor a haveria interpretado centenas de vezes para Philippe V. O melancólico rei da Espanha apreciava particularmente essa ária que, extremamente virtuosística, busca imitar a vocalidade do rouxinol e que parece querer alcançar uma pura emissão vocal. Essa ária, que coloca como ideal, então, uma Coisa que escapa do registro da fala, parece-nos ser o paradigma do ponto a que visa a prática artística de todo cantor: se fazer voz para que além do objeto surja a dimensão da Coisa. É aí que se situa o lugar do mais intenso prazer estético. E, em consequência, é também o que provocará mais resistências.

Resistências que, no fim do século XVIII, tomaram a máscara da filosofia do Iluminismo. Voltaire[89] e Rousseau[90], dentre outros, condenarão, com muita eloquência, a prática da castração. A filosofia combate o monstro, contrário à natureza e contrário à razão, que ela percebe no *castrato*. Mas o que é mais interessante, aqui, é que esses brilhantes pensadores partam em guerra, contra os *castrati* e a castração, com argumentos frequentemente pouco dignos de filósofos; e Stendhal e Schopenhauer terão facilidade, alguns anos mais tarde, para zombar deles. De fato, o que torna os *castrati* insuportáveis, aos olhos dos filósofos franceses desse período, é que eles estejam na origem de prazeres intensos oriundos não da clareza das Luzes, mas do *chiaroscuro* barroco, e que seu talento não esteja posto a serviço do sentido, mas do gozo; no excesso, e não na medida...

Entre a maioria dos espectadores transportados pela voz dos *castrati* e aqueles que não a suportavam, há a fronteira entre aqueles que aceitam o jogo hipnótico, e até o buscam, e aqueles que o rejeitam como a mentira encarnada. O braço armado de Napoleão virá ao

[89]"Nasci em Nápoles, onde por ano são castrados de dois a três mil meninos; uns morrem, outros adquirem voz mais bela que a das mulheres, outros vão governar os Estados. [referência evidente a Farinelli]" (VOLTAIRE, *Cândido*. trad. M. Táti. Rio de Janeiro: Ediouro, 1998, capítulo XII). "Quem quiser que vá ver más tragédias musicadas, cujas cenas servem apenas de pretexto intempestivo para a exibição de duas ou três canções ridículas destinadas a valorizar a garganta de uma atriz; fique louco de prazer quem quiser ou puder, ao ouvir um castrado trautear o papel de César ou Catão, caminhando contrafeito pelo palco: de minha parte, há muito pus de lado essas trivialidades que hoje em dia fazer a glória da Itália, e pelas quais há monarcas que pagam tão caro." (*Ibid.*, capítulo XXV).

[90]Rousseau se insurge contra os "pais bárbaros" que "entregam suas crianças [...] para o prazer de pessoas voluptuosas e cruéis" e segue sua argumentação com veemência: "Façamos ouvir, se for possível, a voz do pudor e da humanidade que grita e se insurge contra esse infame uso; e que os príncipes, que o encorajam com suas buscas, ruboresçam uma vez por prejudicar, de tantas maneiras, a conservação da espécie humana." Após, deixando-se levar, ele chegará a pintar os *castrati* sob uma luz desvantajosa, vendo neles "os mais tristes atores do mundo" que cantam "sem calor e sem paixão", falam "pior que os outros homens" e não conseguem sequer pronunciar o "r" (*Dictionnaire de la musique* [1767], art. *castrato*). Entretanto, nós também sabemos que, grande amante de música italiana e de *bel canto*, e campeão da duplicidade, Rousseau se introduzia incógnito — ao menos ele acreditava! — em um assento para se deleitar com os charmes da voz dos *castrati*.

socorro dos filósofos franceses. A seu pedido, seu irmão José, então rei de Nápoles, interdita a entrada dos conservatórios às crianças mutiladas, a fim de dissuadir a sociedade italiana de uma tal prática. Algum tempo após a adoção dessas medidas, foi a vez de Francisco I, de Lombardo-Vêneto, excluir, em 1814, os *castrati* do palco. É assim que todo um mundo chega brutalmente ao fim.

Mas, antes de abordar esse fim, parece-nos importante relatar, aqui, uma "experiência" conduzida por Farinelli. Ela nos permitirá precisar um pouco mais o funcionamento do ponto surdo e sua relação com a voz.

UMA INTUIÇÃO TERAPÊUTICA:
Retrato de Farinelli enquanto musicoterapeuta

Em 1737, o célebre cantor, então no auge de sua carreira, é chamado ao leito do rei da Espanha, que está para morrer. As crônicas contam que, já em 1729, o rei se tranca em seu quarto, com todas as janelas e portas fechadas, e passa dias inteiros a soltar urros lúgubres, recusando por vezes a levantar-se e a lavar-se durante várias semanas. Elas relatam igualmente que o cantor interpretou, durante dez anos, noite após noite, primeiramente dissimulado do olhar do rei, as mesmas árias, dentre as quais o excerto da ópera *Merope*, de Geminiano Giacomelli (*Quell'usignolo che innamorato*[91]), no qual Farinelli excelia ao imitar a infinita variedade do canto do rouxinol. Esse "tratamento"[92] permite ao

[91]Duas gravações dessa impressionante ária estão disponíveis. A primeira, interpretada pelo soprano grego Aris Christofellis (EMI Classics, 1994), faz ouvir, além do real virtuosismo do cantor, uma dimensão próxima do grito, a tessitura estando extremamente tensionada por um cantor macho não castrado. A segunda se deve à *mezzo soprano* Vivica Genaux (Harmonia Mundi, 2002), mais livre e magnificamente acompanhada por René Jacobs, mas talvez menos próxima do que deve ter sido o timbre dos *castrati*.

[92] "Sua majestade, a Rainha, organizou um concerto em uma câmera ao lado dos aposentos do Rei, e o cantor começou uma de suas árias mais cativantes. Philippe pareceu primeiramente surpreso e, depois, comovido; no fim da segunda ária, ele fez entrar o virtuose [...], o encheu de cumprimentos e carícias; perguntou-lhe como recompensar suficientemente tais talentos; garantiu-lhe que ele não podia recusar-lhe nada a ele. Farinelli, que recebera instruções nesse sentido, suplicou somente a sua majestade que seus valetes o alimentassem e o vestissem, e de apresentar-se, como de costume, no Conselho.

rei sair de seu estado de prostração. Com efeito, parece que o canto de Farinelli teria ajudado o rei a superar suas crises maníaco-depressivas até a sua morte, ocorrida dez anos mais tarde. O virtuose, desde então, não cantou senão para o rei, e depois para seu filho; e obteve, muito rapidamente, o título de conselheiro real, adquirindo assim uma posição de extrema importância na gestão dos assuntos da Espanha — e, por consequência, de uma grande parte do mundo. Isso fez se debochar, aliás, toda a Europa política da primeira parte do século XVIII, para quem o muito poderoso reino da Espanha era dirigido por um capão...

O que nos lembra essa "cura" é que o canto (misto de voz e de palavras endereçadas ao Outro), longe de ser somente um dispositivo de "extração" da voz, é igualmente o que vela a voz. O grito ou o silêncio — em sua comum dimensão de continuidade — a desvela, enquanto a música, articulando as dimensões do contínuo e do descontínuo, a revela. A revelação implicando o duplo movimento de "des-velamento" e de "re-velamento". O canto de Farinelli permitiu ao rei melancólico contatar a dimensão sonora da Coisa sob sua forma musical, sem a ela se entregar. Nós temos, aí, a matriz do que seria um dispositivo músico-terapêutico.

Parece-nos importante notar que a lenda dissimula o célebre cantor dos olhos de seu real "paciente', criando assim uma situação acusmática próxima do dispositivo analítico[93]. O que é, então, uma situação acusmática? Trata-se, na origem, do "nome dado aos discípulos de Pitágoras que escutavam suas aulas escondidos atrás de uma cortina, sem vê-lo, e mantendo o mais rigoroso silêncio"[94].

Em nossos dias, desde os trabalhos de Pierre Schaeffer, esse adjetivo qualifica um som que se ouve sem ver sua fonte. Dissociando a visão

A partir desse dia, a doença cedeu à medicina, e toda a honra da cura foi para o cantor". (BURNEY, Ch., *A General History of Music*, 4 vol., citado em SADIE, S. (org.) *The New Grove Dictionnary of Music and Musicians*, art. "Farinelli", Londres, 1980).

93 VIVES, J.-M., VINOT, F. "Pour une assomption sonore du sujet". In: *Art et thérapie*, nº68/69, Blois, 1999, p. 102-109.

94 JANKELEVITCH, V. *La Musique et l'Ineffable*. Paris: Seuil, 1983, p. 185-190. Disponível em português: JANKELEVITCH, V. *A música e o inefável*. São Paulo : Perspectiva, 2018.

da audição, Farinelli visa a que o rei-ouvinte se dedique inteiramente à escuta. É o que Schaeffer chama de escuta reduzida. Trata-se, de fato, de "uma atitude de escuta particular que consiste em escutar o som por ele mesmo, como objeto sonoro, abstraindo sua proveniência real ou suposta, e do sentido do qual pode ser o portador"[95].

Se, na situação pitagórica, o discípulo fica em silêncio (e que, neste caso, ele mantenha o mais rigoroso silêncio...), não é somente para melhor ouvir seu mestre; é também, em parte, para poder ouvir outra coisa além do que diz esse último. Em parte, pois esse chamado silencioso se endereça igualmente ao próprio mestre. Com efeito, se passarmos por um instante ao outro lado do tecido, observamos que a situação não é menos estranha para nosso Farinelli/Pitágoras. Só, diante de uma cortina para além da qual percebe um estranho silêncio — bem diferente dos gritos entusiastas que acompanhavam sua mísera aparição no palco —, Farinelli tem a experiência de uma estranha solidão, da qual deve surgir um canto sem endereçamento visível ou audível! Vê-se, imediatamente, as questões suscetíveis de se fazer ao cantor: há ao menos alguém atrás do tecido? Como saber que ele não está só[96]? Mas, no fim das contas, por que buscar saber, isso é realmente necessário? Farinelli/Pitágoras duvidavam? Nada é menos certo. Como o canto poderá se sustentar a despeito de um tal vazio? Graças à audácia concedida pelo desejo inconsciente, a partir da qual pode experimentar-se a certeza não delirante da existência de um Outro não surdo, suscetível de poder acolher sua invocação.

Esse silêncio partilhado por Farinelli e seu ouvinte real permitirá à voz trilhar seu caminho.

> O silêncio é o que nos permite ouvir uma outra voz, uma voz falando uma outra língua, uma voz vinda de alhures. [...] Mas, se essa voz não

[95]SCHAEFFER, P. *Traité des objets musicaux*. Paris: Seuil, 1977, p. 94.

[96]Essa questão aparece regularmente nos pacientes em análise... Ferdinando Camon, em seu romance *La Maladie humaine*, faz dela um tema cômico, algo que é assim apenas muito raramente no âmbito das sessões...

> nos revela os segredos do além, ela pode lembrar o homem dos mistérios de que ele é o portador. [...] Todos compreendem essa voz onde não há, aliás, nada para compreender, de onde não há nada para concluir, e que, sem palavras, nos fala de nosso destino.[97]

Uma voz desconhecida falando uma língua, para todo o sempre, desconhecida. Não há nada a compreender, só a ouvir. Essa não-participação na ordem da significação é justamente o que se retira da abordagem acusmática, e é nessa vertente que Jacques-Alain Miller situa a voz, na perspectiva lacaniana: "A voz vem no lugar daquilo que do sujeito é propriamente indizível"[98].

A voz é, então, posta em posição de resto, mas o resto que me amarra ao Outro.

Parece interessante pôr em correspondência as características dessa voz desconhecida com o que Didier-Weill chamou, a partir dos músicos de jazz, de nota azul[99], da qual ele faz o lugar ausente que guia e orienta a pulsão invocante: "A transferência sobre este ausente que é a nota azul é assim ligada à espera de um significante despojado de qualquer sentido"[100].

Nós vemos como a voz de Farinelli e a nota azul podem entrar em ressonância pelo intermédio desse caráter inaudito (novo e espantoso) de que cada uma delas dispõe, sendo constitutivo de sua essência. A tensão criada por essa ressonância, verdadeira imantação, nomeia-se pulsão invocante. Assim, Farinelli dá o impulso inicial à voz e à

[97]JANKELEVITCH, V. *La Musique et l'Ineffable*. Paris: Seuil, 1983, p. 185-190.

[98]MILLER, J.-A. "Jacques Lacan et la voix". In: LEW, R., SAUVAGNANT, F. (orgs.) *La Voix*. Paris: La Lysimaque, 1989, p. 183.

[99]A nota azul é a quarta aumentada da tonalidade principal de uma música. Ela confere a sua cor característica ao *blues*. Ela teria como origem a música africana, na qual o temperamento não existe, e teria sido introduzida no início do *blues* por escravos negros americanos. Ela representa, no fluxo musical, essa nota que ainda não está lá, mas que, pelo cruzamento da dimensão diacrônica da melodia e a estrutura sincrônica da harmonia, chama e põe em tensão. Por aí, ela põe em movimento e abre à alteridade.

[100]DIDIER-WEILL, A. *Os três tempos da lei*. Trad. A. M. de Alencar. Rio de Janeiro: Jorge Zahar Ed., 1997, p. 251.

pulsão invocante ao oferecer, ao rei, a possibilidade de ser ouvido para além das ilusões de reconhecimento identitário, ou seja, de ser ouvido em sua busca do inaudito.

É assim que o *bel canto, orea phonè* — ou seja, ao pé da letra, "Orfeu" — de Farinelli permitiu velar a nauseante *mal'aria* do rei. Esse chamado — lançado de um lugar em que o rei não podia vê-lo, noite após noite — permitiu a uma voz, articulada em uma fala, nascer lá onde, até então, não houvera senão gritos. Nesse dispositivo, Farinelli se faz ouvir; e nesse chamado, propõe ao rei em sofrimento executar sua parte — como diríamos sobre uma voz em uma orquestra — no concerto das vozes do mundo. A crônica relata que o sucesso foi total. Isso não impediu em nada que os *castrati*, pouco a pouco, desaparecessem...

Entretanto, se os *castrati* serão condenados a desaparecer das cenas líricas, eles vão, contudo, conseguir se manter, algum tempo ainda, estando confinados no domínio da igreja. Assim, mesmo que o gozo do qual são fornecedores tenha sido limitado, ele não pôde ser imediatamente abafado.

O CREPÚSCULO DOS DEUSES DA ÓPERA

Já se conhece o fim da história: o início do século XIX verá ainda grandes *castrati*, tais como Crescentini e Velluti, que concluíram suas carreiras em 1812 e 1830, respectivamente. A sombra de Crescentini pairou sobre todo o século XIX graças à celebríssima ária de *Romeu e Julieta*, de Zingarelli: *Ombra adorata aspetta*; ária à qual, ou ao criador da qual, farão referência diversos autores, dentre os quais Hoffmann, Stendhal e Balzac[101]. Velluti, de sua parte, criará a *Aureliano in Palmira*, de Rossini, em 1813, e *Tibaldo e Isolina*, de Morlacchi, em 1822, obra com a qual

[101]Ver, sobre esse tema, o magnífico ensaio de Jean Starobinski, que mostra como todo o século XIX foi atravessado por essa ária e assombrado pela figura do quase desaparecido *castrato*. STAROBINSKI, J. "Ombra adorata" In: *As encantatrizes*. Trad. A. V. Lessa. Rio de Janeiro: Civilização Brasileira, 2010.

alcança o auge de sua carreira. Meyerbeer o presenteou com a última partitura da história da música que exige a presença de um *castrato*: *Il Crociato in Egitto*. Dizem até que Richard Wagner haveria proposto a Mustafà, *castrato* e diretor musical da Capela Sistina até 1898, de interpretar sobre o palco o papel de Klingsor, em *Parsifal*, em 1882, projeto que não se concretizou.

Os *castrati* se mantêm, ou ainda são solicitados, na cena da ópera, mas eles já pertencem a um mundo em vias de desaparecer. A causa é conhecida: os eunucos-cantores desertarão o palco do teatro para encontrar, durante meio século, o lugar que fora o seu no início de sua história. E, a fim de sobreviver por ainda alguns anos, eles deverão encontrar o lugar do anjo, a serviço da transmissão da palavra divina. Igualmente, ao mesmo tempo em que sempre se condena vigorosamente a castração, consegue-se conter os transbordamentos e os desafios de gozo que estão ligados a ela, fazendo da voz do *castrato* um objeto menos escandalosamente oferecido aos ouvidos de todos. O gozo se encontra velado ao reintegrar o coro dos anjos. E foi somente em 1902 que o Papa Leão XIII assinou a ordem que bania os *castrati* da capela pontífice, dando um ponto final nessa aventura artística.

Os *castrati* foram, então, já no início do século XIX, enviados ao refúgio da Igreja. Contudo, é evidente que nem a busca ligada à abordagem vocal da Coisa, nem os dispositivos que a tornam possível, desapareceram. Eles encontraram, simplesmente, novos terrenos para exprimirem-se, pelo viés de tenores e sopranos; os quais se porão a cantar, ao longo do século XIX, cada vez mais alto, até atingir tessituras em que a articulação é difícil, e até impossível, encontrando mais uma vez a tensão entre texto e emissão vocal, já encontrada nos *castrati* — a ambiguidade, pelo menos.

É comovente notar que o mundo terminal dos *castrati* e o mundo apenas nascente das divas se tocaram, na duração de uma noite, em Londres, em 7 de junho de 1825. Velluti, então com 45 anos, viera apresentar a criação inglesa do *Crociato*, de Meyerbeer. Ao longo dessa noite, o *castrato* que envelhecia formou um duo com uma jovem cantora de apenas 17 anos: Maria Malibran[102]. O último representante dos *castrati* cantou, então, com aquela que ia se tornar a primeira, e, sem dúvida, a mais importante diva do século XIX. Diva que terá como tentação situar-se sob o aspecto do "toda-vocal"[103], como o *castrato* também havia sido, de certo modo. Com efeito, é espantoso constatar que a cantora interpretou, ao longo de sua muito breve carreira, papéis que necessitavam de uma tessitura indo do contralto mais grave (Fidalma em *O casamento secreto*, de Cimarosa, Tancredo, na ópera epônima de Rossini, Ársaces em *Semiramide*, do mesmo compositor) ao soprano agudo (Amina em *La Sonnambula*, de Bellini), passando pelo *mezzo* (Rosina em *O barbeiro de Sevilha*, e Desdêmona, em *Ottelo*, de Rossini). Três cantoras em uma[104]. Tudo se passa como se a jovem estrela em ascensão da arte lírica romântica houvesse tomado para si o projeto de retomar a dimensão "sem limite" que havia caracterizado a arte dos *castrati*. O que não foi sem consequência em sua voz; aliás, sua morte prematura (com 28 anos) fez Liszt dizer que ela havia, assim, sido preservada de um fim de carreira sem voz: "Malibran [...] que talvez tenha feito bem ao partir antes da hora. Quem sabe? Ela poderia muito bem ter terminado a [...] cantar desafinado como a Pasta[105]".

[102]Nota da editora: A francesa Maria Malibran (1808-1836) foi uma das mais famosas mezzo-sopranos do século XIX. Pertencente à célebre família de artistas García, a artista interpretou trabalhos de libretistas nas grandes metrópoles de sua época, nas quais conquistou o público com sua voz. Chegou ainda a compor seu próprio material. Para mais informações, acesse: https://www.nytimes.com/2008/01/06/arts/music/06gure.html?_r=2&oref=slogin. Acessado em 13/01/2020, às 14:53.

[103]Aqui, o autor se vale do termo "tout-vocal", que ressoa em "tout-puissant", que traduzimos como "onipotente". [NdT]

[104]Encontraremos essa fantasia de uma cantora "toda" em *Os contos de Hoffmann*, de Jacques Offenbach, em que uma mesma cantora deveria poder, segundo as indicações do compositor, interpretar os quatro papéis femininos, de características vocais muito diferenciadas. Seria necessário dizer que bem poucas cantoras se arriscaram? Parece que essa fantasia foi partilhada por todas as "grandes" cantoras. Talvez seja isso mesmo que faça delas "grandes" cantoras...

[105]Nota da editora: Giuditta Pasta (1797-1865) nasceu na Itália e demonstrou desde cedo aptidão para a música. Sua estreia em Londres, em 1817, não foi bem recebida, retornando ao seu país a fim de estudar incansavelmente para melhorar suas habilidades dramáticas e vocais, o que lhe rendeu, posteriormente, o aplauso do público e da crítica. Com o tempo, sua voz evoluiu de contralto para soprano, e, ao fim da vida, Pasta

Uma outra grande diva, dessa vez do século XX, Maria Callas, uma maravilhosa atriz, também terá a mesma atitude. Ela gravou para a *EMI*, em 1954[106], um recital de árias misturando a tessitura de soprano lírica (Verdi) à do soprano coloratura (Delibes, Meyerbeer). Ela chegará até a gravar, em 1964[107], o papel de Carmem escrito para uma mezzosoprano. Mais uma vez, o que parece visado, aqui, é a possibilidade de ter acesso a todos os níveis de voz: mezzosoprano, soprano, soprano coloratura... Esse desejo de "tudo" cantar terá sido igualmente fatal para sua voz: sabe-se, Maria Callas morreu prematuramente, com 54 anos, com uma voz que ela não dominava mais. Esse "tudo" (nem homem, nem mulher, nem criança, mas homem, mulher e criança ao mesmo tempo) que, paradoxalmente, a partir de uma falta, parecia caracterizar o *castrato*, permanece, então, como um dos intentos das grandes divas, que tomaram o risco de ali perder o que fazia delas *prima donna*.

Com isso, o paradoxal destino das grandes cantoras seria, então, de se fazer *á-fona*. Toda a dinâmica da história da ópera tende, aliás, para esse ponto *á*-fono, como nos deteremos agora a mostrar. Quando esse ponto visado, mas evitado durante quase três séculos, for alcançado, o gênero verá uma potente mutação: passaremos de uma criação extremamente importante a uma arte da reprise, em que ao encenador se atribuirá a responsabilidade de restituir uma voz a uma arte que a perdeu.

se dedicou a apenas ensinar e formar novas gerações de artistas. Para mais informações, acesse: https://www.madamegilflurt.com/2013/10/notable-births-giuditta-pasta.html. Acessado em 13/01/2020, às 15:04. Citado por BARBIER, P. *La Malibran*. Paris: Flammarion, 2005, p. 248.

[106]EMI 5 66458 2, *Grands Airs lyriques et coloratura*, Philharmonia Orchestra, sob regência de Tullio Serafin.

[107]EMI 5 56581 2, *Carmen*, orquestra da *Société des concerts du conservatoire*, sob regência de Georges Prêtre.

TRÊS

CIRCUITO DA PULSÃO INVOCANTE E EVOLUÇÃO DO GÊNERO ÓPERA:

Uma irresistível tensão ao grito

Se Michel Poizat mostrou notavelmente, em sua obra *L'opéra ou le cri de l'ange*, como a história da ópera estava fundada pelo combate, nunca pacificado, da palavra contra a voz, nós gostaríamos de esboçar, aqui, a localização de uma outra dinâmica, não contraditória com a precedente, mas complementar. Essa dinâmica é a da invocação e da resposta dada (ou não) a essa invocação. A ópera seria, então, compreendida como a encenação das posições que o sujeito pode tomar no circuito da invocação.

Nós já dissemos que *O Orfeu*, de Monteverdi, criado em 1607, é considerado a primeira ópera. Vejamos, agora, como ali a dinâmica da invocação já está a operar. A fábula é a seguinte: Orfeu desce aos infernos para buscar Eurídice. Para chegar lá, ele só possui uma ferramenta: seu canto. Aqui, a música é o que deve levar o deus dos Infernos a ceder à demanda de Orfeu, cujo misterioso poder se revela, muito particularmente, enquanto seu canto toma o acento da queixa, da prece, ou, em termos musicais, do *lamento*. A música se torna chamado ao Outro divino e o leva a responder. O paradigma da ópera, tal como é tomado em suas origens, desdobra-se assim: chamado do sujeito em derrelição e resposta do Outro onipotente. Esse modelo é encontrado até o fim do século XVIII. Com efeito, pode-se localizá-lo ainda em Mozart, em *A flauta mágica*, em que Tamino salva Pamina graças aos poderes da música, com a diferença de que Mozart substitui a lira de Apolo pela flauta de Dionísio. A música, para Orfeu, *acheronta movebo*[1] ("move o Aqueronte"), como Freud o fará, pela potência do significante, com esse texto inaugural que é *A interpretação dos sonhos*. Esse paradigma operístico nos mostra que a música é chamado ao Outro, e que ela leva o Outro a responder. Ele permanecerá como aquele que estruturará toda a ópera *seria*, forma maior no fim do século XVII, e ao longo do século XVIII. Essa forma, a partir de temas escolhidos (mitológicos, antigos ou maravilhosos), sendo a que mais questiona a relação do sujeito com a transcendência.

O Orfeu põe igualmente em cena a figura musical do eco, o qual alcançará uma notoriedade excepcional ao longo dos séculos XVII e XVIII. No quinto ato, após haver perdido Eurídice pela segunda vez, Orfeu canta um *lamento* no qual ocorre esse fenômeno. O eco é, aqui, a forma mínima da resposta do Outro. Conhecemos os trabalhos dos psicólogos do desenvolvimento sobre o balbucio e a ecolalia, interpretados como uma das maneiras de fazer existir o Outro para além de sua ausência. De fato, na ópera de Monteverdi, Orfeu recebe de novo uma resposta porque Apolo desce do Olimpo. O que é incorporado no eco seria uma experiência de vazio acompanhada por uma experiência de presença. O eco faz existir, *a minima*, a presença do Outro para além da experiência do vazio. O eco seria uma última

[1]*Flectere si nequeo superos, acheronta movebo* "Já que no céu nada alcanço, recorro às potências do Inferno." VIRGÍLIO *Eneida*, VII, 312. Trad. C. A. Nunes. Brasília: UnB, 1983. Epígrafe escolhida por Freud para sua obra *princeps*, datada de 1900, *A interpretação dos sonhos*. Trad. R. Zwick. Porto Alegre: L&PM, 2016.

tentativa de fazer existir o Outro, antes de ter de se confrontar com a sua ausência.

Um ano depois, em 1608, Monteverdi proporá um outro exemplo desse circuito da invocação com *Arianna.* No centro dessa obra se encontra o famoso *lamento* de Ariadne, único trecho que chegou até nós — como se o conjunto dessa ópera pudesse se reduzir a esse único momento. Rejeitada por Teseu, por quem ela traiu seu pai e perdeu seu reino, ela espera a morte em Naxos: *lasciatemi morire.* A situação de Ariadne é emblemática: ela é um sujeito privado de tudo, reduzido a uma queixa que, em última análise, revela-se modulação de um grito. Ali, ainda, essa prece será ouvida e Dionísio virá salvar Ariadne. Nós estamos, aqui, no momento em que o sujeito invocante, que se faz ouvir em um *lamento,* é não somente ouvido, mas é, além disso, confortado em sua existência. Poderíamos dizer que o Outro da ópera nascente pode responder. É um Outro com mais palavra que voz. Aliás, as intervenções do *deus ex machina* se fazem, no mais das vezes, *recto-tono*[2], como mostra o exemplo do oráculo em *Idomeneo,* de Mozart.

É realmente surpreendente constatar que, em sua criação, a ópera, enquanto visa a encontrar a tragédia antiga, cujo gosto pelas saídas fatais nós conhecemos, põe em cena, quase sistematicamente, o que se chamou de *lieto fino,* um final feliz[3]. Isso se compreende mais facilmente se consentir-se ver, na ópera, um gênero barroco surgido na dinâmica da Contrarreforma. A ópera é um gênero católico, nascido na Itália, e que põe em cena, em face da deserção da resposta do Deus do protestantismo e do jansenismo, um Outro clemente. Essa clemência do Outro se contenta, é claro, em colocar um véu pudico sobre uma figura mais aterrorizante do Outro: um Outro obscuro, sinistro e

[2]Nós encontramos, aí, a recitação já encontrada na música religiosa. Mas se, na música religiosa, a recitação introduzia voz na enunciação da lei, na ópera, a lei enunciada pelo *deus ex machina* é desprovida de todo efeito de voz. A lei, mesmo na ópera, não conseguiria enunciar-se com vocalises e outros ornamentos que lhe fariam perder toda inteligibilidade.

[3]Será preciso esperar até 1792 para que o libretista Calzabigi e o compositor Paisiello introduzam um fim trágico em sua ópera *seria Elfrida.*

imprevisível, mais próximo do Antigo Testamento que do Novo. Nessa condição, pode-se compreender melhor, além dos acasos históricos, porque Johann Sebastian Bach, que é o grande compositor protestante do início do século XVIII, nunca se dedicou à composição de óperas. Haveria uma antinomia teológica entre a ópera nascente e a relação com a divindade que se delineia com a difusão do protestantismo.

Em seus primórdios, a ópera encenaria um circuito ideal da pulsão invocante: desamparo-derrelição (em que o sujeito se abandona) — chamado (em que o sujeito tenta dispor uma última muralha à perda de si) — resposta favorável do Outro (em que o sujeito pode novamente existir). Nesse modelo ideal, o sujeito é sempre ouvido, e em consequência, pode sempre se fazer ouvir e aceder, assim, à subjetivação. Esse paradigma se encontra ainda em Mozart, no fim do século XVIII, em *Idomeneo, O Rapto do Serralho, As Bodas de Figaro, A Clemência de Tito* e, até mesmo, em certa medida, em *Don Giovanni*. O Outro que se encontra aqui é um Outro fiador da lei. No poema de Rinucci, para a *Eurídice*, de Jacopo Peri[4], Plutão, o inflexível e terrível deus dos Infernos, diz: "Mas a lei é dura, lei cravada no diamante e oposta às tuas preces, pobre amante."

Todavia, o deus é igualmente o autor da lei, o que lhe permite violá-la. A lógica da clemência, que a ópera apresenta em seus primórdios, mostra uma imagem do Outro da lei situando-se acima das leis; um Outro não barrado, uma imagem pacificada que mal dissimula uma outra faceta desse Outro caprichoso, insondável, cruel, e até ausente.

Essa figura do Outro cruel e obsceno penetrará pouco a pouco no dispositivo operístico. No século XIX, ela vai ocupar a frente da cena, para a maior infelicidade das heroínas, que morrem ou se tornam loucas. Aqui, não há mais resposta do Outro (Butterfly, Lucia, Norma, a Valquíria...), ou, se há resposta, ela é pervertida, como no caso de Tosca. Também não há mais eco, que poderia fazer existir o Outro para além de sua ausência. O único fenômeno a se aproximar é aquele que

[4]Encenada em 1600, esta obra é a primeira ópera completada da história da música.

se encontra nas árias de loucura ou de morte, em que a voz dialoga com um instrumento de sopro (uma flauta, mais frequentemente[5]). Com isso, o sujeito não recebe mais em retorno as últimas palavras que acaba de pronunciar, o que era o caso com o eco na ópera barroca, meio de prolongar a ilusão de um Outro benevolente. Tudo se passa como se, à sua invocação, não respondesse senão um eco instrumentalizado de sua fala. Não se trata de palavras, mas de uma voz revelando-se, *in fine*, não ser nada mais que a sua própria, ressoando no vazio do Outro. O Outro não é mais aquele da palavra, mas aquele da voz, com os desafios mortíferos que estão ligados a ele. Pois não somente o Outro não é mais clemente, mas ele pode, além disso, revelar-se inexistente, remetendo o sujeito a seu "pouco de ser", à sua derrelição. O chamado do sujeito não é mais ouvido, e ele arde em seu canto, identifica-se com esse objeto perdido que é a voz, com a qual ele se perde. Em seu seminário "A angústia", Lacan evoca a incorporação da voz nesses termos: "A voz, portanto, não é assimilada, mas incorporada. É isso que pode conferir-lhe uma função que serve de modelo para nosso vazio" [6].

Convém incorporar a voz enquanto alteridade do que se diz. A partir daí, poderíamos interpretar como uma melancolização, da relação com o objeto voz, a modificação extremamente importante do circuito da invocação, que surge com a ópera do século XIX.

Para descrever o mecanismo em jogo na melancolia, Freud, em "Neuroses de transferência: uma síntese", propõe que a identificação ao pai morto é a condição do mecanismo da melancolia: "o luto pelo pai primitivo emana da identificação com ele, e tal identificação provamos ser a condição do mecanismo da melancolia"[7].

Se parece que o melancólico está vivo, ele já está, entretanto, morto, na medida em que está identificado com o *Urvater* (o pai das origens).

[5]Cf. *Lucia di Lammermoor* de Gaetano Donizetti.
[6]LACAN, J. (1962-1963) *O seminário, livro 10: A angústia*. Trad. V. Ribeiro. Rio de Janeiro: Jorge Zahar Ed., 2005, p. 301, aula de 5 de junho de 1963.
[7]FREUD, S. *Neuroses de transferência: uma síntese*. Trad. A. Eksterman. Rio de Janeiro: Imago, 1987, p. 80.

Se nós seguirmos a intuição freudiana em todo seu rigor, isso implica admitir que, enquanto os assassinos, que somos, poderão — graças ao trabalho de luto — aceder às questões da sublimação, o melancólico, naquilo que lhe concerne, não conseguirá. Ele não consegue digerir o ato e não cessa de comer o pai morto, de ruminar. O melancólico endossaria o luto coletivo do pai originário, vindo testemunhar para aqueles que mais ou menos o "digeriram". Esse testemunho tomará diversas formas, mas uma das mais características é a queixa inarticulável. O melancólico se faz voz enlutada, fora das palavras. Mais morto que vivo, o melancólico está submetido a esse resto do pai originário que é a voz. Esse resto, na origem do supereu, submeterá o eu do melancólico às suas injunções mais ferozes. É, com efeito, esse pai onipotente da infância que, quando é incorporado pela criança, torna-se a instância intrapsíquica chamada supereu. Instância que se manifestará sob a forma de uma voz. O melancólico poderia, então, definir-se como aquele que, em sua relação com a voz do Outro, comemora, *ad vitam aeternam*, o momento da emergência do sujeito que, no seu caso, não pode advir. Para o melancólico, a incorporação da voz do Outro não seria pacificada pela dimensão significante. O melancólico seria o porta-voz do Outro sem nunca poder tornar-se o porta-palavra, como nos mostra a estrutura da ópera do século XIX, quando a voz se faz insignificante. Com isso, poderíamos interpretar as árias de loucura e de morte como a derrota do Outro do significante.

A voz do Outro não é mais ensurdecida pela palavra. Por consequência, ela se aproxima, cada vez mais perigosamente, do grito que, até então, fora cuidadosamente evitado. O Outro da pulsão não é mais, aqui, um Outro que pode responder (como fora anteriormente), mas um Outro ausente. Em outros termos, invocação demandada "encontra-se fora da área de serviço". Esse desaparecimento do Outro no dispositivo operístico assinará a sua morte. Com o desaparecimento do Outro interpretante, logo voltará o que estava na própria origem do surgimento do sujeito, mas que, até agora, era unicamente relembrado: a saber, o grito. Com isso, não é mais só questão de "se fazer ouvir" em uma dimensão de passivação subjetivante; trata-se, de fato, de perder-se na voz. O que parece mostrar perfeitamente a célebre cena final de *Tristão e Isolda*, de Wagner. Isolda não morre cantando; ela morre de seu próprio canto, e de sua imersão na voz. Ela se faz voz, e então, objeto perdido. Em outros termos, a identificação com a voz é a verdadeira causa de sua morte. Assim, com a aparição do grito no palco, delineia-se o fim do gênero ópera.

A APARIÇÃO DO GRITO E A MORTE DA ÓPERA

É realmente fascinante poder circunscrever o gênero ópera entre o momento de seu nascimento e o de sua morte. Essa morte é datada de modo diverso, mas, para o que nos concerne, nós a situaremos em 1937, época na qual foi representada pela primeira vez a obra intitulada *Lulu*, de Alban Berg. É preciso notar, primeiramente, que essa obra permanecerá incompleta durante muito tempo[8]: como se a voz devesse, para todo o sempre, permanecer em suspenso[9]. O que parece caracterizar essa obra é a presença, em seu centro, de uma figura feminina enigmática, falando pouco e situando-se no registro da demanda, mas nunca da invocação[10].

É importante, para poder compreender a especificidade dessa posição invocante adotada pelo sujeito, destacar a diferença essencial que separa a demanda da invocação. Na demanda, o sujeito está em uma posição de dependência absoluta em relação ao Outro, a quem ele empresta o poder de atendê-lo ou não. A demanda é, aqui, compreendida como uma exigência absoluta que se submete ao Outro, a fim de

[8]A ópera de Berg, em sua versão finalizada por Friedrich Cerha, só foi representada em 1979, na ópera de Paris, sob a direção musical de Pierre Boulez e com o encenador Patrice Chéreau.

[9]Uma outra ópera importante da Escola vienense dessa época, *Moisés e Aarão*, de Schoenberg, também permaneceu inacabada e se conclui com a exclamação de Moisés "Ó, palavra, palavra, tu que me faltas!..." Essa interrupção da ópera materializa a verdade que Moisés acaba de descobrir: essa falta, esse furo no próprio coração da linguagem, que a humanidade tenta preencher com, entre outras coisas, a figura do Deus-verbo. Essa hiância com a natureza áfona (Deus é silêncio), fazendo com que nada mais possa ser dito (a ópera não pode senão ficar nesse lugar).

[10]É difícil imaginar um *lamento* de Lulu!

que ele se manifeste aqui e agora. Ao contrário, o sujeito invocante é subtraído dessa dependência, pois não se trata mais, aqui, de uma demanda endereçada a um outro que estaria ali, mas de uma invocação supondo que uma alteridade possa advir de onde o sujeito, pura possibilidade, seria chamado a tornar-se.

Vejamos, agora, como essa ópera assinala o desaparecimento da invocação, e com ele, o desaparecimento do gênero.

Lulu, contrariamente à sua reputação, não é uma sedutora. Ela nunca vai em busca dos homens, diferentemente de Carmem, por exemplo. São sempre eles que vêm até ela. Em face dos outros, ela parece situar-se fora da dinâmica invocante. Ela se deixa desejar, mas não manifesta desejo. Essa posição particular da heroína, no circuito da invocação, conduzirá a ópera àquilo que, até então, havia sido cuidadosamente mantido à distância: o grito, o terrível grito de morte que profere Lulu sob a faca de Jack, o Estripador. E mesmo que o grito seja proferido fora de cena, dos bastidores, e recoberto imediatamente por um *fortíssimo* da orquestra, sua obscenidade vai assinalar a pena de morte do gênero ópera. Com *Lulu,* Alban Berg revela que a voz está sempre suscetível de retornar ao estado de grito. Ela revela que o sublime *lamento* dos primórdios da ópera pode ser compreendido, pela introdução da resposta do Outro, como a formalização desse grito primeiro. É nesse grito (pelo próprio fato de ser expulso), bem como na resposta interpretativa que o Outro pudera fornecer, que o sujeito tivera de extrair sua origem.

Esse grito, uma vez presentificado e não mais relembrado (como fizera até então o dispositivo operístico), parece tornar o dispositivo caduco. De fato, a ópera não é mais esse lugar pacificador, em que o sujeito em derrelição pode "se fazer ouvir" tornando-se surdo para a voz arcaica, mas o lugar em que a voz e o grito, que é sua manifestação mais extrema, tornam-se ensurdecedores. A ópera se faz *á*-fona. Ela é, então, vivida como um gênero morto, fadado à repetição. Como o é o neurótico traumático. O trauma ligado à aparição do grito não conduz à busca de novas formas, mas à reedição do que já existiu. Donde esse encantamento atual pela ressurreição de obras datando das origens do gênero, nos tempos "afortunados", em que a ópera ainda encenava o processo de subjetivação do sujeito barroco.

Após haver-se chocado, em *Lulu*, de Alban Berg, com a voz tornada grito, a música contemporânea se encontra, doravante, assombrada por uma voz desarrimada cujo sentido não se encontra mais nas palavras. Esse retorno ao grito se inscreve em uma dimensão de perda do lirismo. Nós já definimos o lirismo como representando todo fenômeno que vem afetar um enunciado significante (pelo fato, por exemplo, da introdução de uma temporalidade da enunciação, estrangeira à da enunciação natural) ou perturbar a articulação com uma altura melódica incompatível com a articulação de certos fonemas. E em consequência, a voz cessa de ser transparente sob o sentido e se encontra reintroduzida por si mesma. Para que esse efeito de lirismo exista, é preciso que a voz permaneça em tensão com a cadeia significante. É essa tensão que vai se ver afrouxada a partir dos anos 1950. A voz se autonomiza da cadeia significante. Pouco a pouco, é a questão do timbre que vai invadir a criação. Timbre que se pode definir como o real da voz[11]. A voz, desconectada de sua dimensão invocante, não encontra mais o seu verdadeiro lugar. Trata-se de encontrar o corpo e, por isso, de assumir a respiração, em oposição ao som puro, em vigor em toda a música vocal dos séculos XVII, XVIII, XIX e em uma parte do XX. O som puro é, por isso, sentido como uma mentira, uma impostura, e o compositor não o emprega senão com um objetivo citacional, e até paródico, para obter um efeito particular. O compositor contemporâneo tende menos a explorar uma voz que os resíduos de uma voz. Abalado pelo real do corpo que se manifesta nas menos "belas" produções vocais, revelando a autonomização da voz — em oposição à articulação da voz, pela qual se constituíra o projeto operístico pré-contemporâneo —, o canto assume o grito. A voz contemporânea é uma voz que entra em abstinência quanto ao lirismo, mas que, apesar

[11]VIVES, J.-M, RAUFAST, L. "Les dits-mensions de la voix: pour une approche psychanalytique du phénomène musical". In: *Prétentaine*, n°18-19, p.69-84, 2005.

disso, não recai na barbárie, como disse Marie-France Castarède[12]. O efeito de lirismo, que havia fundamentado toda a história da ópera e que implicava a existência de um Outro — com sua não existência inclusa — vindo dar um sentido, pelo viés de uma interpretação, à modulação do grito (o que representa precisamente o canto), vê-se substituído por uma relação com um Outro não clivado, mas barrado. A relação vocal pós-operística levanta menos a questão do desejo do Outro do que, em uma defasagem radical, a de um sujeito cuja voz, soltando as exclusivas amarras do significante, aparece na nudez do que ela sempre foi: um objeto perdido.

Com isso, o sujeito contemporâneo não esperaria mais receber a voz unicamente do Outro, pois ele se encontraria na situação do bebê no início de seu desenvolvimento: constituir-se como voz para ir bater ao ouvido do Outro e buscar sua resposta. É esse "se fazer voz", tempo anterior ao "se fazer ouvir", característico do circuito da pulsão invocante, que a música contemporânea relembra. Como nos lembra Freud, em "Projeto para uma psicologia científica", o "se fazer voz" ou "se fazer grito" é, então, constitutivo da realidade; porém não, ao menos em um primeiro tempo, do Outro, o qual, de sua parte, aparecerá somente com a resposta que poderá fornecer ao grito. A voz contemporânea não é em nada, então, uma voz bárbara; é uma voz da emergência, uma voz do sujeito em constituição, que não seria somente concernida pelo princípio do prazer, mas, igualmente, por seu mais além.

Mesmo que óperas importantes tenham sido criadas após *Lulu* — longe de nós ignorar Nono, Dallapiccola, Zimmermann, Berio ou Hersant —, o gênero foi condenado, em grande parte, à retomada e à repetição. A ópera, hoje, tornou-se uma arte que sempre mobiliza de modo considerável, mas que se inscreve, todavia, em uma cultura cuja mumificação começou no início do século XX. De fato, os espectadores dos séculos XVII, XVIII, XIX e do início do XX assistiam essencialmente a criações contemporâneas, com as reapresentações sendo

[12]CASTARÈDE, M.-F. *La voix et ses sortilèges*. Paris: Les Belles Letres, 1987, p. 190-194.

extremamente marginais[13]. Ora, hoje a arte lírica é principalmente uma arte de reapresentação. A ópera enquanto gênero cujo modo de existência consistiria em criar-se por si mesma não existe mais. Ela não vive, mas sobrevive. E com qual luxo! A ópera sobrevive dando origem a muito pouca novidade (basta, para se convencer disso, olhar os programas de grandes teatros e festivais líricos internacionais...); ela sobrevive apoiando-se no musicólogo, que vai fazer surgir partituras esquecidas (reminiscências de um passado não ultrapassado), e no diretor, cuja emergência é estritamente contemporânea do declínio da ópera. É menos a tentativa de resolver as relações conflitantes e, entretanto, necessárias, entre voz e fala (conflito tendo atravessado toda a história da ópera, desde o *parlar cantando* de Monteverdi até o *Sprechgesang*, de Schoenberg) que a questão da "recriação", que opera hoje a ópera. Pode tratar-se de "recriações" de obras esquecidas (como denota o sucesso encontrado pela retomada de obras ligadas à estrutura social de sua época, como as tragédias líricas de Lully) ou de "recriações" fundadas na interpretação pessoal que um diretor propõe de obras do repertório (conduzindo os espectadores a falar mais do *Don Giovanni* de Joseph Losey, Patrice Chéreau, Peter Sellars ou Giorgio Strehler, do que do de Mozart).

O apagamento da criação musical cedeu, pouco a pouco, o lugar a esse novo personagem, encarregado de revisitar as obras do passado. A dinâmica invocante e, então, desejante, tendo enfraquecido, é o desejo do encenador que se imporá: a "recriação" teatral sucedendo à criação musical. Lá onde os desafios de gozo, ligados à abordagem do grito, sempre diferido, não são mais sustentáveis — já que reveladas cruamente —, são as questões de sentido que vão tomar conta e permitir que o gênero sobreviva. É ao encenador, doravante, que essencialmente será concedido o papel de dar voz novamente a um gênero que

[13]A respeito disso, uma simples contagem é eloquente: em Viena, o *Cosi Fan Tutte*, de Mozart, foi representado dez vezes em um período de cento e trinta anos — entre 1790 (data de sua criação, em Viena) e 1920; e igualmente dez vezes entre 1928 e 1989 (ou seja, em um período de sessenta e um anos).

a perdeu. Essa prática será estreada por um personagem bem conhecido dos psicanalistas, mesmo que a maioria ignore seu nome: Herbert Graf, ou seja, o "pequeno Hans", no texto freudiano[14].

A *a*-fonia da ópera será tratada por aquele que é menos solicitado por desafios de gozo do que por questões de sentido. Essa prática é igualmente aquela que interroga a articulação, no seio do dispositivo operístico, da pulsão invocante e escópica, da voz e do olhar. Não é nesse campo, estritamente falando, que nós nos deteremos a estudar essa questão, mas a partir do feminino. Feminino cuja importância para a ópera nós conhecemos.

[14]VIVES, J.-M. "Sobre o episódio fóbico do pequeno Hans ao tornar-se diretor da ópera ou a arte de acomodar os restos enigmáticos de um tratamento". In: VIVES, J-M. *A voz na clínica psicanalítica*. Rio de Janeiro: Editora Contra Capa, 2012, p. 64-80.

QUATRO

O FEMININO SOB O RISCO DA VOZ

No século XIX, a voz solicitada pelos compositores não será mais a do anjo músico, tornado herói, mas a da mulher[1] consumindo-se no palco da ópera, voz em excesso em relação à lei. Voz que se trata, em consequência, de reduzir pelo domínio da palavra ou pela morte. É, com efeito, uma banalidade dizer que a ópera associa regularmente o feminino e a morte. A mulher, quando dá a voz, sobretudo se é soprano, inscreve-se perigosamente no campo da morte e, regularmente, encontra-se sacrificada no altar do *bel canto*[2].

Ela, contudo, é divina quando canta no palco da ópera; mas, na morte, seu canto se eleva ao agudo, sua voz tateia o grito e, por vezes,

[1]Os cachês totalmente excepcionais que serão pagos à Malibran encontram equivalentes somente nas somas loucas que os teatros estavam prontos para pagar, no século anterior, para contratar um grande *castrato*. O San Carlo, de Nápoles, propôs a Maria Malibran quatro apresentações, com 2000 francos pagos para cada uma; Londres chegará a pagar até 3300 francos, e Frederico Guilherme IV da Prússia aceitará desembolsar a soma de 13000 francos para três apresentações... Os cantores masculinos, mesmo que muito conhecidos, nunca serão tão bem pagos. Isso mostra que a diva sucedeu ao *castrato*, e que esse tipo de voz se tornou indispensável para o gozo do amante.

[2]O papel mais frequentemente interpretado por Maria Malibran foi o de Desdêmona, em *Otello*, de Rossini, em que se vê a esposa, injustamente suspeitada, ser assassinada por seu esposo, o Mouro de Veneza.

o alcança. Grito de morte, mas também, de gozo. É aí que se amarram, a partir da questão do fora do sentido, introduzida pelo grito, os temas da voz, da mulher e da morte. Para o ouvinte, a relação com a materialidade da voz, enquanto ela se libera o máximo possível do domínio da significação, torna-se, então, gozo. Gozo que será frequentemente acompanhado por frisson, por lágrimas, pelo abandono de si, por agradáveis sofrimentos e por dores saborosas.

Pode-se, assim, revelar, ao longo da história da ópera, a presença de uma tensão entre sentido (lugar da fala submetida à lei do significante) e fora do sentido (lugar da voz em seus estados extremos). Essa tensão visa à dissolução do sentido, sem nunca a realizar totalmente. É porque uma das particularidades da voz aguda é a de abolir — a partir de uma certa altura — a articulação significante, permitindo assim a disjunção da fala e da materialidade vocal, que ela foi, ao longo da história da arte lírica, objeto de tão grande interesse.

A voz feminina, como anteriormente a do *castrato*, é aqui solicitada porque ela permite aproximar, assintoticamente, esse ponto em que o vocalise, tateando o grito, dissolve o sentido e permite expectar a emergência do gozo, no qual a incompletude do sujeito poderia, finalmente, dissolver-se.

Torna-se possível, então, compreender por que as mulheres morrem tanto na ópera e por que sua morte é tão deliciosamente barulhenta. Com efeito, para uma Mélisande ou uma Mimi, morrendo em silêncio, quantas Violettas, Didos, Eurídices, Ariadnes, Julietas, Mireilles, Desdêmonas, Gildas, Isoldas, Lulus, Marias... morrem a plenos pulmões? Elas morrem menos porque a ópera, como afirmou Catherine Clément[3], seria o lugar machista da derrota das mulheres, do que em razão da situação de agonia, em sua expressão vocal, a qual permite a aproximação desse ponto fora do sentido em que se esboça o grito. E, talvez, uma vez que esse gozo é aproximado, pelo viés da diva, não resta nada a fazer senão eliminar aquela que foi o seu suporte. Tal como

[3]CLÉMENT, C. *A ópera ou a derrota das mulheres.* Rio de Janeiro: Rocco, 1993.

o prazer não causa problemas, o gozo é vivido como perigoso porque visa a um lugar fora da lei. Ao longo da História, os aparelhos de censura nunca se direcionaram ao prazer que faz cócegas no eu, e sim ao gozo que inflama o sujeito, com o risco de colocá-lo em perigo — ele e o grupo ao qual pertence.

O exemplo de Salomé, estudado no subcapítulo a seguir, é sem dúvida, a esse respeito, um dos mais esclarecedores que se pode encontrar na história da arte lírica.

CANTAR A PLENOS PULMÕES[4]

Em 1915, Richard Strauss compõe sua primeira obra-prima em um libreto retirado de uma peça de Oscar Wilde. Valendo-se de um célebre episódio bíblico[5], Wilde se detém em descrever as relações conturbadas que unem os protagonistas. Salomé, filha de Herodias — esposa de Herodes — ouve a voz de Yochanan (João Batista), que foi preso sob ordens do rei. Ela pede para vê-lo. O profeta é retirado de seu calabouço. Salomé tenta seduzi-lo, enquanto ele profere invectivas contra todos os depravados. Ela tenta beijar Yochanan, que a maldiz e volta para sua cela. Herodes encontra Salomé no terraço e, repleto de desejos por ela, faz-lhe inúmeras propostas, todas recusadas. Yochanan se põe a rezar novamente, em sua cisterna, e insulta Herodias. Esta propõe a Herodes que se livre dele, mas o soberano teme que o profeta seja realmente um enviado de Deus. Herodes, para se acalmar, pede a Salomé que dance para ele. Diante das recusas reiteradas da princesa, Herodes promete dar-lhe tudo que ela pedir. Salomé acata, então, e se projeta em uma dança em que ela termina nua, após ter retirado, um a um, seus sete véus. Chegado o momento, Herodes lhe pergunta o que ela deseja: "A cabeça de Yochanan", responde a moça. Horrorizado, Herodes tenta em vão fazê-la mudar de ideia, mas a moça permanece

[4]O termo "à tue-tête", traduzido como "cortante", denota um som de volume elevado. O autor se vale desse termo, contudo, para remeter à decapitação presente na história de Salomé. Em português, um som cortante é um som estridente, agudo, ruidoso. [NdT]
[5]*Matheus*, XIV, 3-11; *Marcos*, VI, 17-29.

inflexível. A contragosto, ele acata e faz levar a Salomé a cabeça do profeta em uma bandeja de prata. No fim da ópera, Salomé toma a cabeça de Yochanan e esbraveja: "Ah! Tu não quiseste me deixar beijar a tua boca. Muito bem, eu a beijarei agora! Eu a morderei com meus dentes."

Salomé canta, então, durante mais de onze minutos na parte alta de sua tessitura, nos limites do grito, sustentada por uma orquestra desencadeada. O horror está no fim do caminho traçado por Salomé: é o gozo desse real que é o retalho de carne morta. Diante desse espetáculo de gozo fora dos limites, que é sustentado pelo fora do sentido que constitui o grito, visado pela escrita vocal straussiana, uma única saída é possível: "Matem essa mulher!", diz Herodes. Ele não diz: "Matem Salomé", mas sim: "Matem essa mulher." É a mulher, e não Salomé, tomada na rede dos sistemas de parentesco, que Herodes demanda que matem sob os escudos. O modo de execução por estrangulamento não parece, aliás, ter sido escolhido ao acaso. Com efeito, por que não a aprisionar ou atravessá-la com uma lança? É porque a questão, para Herodes, é fazer calar essa voz desencadeada, voz em excesso em relação à lei, voz do gozo. Voz fascinante porque é inaudita, mas insustentável porque é inaudível. Compreende-se facilmente que Herodes, vendo escapar Salomé, de quem esperava o gozo, não pode suportar o seu gozo desenfreado, do qual ele não está somente excluído, mas que parece, além disso, não possuir nenhum limite.

Essa associação da voz feminina e do gozo fora da lei se esclarece se lembrarmos, seguindo Lacan, que a mulher é um dos nomes do pai — não o "Nome-do-Pai", mas "um dos nomes do pai". Em outros termos, se a feminilidade, como propõe Lacan, seguindo Joan Riviere, é uma mascarada, quando se arranca a máscara, depara-se com a figura do pai primitivo, agente de um poder pré-simbólico, não atado pela lei da castração. A figura fantasmática da mulher, onipresente no palco da ópera, seria então uma espécie de retorno do recalcado do "pai-o-gozo", e o que retornaria na ária da cantora, no momento de sua morte, seria o estertor do pai que goza. É, então, contra essa figura obscena — que o melômano percebe além da voz da cantora — que a lei do significante defende o sujeito, definindo o objeto voz como perdido. O sujeito precisará somente pôr-se em busca deste, na esperança de poder um dia reencontrá-lo. É o que faz o "liricômano" (e não o "liricófilo"), o qual, como o melômano, guarda uma fração de loucura ao percorrer o mundo, frequentemente às custas de enormes sacrifícios, em busca de um momento em que, ao longo de uma apresentação, ele se aproximaria da Coisa sob sua forma musical.

O FEMININO:
Entre olhar e invocação

A questão do feminino é, desde Freud e a inveja do pênis[6], abordada essencialmente a partir da questão da dimensão visual. Sem dúvida, essa dimensão é a mais visível: a mascarada feminina, resposta à ausência de pênis, desdobrando-se preferencialmente no campo escópico. Todavia, gostaríamos de demostrar que a dimensão invocante é igualmente necessária para tratar a questão do feminino. Essa questão nos permitirá dar conta das modalidades específicas de articulação que podem existir entre o olhar e a invocação, o que mais uma vez o dispositivo operístico ajudará a precisar.

No seminário 11, dedicado aos quatro conceitos fundamentais da psicanálise, Jacques Lacan propõe:

> pode-se dizer [...] que o ideal viril e o ideal feminino são figurados no psiquismo por outra coisa que não essa oposição atividade-passividade [...] Eles saem propriamente de um termo [...] com que uma psicanalista rotulou a atitude sexual feminina — é a mascarada. A mascarada não é o que entra em jogo na ostentação necessária, no nível dos animais, ao acasalamento, bem como o enfeite se revela aí, geralmente, do lado do

[6]FREUD, S. (1925) Algumas consequências psíquicas da diferença anatômica entre os sexos. In: FREUD, S. *Obras completas, volume 16: O eu e o id, "autobiografia" e outros textos (1923-1925).* Tradução de Paulo César de Souza. São Paulo: Companhia das Letras, 2011, p. 291-296.

> macho. A mascarada tem um outro sentido no domínio humano, é precisamente de funcionar no nível não mais imaginário, mas simbólico.[7]

É a uma psicanalista inglesa, Joan Riviere, que se deve o que poderia passar, à primeira vista, como uma provocação masculina: a articulação da feminilidade e da mascarada. Em seu texto de 1929 "A feminilidade enquanto mascarada", ela escreve:

> O leitor poderá agora perguntar como defino a feminilidade, ou onde traço a linha divisória entre a feminilidade genuína e a "máscara". Minha sugestão é, entretanto, a de que não existe essa diferença: quer radical ou superficial, elas são a mesma coisa.[8]

Lacan retoma a tese. Para ele, igualmente, o que é apresentado como sistema de defesa seria a atitude feminina por excelência. Já que o sexo feminino parece ser nada, a mulher vai criar um parecer que se substitui ao ter, e isso para mascarar a falta. A mascarada seria, então, compreendida como a organização inconsciente de um *trompe-l'oeil*. Trata-se, então, do conjunto das características que dão a ver uma ilusão e permitem, ao mesmo tempo, manter a ilusão, na mulher mascarada, da existência em si de uma essência feminina, ao mesmo tempo em que esconde a falta. É importante, aqui, definir o que nós compreendemos por *trompe-l'oeil*, pois nós nos absteremos, na utilização desse termo oriundo da pintura, de associar o feminino à imagem e pouco a pouco, ao imaginário... Lacan lembra muito claramente, aliás: a mascarada age no nível do simbólico, esse registro da falta e da substituição, e não no nível do imaginário, que se situaria mais no âmbito do logro preenchedor. O *trompe-l'oeil*, bem como nos mostra a história

[7]LACAN, J. (1963-1964) *O seminário: livro 11. Os quatro conceitos fundamentais da psicanálise*. Trad. M.D. Magno. Rio de Janeiro: Jorge Zahar Ed., 1988, p. 182-183, aula de 20 de maio de 1964.
[8]RIVIERE, J. "A feminilidade como máscara" Trad. A. C. Carvalho, E. Carvalho. *Psyche (São Paulo)* [online]. 2005, vol.9, n.16 [citado 2019-11-22], p. 13-24. Disponível em: <http://pepsic.bvsalud.org/scielo.php?script=sci_arttext&pid=S141511382005000200002&lng=pt&nrm=iso>. ISSN 1415-1138.

da arte, e mais particularmente o período barroco, que dele fará uso e abuso, é ao mesmo tempo a glorificação e a morte do objeto. Sob a máscara da opulência barroca e do triunfo do semblante da representação, aparece uma estratégia da desilusão, vindo interrogar as relações da representação com o real. Ao excesso da presença da imagem, ao preenchimento do olhar e do movimento, associa-se a fuga apaixonada, o esvaziamento das consistências nos espaços vaporosos, nas dobras do vestido em que o objeto perde seus contornos, em que o próprio olhar se perde. Fazendo proliferar os signos na vertigem do sentido perdido, o barroco constrói uma mimética do nada. Ele cria um vazio por excesso de imagens e engendra o "desfazer" do ego (*deshacimiento*), descrito por João da Cruz. Essa ausência, esse vazio em torno do qual se organiza o trabalho da representação da mascarada feminina, seria a da ausência de pênis, a qual remeteria, mais primitivamente, à ausência do objeto primeiro: a Coisa. O *trompe-l'oeil* feminino seria, então, a revelação humorística do impossível enquanto tal: ele manifesta no jogo representativo o que a própria representação está encarregada de dissimular, a saber, o real da falta.

O *trompe-l'oeil*, nessa tensão entre evoção e reevocação da castração feminina, estaria situado do lado da falta e de sua possível formalização. A mascarada feminina não seria em nada uma estratégia de aparência perversa, mas se aproximaria mais da sublimação, tentando elevar "a ausência de objeto à dignidade da Coisa". Reconheceremos, aí, uma paráfrase da célebre fórmula lacaniana, modificada no sentido de que, na atitude feminina, trata-se de dar forma não ao objeto, mas à sua ausência. Não para negá-la — como eventualmente na perversão —, mas para não se abandonar a ela, e para que essa falta, destacada e mascarada pela estratégia feminina, possa constituir-se como objeto do desejo para o Outro. O feminino seria uma construção que, em sua forma acabada, constituiria uma obra tendendo a tornar a Coisa, ao mesmo tempo, presente e ausente, ao que tende, também, toda obra de arte. A arte, como a mascarada feminina, permitiria captar a beleza em um artifício. Com efeito, a sublimação consiste em visar à Coisa por meio do objeto. O processo de criação se efetua a partir de nada e em torno de um nada. A arte se caracterizaria, nos diz Lacan, por uma organização histérica em torno desse vazio[9].

Quer isso dizer, mais uma vez, que o feminino teria a ver com a histeria? Sim, em parte. Essa questão do trançado da arte com o artifício se encontra, igualmente, por meio da necessária (pois vital) beleza feminina. Beleza feminina que não reside no inventário de seus atributos, mas, ao contrário, no espaço indizível que se desenha entre os atributos. A beleza se situa nesse ponto intangível, constituído nela como Coisa, uma beleza fundada no ponto fora da representação que constitui a mulher como lugar da Coisa. A beleza seria, ao mesmo tempo, o que há em uma mulher de mais exterior e, contudo, de mais íntimo: é um véu que a designa no exterior de lá onde ela está. Nós encontramos, aqui, o que Lacan analisa como sendo "esse lugar central, essa exterioridade íntima, essa extimidade, que é a Coisa"[10].

Essa dimensão êxtima do feminino permite compreender um elemento particularmente importante: a máscara não esconde nada, ou melhor, esconde o nada. Assim, uma mulher seria simultaneamente uma representação, um espetáculo, uma imagem que visa a fascinar, a atrair o olhar, e um enigma, o irrepresentável, visando a destituir o olhar. Um dos exemplos poderia ser a arte primorosa com a qual as mulheres, ao longo dos tempos, apresentaram seios seminus e realçados, o que serve para que mostrem o que não têm (um pênis) ostentando outra coisa. A mascarada feminina seria uma estratégia barroca, o que nos levaria a situá-la menos do lado do eu, como faz o discurso popular, que do lado do sujeito. Poderíamos até dizer, paradoxalmente, que uma mulher, com esse trabalho, torna-se o sujeito por excelência. É precisamente na medida em que ela se caracteriza por uma "mascarada" — os traços que a definem sendo artificialmente supostos, que seja pelos outros ou por ela mesma — que ela pode, por vezes, revelar-se mais sujeito que o homem. Com efeito, o que particulariza o sujeito

[9]LACAN, J. *O seminário, livro 7: A ética da psicanálise*. Rio de Janeiro: Jorge Zahar Ed., 2008, p. 158, aula de 27 de janeiro de 1960.
[10]*Ibid.* p. 169, aula de 3 de fevereiro de 1960.

é, em definitivo, essa contingência radical e essa dimensão artificial de cada um de seus traços positivos, ou seja, o fato de que "ela" seja, em si, um puro vazio, que não pode identificar-se com nenhum de seus traços. Lacan o havia bem destacado situando a mascarada feminina do lado do simbólico e a exibição masculina do lado do imaginário. Poderíamos dizer que as mulheres não creem totalmente no falo, que elas veem por meio de sua presença fascinante. O homem, com efeito, não conseguiria escapar da tensão entre o que lhe parece que o outro (a mulher ou o ambiente social em geral) espera dele (ser um homem, um verdadeiro, um macho) e o que ele é efetivamente em si mesmo (fraco, pouco seguro de si...). Não experimentamos a imagem do macho como uma mascarada, mas como uma vã e tocante tentativa de se aproximar de um ideal inacessível. Por trás da imagem do homem, por trás de sua exibição, não se esboça nenhum segredo, enquanto a ficção feminina, por sua vez, apresenta-se como a máscara que dissimularia a essência da mulher. Dito de outro modo, contrariamente ao homem, que tenta corajosamente, mas em vão, alçar-se à altura de sua imagem, dar a impressão de ser o que ele diz ser, o sujeito feminino engana pela própria enganação do *trompe-l'oeil* proposto, que apresenta como tal. A máscara é um deles. O objetivo, aqui, não é ser o falo, mas parecer ser.

Em seu texto de 1958, "A significação do falo", Lacan situa, de modo fecundo, essa questão do ser e do ter a partir da questão do parecer, o que esclarece a questão da mascarada feminina:

> atendo-nos à função do falo, podemos apontar as estruturas a que serão submetidas as relações entre os sexos. Digamos que essas relações girarão em torno de um ser e de um ter que, por se reportarem a um significante, o falo, têm o efeito contrário de, por um lado, dar realidade ao sujeito nesse significante e, por outro, irrealizar as relações a serem significadas. E isso pela intervenção de um parecer que substitui o ter, para, de um lado, protegê-lo e, de outro, mascarar sua falta no outro.[11]

[11]LACAN, J. "A significação do falo". In: LACAN, J. *Escritos*. Trad. V. Ribeiro. Rio de Janeiro: Jorge Zahar Ed., 1998, p. 701.

A posição lacaniana, nesse texto, parece clara; a mulher, contrariamente ao que pôde ser afirmado, não é o falo, mas parece sê-lo. Essa assemelhação, que é a própria questão da feminilidade como mascarada, indica que o que dissimula a máscara feminina não é, diretamente, o falo, mas antes, o fato de que por trás da máscara não há nada. É por esse motivo que Lacan afirma que a mulher quer ser amada por aquilo que ela não é. Contrariamente ao homem, que quer ser amado por aquilo que crê verdadeiramente ser, como nos mostra o roteiro, infinitamente repetido, dos contos de fada às obras teatrais de Marivaux, em que o príncipe se apresenta àquela que ama travestido de homem comum, para estar certo de que ela será enlevada por ele mesmo, e não por seu título ou por sua fortuna. De sua parte, a mascarada feminina destaca que o sujeito é uma função, e não um lugar. E também as mulheres não querem ser tomadas por elas mesmas. "Eu não sou a mulher que tu pensas que sou!" poderia ser, além da recusa, falsamente ofendida, da oferta sexual masculina, a fórmula que resume a estratégia do feminino. Poderíamos propor que o processo da feminilidade se resume em um: "Lá onde eu não tenho, eu devo advir." Essa injunção, à qual devem submeter-se as mulheres, não é facilmente acessível para o homem, que muito cedo confundiu falo e pênis.

Há, certamente, igualdade entre o menino e a menina diante da falta simbólica. Apesar disso, como Freud observava em seu texto de 1925, "Algumas consequências psíquicas da distinção anatômica entre os sexos", a descoberta da ausência do pênis no corpo feminino vai orientar dois destinos psíquicos divergentes: se o menino reage com a angústia, de outro modo ocorre com a menina, a qual, já no primeiro olhar, viu, soube que ela não o tem e quer tê-lo. Para o menino, a encarnação enganosa do falo se dará no pênis, que ele será frequentemente levado a superestimar, fazendo dele o signo de sua completude. O logro da exibição masculina vindo, aqui, opor-se ao *trompe-l'oeil* da mascarada feminina. Ao não ser possível essa centralização na menina, é seu corpo inteiro que se encontrará investido.

A diferença das brincadeiras, que se pode observar nas crianças dos dois sexos, parece ser uma clara ilustração disso: de um lado, jogar bola, para o menino, do outro, pular corda, para a menina. Os meninos correm atrás de um objeto desejado de que se trata de alcançar e dominar pelo intermédio de uma parte do corpo; enquanto a menina se lança ao ar, é todo seu corpo que se distancia do chão, sobre o qual ela parece quicar. A oposição dessas duas práticas nos mostra que o que se pratica, para a menina, é uma relação com o corpo que tende, em sua totalidade, se fazer leve, aéreo [*aérien*], *a* e *nada* [*a* et *rien*][12], poderíamos escrever. O destino sublimatório dessa atitude feminina será a dança, em que o corpo se liberta do peso, e o destino psicopatológico, o apagamento da dimensão do corpo na anorexia. É a imagem, a mascarada, para retomar mais uma vez o termo de Joan Riviere, que lhe dará o peso que parece por vezes faltar.

Vejamos, agora, de que modo a mascarada feminina, para além da dimensão do olhar que ela implica, remete igualmente, e de maneira essencial, à noção de invocação.

A INVOCAÇÃO FEMININA

Em sua relação com o outro, a mascarada feminina implica, de maneira evidente, o olhar; porém, ela o excede por ser, igualmente, um chamado, articulando o feminino de maneira específica com a dimensão da invocação. Com efeito, oferecendo-se ao olhar como ela o faz, a menina convida o Outro a um encontro e a uma resposta[13]. Invocação que, enquanto é vivida como não acatada, parece, no campo do feminino, tomar uma forma singular, já encontrada anteriormente, e que propomos nomear *lamento*. Com efeito, a mascarada feminina não se dá sem dor. Pois se, graças a ela, uma mulher pode amar-se e incitar o outro a amá-la por inteiro, ela comporta, também, um perigo ao

[12]Aqui, o autor se vale de uma homofonia irreprodutível em português. Da palavra "aérien", ele extrai "a et rien" [a e nada]. [NdT]

[13]O belíssimo romance biográfico de Marilyn Monroe, de Joyce Carol Oates, descreve com muita precisão e sensibilidade clínica o sofrimento de uma mulher que se vê reduzida ao papel da encantadora loira idiota, e cujo chamado silencioso, além da imagem, não é ouvido. Ver OATES, J. C. *Blonde*. Trad. L. A. Aguiar. São Paulo: Globo, 2003.

qual ela é particularmente sensível: a perda do amor. Pois ser abandonada significa perder tudo e ser mandada para o nada, para o "nada ser". A ópera, mais uma vez, evidenciou perfeitamente a dissimetria da posição feminina e masculina em face do amor e de sua perda. "Se me deixares, eu te mato", diz Don José a Carmen, em 1875. Ao que Lady Butterfly responde, nove anos mais tarde, em Pinkerton: "Se me deixares, eu me mato." O homem deixado mata o objeto, a mulher abandonada se faz objeto perdido. Aliás, nos romances populares do século XIX, as meninas seduzidas e abandonadas não se tornam meninas perdidas?

O abandono, a insuficiência da máscara, desvela no horizonte um risco mortal para o sujeito feminino. Algumas se suicidam quando não podem mais causar ilusão. Pois o único recurso para reconhecer--se mulher é, frequentemente, a expressão do desejo do outro; daí essa dependência do parceiro e esse desmoronamento, tão frequentemente constatado, quando o desejo deste não está mais em curso. O próprio da feminilidade é não poder ser reconhecida senão por um outro. Em face do espelho, uma mulher poderá se achar bela ou feia, mas nunca nenhum signo objetivo poderá vir assegurá-la. O homem é o único que pode dizer se ela possui, ou não, o que ele deseja nela. A menos que esse papel seja atribuído à rival, de quem ela inveja a feminilidade, tornando-a desejável. Aparece, então, a questão: "Mas o que ela tem que eu não tenho?" Não poderíamos dizer melhor que isso... Nós sabemos, "o amor é filho da boemia, ele nunca teve lei"[14], e essa dimensão não dominada e indominável do desejo confronta o sujeito feminino com a figura de um Outro caprichoso e inconstante. Constituir-se enquanto objeto do desejo do Outro o leva aos impasses da relação com o Outro materno e o confronta com o abismo do imperativo do gozo: não mais ser sujeito da falta, mas objeto, e além do mais, nesse caso, faltante. Uma das formas do supereu feminino, tão problemática depois que Freud

[14]A citação é dos tão conhecidos versos de *Carmen*: "l'amour est enfant de bohême, il n'a jamais connu de loi." [NdT]

acreditou poder assinalar a fraqueza[15], poderia resumir-se na expressão: "Seja bela e cale-se".

O sujeito feminino não é mais o lugar enigmático em que pode encarnar-se a Coisa, mas se encontra alocado no lugar unicamente de sua aparência silenciosa e sem profundidade, bem-comportado como uma imagem. Com efeito, como bem aponta Didier-Weill, se a mulher, no instante em que deve tomar a palavra (e muito particularmente, em público), pode experimentar, ainda mais que o homem, o sentimento persecutório, fazendo-a crer que ela corre o risco de tornar-se transparente e de não poder falar, é porque ela está condenada a ser bela para não ser transparente, para não ser identificada com a falta[16]. O sujeito feminino se encontra, então, suspenso em sua confirmação pelo Outro, e, se essa confirmação vem a faltar, ele duvida. Isso encontra expressão, ao longo de uma análise, como notou Jacques André[17], em frases como: "Ele não me quer mais, ele não me deseja mais, ele não me ama mais, ele não me olha mais". Ou ainda mais: "Minha mãe nunca me amou." Ouçam bem: "não mais" e não "não"; "nunca" e não "insuficientemente" — as mulheres tornando-se rapidamente, para sua maior infelicidade, heroínas de ópera. Se for para perder, que seja tudo e para sempre.

É aí, então, que, no divã ou na vida, surge a queixa. Queixa da qual podemos levantar a hipótese que ela é — qualquer que seja o sexo do sujeito que a profere — de essência eminentemente feminina. A ópera, que põe em jogo, de maneira tão particular, a pulsão invocante em sua relação com o feminino, permite-nos ouvi-la. Com efeito, sendo uma forma musical contemporânea do nascimento da ópera, forma essencialmente atribuída aos personagens femininos, o *lamento*, que é um

[15]FREUD, S. (1925) Algumas consequências psíquicas da diferença anatômica entre os sexos. In: FREUD, S. *Obras completas, volume 16: O eu e o id, "autobiografia" e outros textos.* Tradução de Paulo César de Souza. São Paulo: Companhia das Letras, 2011, p. 298.
[16]DIDIER-WEILL, A. *Os três tempos da lei,* Trad. A. M. de Alencar. Rio de Janeiro: Jorge Zahar Ed., 1997, p. 51.
[17]ANDRÉ, J. "La perte d'amour". In: *Psychologie clinique et projective,* 1995, vol.1, n°2, p.161-168.

canto queixoso, um canto de dor, resume muito corretamente essa problemática. Monteverdi, o criador do gênero ópera, é igualmente aquele que, em 1608, propõe o termo *lamento* para qualificar essa queixa musicada, essa formalização da articulação entre voz e discurso, ligada à perda. Já no início de sua história, então, a ópera é uma queixa modulada visando a convocar um objeto desaparecido.

No nascimento do gênero lírico, as mulheres cantam a perda. A ópera parece ter sido criada apenas para isso: fazer ouvir a voz, e não o discurso, das mulheres abandonadas, de quem a máscara cai. Ariadne abandonada em Naxos se lamenta: *Lasciatemi morire*; Penélope, em *O retorno de Ulisses*, de Monteverdi, murmura: *Torma, deh torna Ulisse*; Otávia, em *A coroação de Popeia*, deixa seu lar ao som de um cortante: *Addio Roma, addio patria, amici addio*; em *Dido e Enéias*, de Purcell, olhando afastar-se o barco que leva Enéias para longe dela, Dido se abandona: *Death invades me*; mais tarde, Elvira e as *mille e tre*[18] companheiras incrédulas, em face da traição de Don Juan, repetem: *Mi tradi...* Sem imprecações nem chamados tonitruantes à vingança, mas um murmúrio que se apaga e que, enquanto progride a história da ópera, conduzirá a heroína à morte. O *lamento* é a última ligação com a vida, a última ligação com o objeto. As mulheres, na ópera, são abandonadas, perdidas, extraviadas; disso, morrem ou se tornam loucas. Essa esquematização da ópera como canto da perda, mesmo que pareça desaparecer ao longo da evolução do gênero, pode, todavia, continuar a ser lido nas grandes árias de soprano no século XIX.

Hoje mesmo, essa questão da voz e da perda é ilustrada pela criação de uma ópera que inscreve essa problemática em seu seio: *O castelo dos Cárpatos*, cuja música foi composta por Philippe Hersant com um libreto retirado do romance de Júlio Verne[19].

[18]Nós fazemos referência, aqui, à muito célebre ária de Leporello (dita ária do catálogo), em *Don Giovanni*, de Mozart, em que o servente enumera todas as conquistas do mestre sedutor a uma Elvira abandonada.

[19]*Le Château des Carpathes*, música de Philippe Hersant, libreto de Jorge Silva-Melo, a partir do romance de Júlio Verne, criado em sua versão cênica em 27 de outubro de 1993, em Montpellier.

O CASTELO DOS CÁRPATOS:
Uma interpretação contemporânea da invocação feminina

No teatro San Carlo, de Nápoles, a Stilla, cantora adulada, decidiu deixar os palcos, no apogeu de sua glória, para se casar com o jovem Franz de Télek. Olhada pelo terrível barão Rodolphe de Gortz, que se dissimula em um assento gradeado, ela está a cantar a ária de Angélica em *Orlando Furioso*[20]: *Misera me! O caso acerbo!* ("Oh, desafortunada! Como meu destino é amargo!"). Mas repentinamente ela para, cambaleia e cai morta sob o olhar dos dois homens que estão apaixonados por ela e por sua voz. Eis o episódio que se encontra no centro do romance de Júlio Verne, *O castelo dos Cárpatos*, e que servirá de ponto de partida para o libreto da ópera epônima, de Philippe Hersant. Esse breve resumo do início da ação levanta imediatamente a questão do entrelaçamento do olhar e da voz: sob o olhar dos homens, uma mulher canta e morre[21].

O romance de Júlio Verne já convoca amplamente essa problemática, e podemos nos surpreender que tenha sido preciso esperar o fim do século XX para que fosse transformado em libreto, pelo tanto que os temas desenvolvidos (o amor, a morte, a voz e sua espetacularização) parecem chamar a ópera. Na narrativa de Júlio Verne, tudo começa com uma luneta apontada para o castelo, em que as aparições visuais estão sempre pareadas com um cortejo sonoro de vozes ou do tilintar de sinos. A dimensão escópica se encontra, igualmente, no olho único de Orfanik, o douto maldoso, "ostentando um antolho preto em seu olho direito", e que trabalha, em nome do barão de Gortz, para a imortalização da voz e da imagem da cantora adorada. Imortalização que passará pela morte da mulher de carne e osso. Júlio Verne atribui ao olhar uma intenção maldosa na medida em que seu texto mostra devidamente que o assassinato é o objetivo da pulsão escópica. O olhar do *voyeur* tende a paralisar o outro até metamorfoseá-lo em cadáver.

[20]Essa obra de Ariosto foi, ao longo dos séculos XVII e XVIII, uma fonte de inspiração para os libretistas e para os compositores Lully, Haendel,Vivaldi, Hasse, Steffani...
[21]VIVES, J.-M., WILLEMS, S. "Dynamique du regard et de la voix dans l'opéra". In: *Prétentaine*, n°20-21, 2007, p.117-129.

Pensamos, aqui, no "mau-olhado" evocado por Lacan a respeito da pulsão escópica[22]. Como se o olhar puro, nessa fixidez que o distingue da simples visão, utilitária e descontínua, possuísse um poder fatal. Desde Freud[23], nós sabemos que uma das formas do objeto da pulsão escópica é essa fenda inscrita no corpo feminino, a qual o fetiche tenta, em vão, velar. Uma das gravuras de Léon Benett, na edição Hetzel do romance de Júlio Verne, ilustra isso de maneira perturbadora. A Stilla é vista em cena desde os bastidores, entre dois elementos de cenografia que formam uma fenda. Como através de um buraco de fechadura, o leitor-*voyeur* a flagra, forma difusa e diáfana...

"O jovem conde havia se colocado no fundo dos bastidores." Ilustração de Léon Benett (1839-1916). In: VERNE, J. *Le château des Carpathes* (J. Hetzel & Cie, 1892).

[22]LACAN, J. (1963-1964) "Do olhar como objeto *a* minúsculo". In: LACAN, J. (1963-1964) *O seminário, livro 11: Os quatro conceitos fundamentais da psicanálise*. Trad. M.D. Magno. Rio de Janeiro: Jorge Zahar Ed., 1988, p. 67-115, aulas de 19 e 26 de fevereiro e 4 e 14 de março de 1964.

[23]FREUD, S. (1922) "A cabeça da medusa". In: FREUD, S. *Psicologia das massas e análise do eu e outros textos (1920-1923)*. Tradução de Paulo César de Souza São Paulo: Companhia das Letras, 2011, p. 326-328.

Mas, ao contrário, parece que é a visão do sexo masculino, na pessoa do admirador idólatra, que derruba a Stilla enquanto ela canta:

> A grade do assento do barão de Gortz desceu. Uma cabeça estranha, de longos cabelos grisalhos, aos olhos de chama, mostrou-se. [...] De repente, ela para... O rosto do barão de Gortz a aterroriza... Um terror inexplicável a paralisa... Ela leva vivamente a mão à sua boca, que se torna vermelha de sangue... Ela cambaleia... Ela cai... [...] Um grito irrompe do assento do barão de Gortz.[24]

Ela morre, paralisada por essa cabeça de Medusa urrante. Esse olhar imperioso fixado[25] nela, capaz de matá-la para possuir a sua voz, inverte a interpretação freudiana da figura da Medusa. Lá onde a visão da castração feminina transformava o homem em pedra, a visão do sexo masculino mata aquela cuja voz, longe de pacificar o olhar, apenas o exacerbou.

A situação exposta por Júlio Verne mostra claramente os complexos entrelaçamentos da voz e do olhar no dispositivo operístico. A cena da ópera é, muito evidentemente, o lugar em que a voz deveria ser rainha. Deveria, pois, se a ópera é uma máquina de extrair a voz para oferecê-la ao espectador, a etimologia dessa última palavra (*spectare* "olhar") nos lembra que esse dispositivo implica o olhar. Júlio Verne faz, muito precisamente, da grade do assento do barão a própria representação do olhar:

> Esse espectador de atitude misteriosa, sempre lá, mesmo que invisível atrás da grade de seu assento, terminara por provocar na Stilla uma emoção nervosa e persistente, da qual ela não podia mais defender-se.[26]

[24]VERNE, J. *O Castelo dos cárpatos*. São Paulo: Editora Clube do livro, 1979.
[25]Nota-se que ao olhar fixo é associado o grito, os dois chegando, em sua continuidade, o mais próximo possível da presentificação do olhar e da voz como objetos da pulsão.
[26]*Ibid*, p. 139.

O medo do palco, que dá um nó na garganta do ator, do cantor ou do orador, deve ser relacionado com esse efeito do olhar do outro sobre a voz. É um embate de forças que se instaura, então, entre a voz da cantora e o olhar do espectador. Embate de forças que se volta, em princípio, em vantagem do artista, que conduzirá o espectador a render o olhar, como se rende em uma batalha, para tornar-se auditor — nos momentos de grande emoção, o espectador fecha os olhos para se entregar à voz. Para isso, a cantora deverá desvencilhar-se do olhar do espectador e fazer ouvir a sua voz. Com essa finalidade, o compositor organizará cenas convocando os extremos vocais: cenas de loucura, de abandono, de fúria, de morte... A diva, no jogo da morte, mata o olhar do outro para atingir o seu ouvido, fazendo-se pura voz. O que não consegue fazer a Stilla: o olhar ávido e a dimensão devoradora — oral[27], da escuta — do barão de Gortz farão com que ela se cale para sempre. Não é insignificante lembrar que o "assassinato", autorizando a possessão completa da voz e da imagem da cantora, acompanha-se, no barão, por um grito; lembrando, a quem não gostaria de ouvi-lo, da dimensão eminentemente sexual do gozo — que seja ele estético... — ligada à voz e ao olhar.

Na ópera de Philippe Hersant, essa dialética se exacerba e se torna questão de vida ou morte: mal se vê nas cartas de um tarô "um raio rasgar a noite" que tão logo uma voz "perfura o silêncio" — e, como se fenômenos visuais e sonoros, reunidos, fossem prova de vida, um personagem grita, então: "Eu não estou mais sonhando! Tu estás viva!" Ao contrário, basta que um projetor se apague para que imagem e voz cessem — e que a ilusão de vida chegue ao fim.

Aqui, contudo, também é evidente que voz e olhar tenham uma espécie de incompatibilidade, a qual atesta não somente a cena em que a Stilla desaba, mas igualmente toda a história que segue. Alguns anos após a morte da cantora, encontramos seu noivo, Franz, que descobriu

[27]Nós já encontramos essa dimensão auricular-oral [dimension *au*rale] da pulsão, que, aliando as dimensões auricular e oral nos permitiria indicar essa relação particular do ouvido com a voz.

o castelo outrora habitado pelo barão de Gortz. Assevera-se, no país, que esse está morto, mas Franz decidiu penetrar na torre de menagem[28], que diziam ser assombrada, para verificar a exatidão da informação. O ato seguinte nos leva ao interior do castelo, onde, no meio de um amontoado de gravadores e projetores, o barão e seu acólito, Orfanik, veem aproximar-se o noivo da Stilla. Para atraí-lo, eles reproduzem, graças a seus aparelhos, a imagem e a voz daquela que Franz amou — que ele acredita, então, estar viva. O próprio barão, durante esse tempo, canta a busca desesperada de Angelica por Orlando, na ópera fictícia do início. Quando Franz o encontra, ele se dá conta da farsa e destrói os aparelhos do barão. Esse, então, explode o castelo, onde ele morrerá, como Franz — que retoma o *lamento* de Angélica inicialmente interpretado pela Stilla: *Voglio morir*... ("Quero morrer...").

Assim, depois que o olhar, matando Stilla, destruiu a sua voz, o embate de forças é invertido, e a voz termina por prevalecer sobre o olhar. Do mesmo modo que Angélica chama Orlando, primeiramente em vão, e que, em seguida, ele a ouve sem mais vê-la, a voz da cantora matará, finalmente, esses homens do olhar, que são o barão e até Franz. Encontra-se aqui, então, essa inversão pela qual a voz do cantor faz o olhar do espectador desviar. A psicanálise não teria passado, igualmente, por evolução semelhante quando, tendo nascido com uma clínica do olhar e a prática da hipnose, ela se transformou em cura da fala, em que a voz — suporte dessa mesma fala — pôde, com isso, desdobrar-se em uma narrativa ficcional, tendo efeitos na realidade?

Esse quiasma entre olhar e voz, em *O castelo dos Cárpatos*, também é perceptível na divergência de seu destino, uma vez advinda a morte.

[28]Nota da editora: Torre de menagem (em francês "donjon") era a fortaleza de um castelo medieval, geralmente uma torre contendo os melhores cômodos, capaz de se manter intacta mesmo quando as paredes ao redor do castelo eram transpostas pelo inimigo. Após a dinastia dos Tudor, as torres começaram a ser usadas como prisões, o que fez com que elas fossem associadas às masmorras de um castelo. Fonte: http://www.castlesandmanorhouses.com/architecture_02_towers.htm e https://www.encyclopedia.com/literature-and-arts/art-and-architecture/architecture/donjon, consultadas em 15 de janeiro de 2020.

Metamorfoseada em espectro, a Stilla está desprovida da dimensão "ativa" do olhar: ela pode ser vista, mas não pode mais ver. "Tu me olhas e não me reconhece", lamenta-se Franz. Essa perda já não se anunciava no canto de Angélica: "Por que não estava cega ou adormecida antes de te conhecer, como eu o fora em seguida, nessa noite cruel?"? Do lado da voz, é a passividade que desaparece na morte — o espectro da Stilla não ouve mais, mas pode, em contrapartida, se fazer ouvir. O barão, no fim, lembrando que, de sua parte, ele ouve e se faz ouvir, resumirá em que consiste o estatuto da defunta: "Ela não vê, ela não ouve, ela não está viva."

Como se as pulsões escópica e invocante houvessem perdido essa flexibilidade e essa necessária reversibilidade que lhes atribui Freud[29].

Mas podemos nos perguntar se a Stilla algum dia esteve viva, no sentido pleno da palavra. Ela via, deslumbrada pelos holofotes? Ela ouvia, e até falava, ela que não fazia nada além de cantar? Não é significativo que, em toda a ópera, nós nunca a ouvimos senão no papel de Angélica, somente na posição de porta-palavra do autor[30]? E que, a despeito do fato de que ela comece "fazendo-se a voz", ela termine em um grito de agonia? Como se, fundamentalmente, ela não fosse senão voz, pura força pulsional desligada da significância e do simbólico — as palavras que ela enuncia, entre esse início e esse fim, sendo somente de empréstimo. Stilla nunca existe como sujeito tendo seu discurso próprio: ela é um porta-palavra que, por ser percebida, pelos homens que a desejam, essencialmente como porta-voz, será condenada à repetição eterna, e depois, ao silêncio. O barão, finalmente, atenuando o que separa a viva da morta, é muito claro "Ela canta [em sua morte]. Ela não era nada senão sua voz [em sua vida]." Franz se esforçará, certamente, para distinguir-se do barão, e protestará: "Eu amava uma mulher!". Mas o que ele ama na mulher, senão a cantora? O que ele

[29]FREUD, S. (1915) Os instintos e seus destinos. In: FREUD, S. *Introdução ao narcisismo: ensaios de metapsicologia e outros textos (1914-1916)*. Tradução e notas de Paulo César de Souza. São Paulo: Companhia das Letras, 2010, p. 64-74. Trad. modificada.

[30]Posição angelical de Angélica com a qual já nos deparamos nos *castrati* na igreja.

ama em seu canto desprovido da palavra, senão sua voz? Por meio desse *lamento* de Angélica, Stilla não tenta dizer-lhe o que ela é de verdade? Ele não a ouve: "Se tu ouvisses as minhas queixas, voltarias"[31]. O sujeito feminino saberia melhor significar a sua solidão?

O barão, aliás, não deixará de denunciar essa ilusão, invocante e escópica, que se encontra no núcleo do amor: "Toda novidade de aspecto faz decolar o sonho". Quando Franz, com seus estratagemas, acreditava ver reviver Stilla, o acólito do barão já constatava o quanto seu amor era de uma especularidade narcísica: "Ele crê ver a sua sombra.". Franz, no fundo, não parece tão afastado dos jogos de espelho do barão. E, mergulhado nessa "inquietante estranheza"[32] de quem vê o seu duplo, ele morrerá como deve perecer, dizem, toda pessoa em face de um tal encontro.

Lembremo-nos como Lacan situa olhar e voz em relação ao conjunto das pulsões: paralelamente à ligação que articula a analidade (demanda do Outro) à oralidade (demanda ao Outro), amarram-se o olhar (desejo ao Outro) e a voz (desejo do Outro). Se o olhar, como desejo de desejo, chama ao desejo desse Outro, desse desejo responderá a voz do Outro. E é igualmente por sua própria voz que o sujeito se fará (re)conhecer pelo Outro. Normalmente, é claro, o impossível da comunicação e do amor introduz falhas nessa bela simetria. Essa só se atinge na paixão, tão mortífera como ilustrada por aquela que liga Franz à Stilla, e na qual os seres terminam por abolirem-se e, depois, por confundirem-se em um canto comum. Com isso, revela-se toda a "oralidade" do olhar, que não tende senão a devorar o outro, quando a analidade não busca, de sua parte, senão reter a voz. O barão que escruta a Stilla para, em seguida, capturar a sua voz, indica o movimento levando do oral ao anal: uma vez que o outro foi devorado, tenta-se retê-lo. Não se o devorou, aliás, para definitivamente tê-lo e

[31]Salomé não diz outra coisa à cabeça separada do corpo de Iokanaan: "Se tu houvesse me olhado, teria me amado", acentuando, de sua parte, a dimensão escópica.
[32]O termo "inquiétante étrangeté", que optamos por traduzir literalmente, é a tradução utilizada de *umheimlich* para o francês. [NdT]

possuí-lo? "Sua voz é minha, só minha", triunfa o barão. Salvo que, ao cabo da luta de vida ou morte, o vencedor possui somente um cadáver, o da pessoa que ele acaba de matar, com o objetivo de ser reconhecido por ela, mas que não está mais lá para vê-lo. Dessa luta hegeliana, Sartre extrairá sua luta dos olhares — em que uma "pequena morte"[33] se negocia de um modo mais cotidiano, aquele que olha objetivando o outro, até que esse se "ressubjetiva" o olhando, por sua vez, para objetivá-lo. Daí se conclui que, em uma troca de olhares, os sujeitos nunca se encontram. Lacan, escutando a aula hegeliana nas mesmas fileiras que Sartre, não a esquecerá tampouco ao afirmar que a comunicação não existe — assim como não há relação sexual.

Porém, se o barão quer possuir a Stilla até devorá-la, a posição de Franz seria diferente? Ao se casar com ela, ele não põe fim em sua carreira de cantora? E, como na luta de vida ou morte, em que o corpo que o vencedor obtém não é mais o corpo vivo que ele cobiçava, ele não vai destruir a voz daquela que ele amara, precisamente, por sua voz? E devorar a sua amada não seria, literalmente, terminar por "colocá-la na boca", retomando seu canto? Franz e o barão se acusam mutuamente de ter matado a Stilla. A confusão entre os dois homens será tal que eles se tornarão intercambiáveis: "Sua sombra me persegue e eu persigo a sua sombra", dirá Franz.

Ao longo da ópera, o peso da visualidade é ampliado por numerosas imagens ligadas à luz. Lembremo-nos de que, no platonismo, um paralelo é feito entre o sol e o olho — como se esse emitisse por si só a claridade que o permite ver. Retorna-se, aqui, ao aspecto ativo, e até destrutivo, do olhar. Segundo a metáfora clássica, a vida é associada à luz, como era ao olhar que vê (em oposição àquele que não pode senão ser visto, como o de Stilla morta), enquanto a escuridão caracterizará a morte. Assim, aquela que hospedou Franz aos pés do castelo o aconselhará salvar a sua vida partindo "nos primeiros raios do sol", e ele mesmo dirá ter visto, em sonho, Stilla renascer e "franquear as portas

[33]O termo "petite mort", traduzido literalmente como "pequena morte", significa "gozo sexual". [NdT]

da alvorada dourada". E depois, ele constatará a sua morte com essas palavras: "Seu belo rosto despenca nas trevas." Quanto aos espíritos a assombrar o castelo, eles se situam em uma semivida, e são "filhos da sombra e do sono".

Depois da morte da cantora, uma dialética paradoxal se instala entre trevas e luz, como se morte e vida fossem confundidas: enquanto o sol "se obscurece" e a luz cega (tornando-se, com isso, inimiga do olhar), a lua (que não é senão o sol dos mortos) "ilumina como em pleno dia" e torna visível o que a noite velava. Stilla, eminentemente ambígua em seu estatuto de morta ou de viva, não seria "stella"[34], a estrela, brilho surgindo no coração da noite, que a vidente fará aparecer em primeiro lugar dentre as cartas de tarô? Franz, enquanto se aproxima da luz brilhando no topo do castelo, parece, aos olhos do barão que o atrai em suas armadilhas, um "inseto descontrolado", que vem se queimar nessa chama, bem como a Stilla se calcinara sob os holofotes.

Porém, nós o dissemos, a voz chega a passar à frente do olhar. Esses dois homens, que queriam se apropriar da Stilla, terminam possuídos por sua lembrança — ao ponto que essas visões e essas vozes que a evocam poderiam ser compreendidas como suas alucinações. No romance de Verne, enquanto Franz vê Stilla aparecer cantando, ele deduz desse canto que ela está louca — como se o canto se tornasse sinônimo de loucura. Pois, o que é o delírio, senão a voz do Outro original, à qual o sujeito não conseguiu se tornar surdo, e que retorna, substituindo-se à fala desse sujeito? Na ópera, quando Franz retoma finalmente o *lamento* de Stilla-Angélica, em uma língua que não é a sua, isso significa, por sua vez, que ele não é mais ele mesmo, que ele está vocalizado pelo Outro, que a demência tomou conta dele. O personagem de Orlando, que o representa na obra que ele interpreta com a sua

[34]Notemos que Stella é também o nome da cantora dos *Contos de Hoffmann*, de Offenbach, cujo personagem é declinado através de várias figuras de mulheres (Olympia, Antonia e Giulietta), todas ligadas à voz e instrumentalizadas por um homem demoníaco. Coincidência ou influência dessa ópera composta onze anos antes do romance de Júlio Verne?

amante, tornara-se, aliás, igualmente louco. Ora, essa morte do sujeito no delírio nunca está longe da morte real, e uma vez que essa máquina que reproduz a voz amada tiver sido aniquilada, o barão destruirá o castelo, onde morrerá com Franz — para que a voz se revele, *in fine*, tão mortífera quanto o olhar.

Por conseguinte, não se poderia levantar a hipótese de que essa Angélica, que chama constantemente os dois homens (por meio desse papel no qual ela invoca um amante que permanece surdo), é a própria Stilla, a qual, uma vez morta, tenta atrair esses vivos? Seu próprio nome o sugere, se nos lembrarmos do que Franz diz à sua amada: "Eu vi o anjo de Deus te seguir". Seu *Misera me* não deixa de evocar o *Libera me* do *Requiem*. Angélica aparece, com efeito, como uma sombra errante nos limbos, reclamando uma sepultura: *Voglio morir*, ela repete, aspirando a acabar com essa errância. Mas, sem dúvida, pode-se ouvir, na repreensão oriunda de seu abandono, *Voglio uccir*. No pensamento dito selvagem, ou arcaico, está devidamente ancorada essa crença, segundo a qual os mortos e, em particular, aqueles que não foram bem enterrados, constituem para os vivos um perigo. Freud lembrará disso em "Totem e tabu".

Essencialmente, a voz "chama", como indica a sua raiz oriunda de *vocare* — à qual Lacan fará referência ao falar de "pulsão invocante". E essa voz mortífera foi encarnada, na mitologia grega, pela voz das sereias — que são, além do mais, filhas de Melpômene, musa da tragédia, cujo nome significa "aquela que conduz o canto". No romance de Júlio Verne, os habitantes de Cárpatos, vizinhos do castelo, dizem que deste sai um "rugido como de sereias marinhas" — essas "sereias", é claro, podem ser entendidas no duplo sentido de "alarmes" e de "monstros marinhos"[35]. Mais à frente, a mesma imagem é retomada enquanto Franz se dirige ao castelo, na escuridão, e se desespera por não mais perceber nenhum sinal que dali emana: "Ele caminhou até esse som, ele caminhou até essa luz [aqui, associando-se mais uma vez

[35]Em francês, *siréne* significa tanto sereia quanto sirene. [NdT]

o sonoro e o visual], como o marujo ao apito de uma sirene de alarme, ou às luzes de um farol."

Franz, partindo em busca da Stilla para retirá-la das trevas, parece com Orfeu em busca de Eurídice. "Tu queres forçar a sombra!", recrimina esse Cérbero barão. Mas Franz é um Orfeu sem voz. Como se a voz da Stilla, tal como um apito de caça, o atraísse para o rochedo onde ele deverá naufragar, ao mesmo tempo em que o torna mudo. Nisso, ele já olhou para Eurídice e, fascinado, é incapaz de trazê-la à vida.

A morte surge, então, como o lugar do canto puro, o canto perfeito, o canto do cisne elevando-se além do grito — esse grito de agonia gravado reproduzindo o da Stilla e unindo, por trás, esses fragmentos de voz pura, da cantora aquecendo a voz. Uma harpa, como no início, parece indicar a transição que se opera a uma espécie de outra dimensão: a do gozo sem termo, dissolvendo o sujeito onde se completa, enfim, a fusão amorosa. Em *O Castelo dos Cárpatos*, raras são as passagens em que as vozes se encontram — e, quando elas o fazem, é para interpretar textos diferentes, o que tem como efeito fazer desaparecer toda significação. No fim, eleva-se somente o uníssono, em que Franz encontra a Stilla, como o barão esperara, em vão, para si.

Todavia, notemos que, desde a de Stilla, a morte parece reinar no mundo. O barão, particularmente, tornado "voz sem corpo", como se pagasse por onde pecara, transformou-se em morto-vivo. No país dos Cárpatos, creem-no realmente morto, aliás: "Ele não pertence mais ao mundo dos humanos!". Ele mesmo confirmará: "Eu carrego para sempre a insônia em uma imensidão sinistra de agonia; não morrer, não dormir." Semelhante a essa sombra de Angélica, que gostaria de morrer, ele já partilha o destino dos mortos que, segundo os gregos, não podem dormir e nem mesmo fechar as pálpebras: "Vocês me encontrarão de olhos abertos!", ele afirma, paralisado em seu próprio olhar mortal, como a Medusa, por si mesma petrificada — atestando, mais uma vez, que seu castigo eterniza o seu crime. "Minha pena é estar aqui, espreitando na sombra, e é olhar fixamente, sem cessar, os escarpamentos negros do mistério insondável." Não poderíamos expressar melhor que o olhar atinge, aqui, o paroxismo dessa continuidade que o diferencia da simples visão.

É sobre a morte, e mesmo sobre a temporalidade, que as empreitadas do barão se esforçavam para triunfar. Tendo clamado seu desejo de possuir a Stilla, sua voz ressoa através do país dos Cárpatos: "Se é a sua vontade, moça, não responder ao meu desejo senão na morte, oh, eu esperarei, então, eu esperarei por muito tempo." E após, ele acrescenta, sem medo de se contradizer: "Minha vida durará tempo demais, que ela se transcorra, então, em um piscar de olhos." Brincando com a duração, o barão torna uma vida inteira equivalente a um instante. Além disso, a vida que ele fará transcorrer "em um piscar de olhos" não será a sua, mas a de Stilla — enquanto ele mesmo entrará em uma espécie de atemporalidade imóvel. Tendo vestido a fantasia do mestre-cantor, o barão se coloca, então, como mestre do tempo, concedendo-se o poder de acelerar ou de congelar seu transcorrer. Também é a música, arte por excelência da temporalidade e de seus ritmos, que ele tenta dominar: "Seu timbre tão puro, eu o libertei da lei do tempo."

Como não pensar, aqui, na Malibran, morta no auge de sua arte, na flor da idade, e a respeito de quem Musset escreveu:

> E de tanta beleza, glória e esperança, /De tantos acordes tão sutis de um instrumento divino,/ Nem um fraco suspiro, nem um eco distante!

As estrofes "À Malibran", em que o poeta compara a imortalização da pintura ou da escrita com a fugacidade da voz, são, aliás, evocadas por Júlio Verne logo antes da aparição da Stilla. Como não crer que esta foi inspirada por essa figura celebríssima, cuja morte tão brutal, quase em cena, marcou profundamente o século? Não teria vindo à mente de Júlio Verne a ideia de que, graças ao fonógrafo (inventado em 1877), essa voz sublime, e para sempre perdida, poderia ter sido salva?

Os anos que precedem a redação do *Castelo dos Cárpatos,* de 1892, parecem assombrados pela questão da reprodutibilidade: a invenção de Edison é quase contemporânea à da foto (1839) — e o cinema nascente (em 1895) virá reunir sonoro e visual, ao qual ele acrescentará o movimento, completando o sonho de uma reanimação "total" do passado e dos ausentes. As primeiras sessões de cinema foram, com efeito, vividas como evocações de mortos-vivos, muito aterrorizantes, no fundo, e parentes do espiritismo. Após a Revolução, Étienne Gaspard Robertson (1763-1837)[36] não teria tentado fazer os mortos voltarem e falarem com dispositivos cênicos que não deixam de ter relação com os do barão de Gortz? Ele é o primeiro cineasta. Um cineasta que não conhece nem a película, nem o cinema, já que ele nasceu um século antes, cedo demais! Entretanto, em 1798, ele dá movimento às imagens. Elas avançam, recuam, aumentam, multiplicam-se. Graças a um aparelho revolucionário, o fantascópio, montado em trilhos e colocado atrás da tela, Robertson obtém efeitos impressionantes. No dia seguinte ao Terror, Robertson oferece uma ressurreição a pedido de seu público. Os retratos dos entes mortos aparecem em volutas de fumaça, as quais lhes conferem um semblante de expressão. A esses retratos íntimos, ele acrescenta celebridades mortas na guilhotina. Um dia, corre o rumor de que o físico pode fazer aparecer o rei Luís XVI, ressuscitá-lo...

Empreitadas semelhantes, desde a noite dos tempos, rodeiam-se por um halo demoníaco: não seria necessário fazer pacto com o diabo para chamar de volta os defuntos? E o sonho dos homens que pretendem aceder à imortalidade divina não está relacionado com o que os gregos chamavam de *hybris*, essa desmesura que atrai o raio dos deuses? Walter Benjamin será o herdeiro de semelhantes ideias, na primeira metade do século XX, quando constatará o quanto a arte perdeu a sua sacralidade ao entrar na "era da reprodutibilidade técnica"[37].

A tentativa de eternizar a voz da Stilla, conduzida pelo barão, está fadada ao fracasso, pois, em sua gravação, o grito de agonia da cantora

[36]Nota da editora: O belga Étienne-Gaspard Robert (1763-1837) foi um abade conhecedor de pintura, desenho, física, óptica e máquinas em geral. Com tais conhecimentos, produziu apresentações de ilusionismo e mágica que lhe renderam fama e popularidade. Para mais informações, acesse: https://web.archive.org/web/20160303212047/http://www.cceae.umontreal.ca/IMG/pdf/CEL_0102.pdf. Acessado em 13/01/2020, às 15:14.

[37]BENJAMIN, W. *A obra de arte na era de sua reprodutibilidade técnica.* Trad. S. P. Rouanet. São Paulo: Brasiliense, 1994.

se fixou — como se, no mundo humano, a morte acabasse sempre por ter a última palavra. Até mesmo a voz que ele guardou, como diz Franz, soa de maneira "estéril" e sem vida. O próprio barão, acreditando dizer seu triunfo, revela seu fracasso: quando evoca "a hora perfeita de sua voz", "a longa hora monótona de sua voz perfeita", ele não reconheceria que a voz, essencialmente, é apenas instante, "hora" única, e que, ao prolongá-la, não se obtém senão "monotonia", e até "tristeza"[38]?

Aparece na obra de Hersant, entretanto, uma outra modalidade da repetição vocal. Na antípoda da reprodução mecânica criada pelo barão, quando finalmente remonta o canto de Angélica (Stilla), interpretado por Franz, produz-se algo que se relaciona com uma eternização — mas que se confunde com o tempo e a morte. Isso lembra essa fusão do tempo e da eternidade à qual aspirava Hegel, e que Kierkegaard reformulou no conceito de "instante eterno", obtido pela "retomada", no sentido de repetição ativa. Assim, a voz de um ser adquiriria uma espécie de eternidade quando é reproduzida não por uma máquina, mas por um outro humano[39]. Encontra-se, aqui, a dinâmica da pulsão invocante, que se torna constitutiva de uma fala própria apenas se um sujeito recalca a voz original que o chamou a ser. A ópera retirada do *Castelo dos Cárpatos* se utiliza de maneira virtuosa dessa iteratividade própria à voz musical — e que faz desta a mais pura expressão da espessura do tempo.

A ópera, ainda hoje, permanece assombrada pelas figuras do feminino e da perda. Como Hersant perfeitamente percebeu, a ópera, em sua essência, é um *lamento*. Estudemos, então, o sentido exato desse termo para tentar determinar o que ele implica em relação às noções de desaparecimento, perda e ausência, com as quais deparamos constantemente até agora.

[38]Nota da editora: Aqui o autor faz uso, para fins estilísticos, da rima entre "heure", "hora", e "malheure", "tristeza", o que não foi possível preservar na tradução.
[39]Nós encontramos, aqui, uma forma de eco, sobre o qual mostramos, anteriormente, que ele permitia, nos tempos afortunados do início da história da ópera, não ter de confrontar-se com a ausência do Outro.

O LAMENTO FEMININO:
Uma vocalização contra o desaparecimento

Remontando ao tempo das origens da ópera, uma das peças mais conhecidas é, nós já mencionamos, o *lamento* de Ariadne, abandonada em Naxos, de Monteverdi. Ariadne é o tema que parece ter sido o mais frequentemente musicado ao longo dos séculos XVII e XVIII. A desafortunada irmã de Fedra, tendo ajudado Teseu a vencer o Minotauro e as armadilhas do labirinto, é deixada pelo ingrato nas margens da ilha de Naxos. Mesmo *O Orfeu* encontra seu clímax na tão bela queixa do herói no inferno. *O retorno de Ulisses à sua pátria*, do mesmo Monteverdi, começa igualmente com um longo *lamento* de Penélope desesperando--se por não poder encontrar seu esposo, partido há tanto tempo para a guerra de Tróia. A ópera toma a vocalização como expressão da queixa, e as mulheres geralmente se queixam menos com palavras do que com modulações vocais. As palavras desaparecem para dar lugar ao gemido. Nós podemos, incidentemente, atualizar, aqui, uma relação particular e recorrente, ao longo da história, entre as mulheres e a linguagem. São Jerônimo, dentre outros, um dos Padres da Igreja, recriminava-as por falarem por entre os dentes ou com hesitação, sussurrando e pronunciando as palavras apenas pela metade, porque elas consideram grosseiro tudo o que é natural, por meio do que elas corromperiam a linguagem[40]. É divertido deparar, aqui, com as antigas figuras das preciosas, que, torcendo a linguagem, tentam certamente servir-se dela como de um elemento de vestuário, mas visam, igualmente, ao além da linguagem, ao inaudito. Reduzindo a nada a articulação, elas minam o trabalho de separação operado pela atividade significante e fazem surgir, para além das palavras, a dimensão da voz. Por um lado, essa distorção feminina da linguagem serve à mascarada do sexo feminino, e por outro, ela permite pensar que as mulheres sabem, por experiência, que tudo no real não poderia ser tomado ao

[40]Citado por LEMOINE-LUCCIONI, E. *Le partage des femmes*. Paris: Seuil, 1976, p.33.

encargo do simbólico — daí esse retraimento à utilização da voz em um registro que tende a desfazer-se do reino da lei do significante.

Essa musicalização da fala na queixa, essa voz que tende a se colocar fora da lei, fora da significação, já existia no seio da tragédia antiga do mesmo modo que se encontra no campo do feminino, ou mais ainda, quando um personagem masculino se encontra feminizado. Condenando a trenódia (canto de luto) na *República*, Platão rejeita "um canto que, longe de incitar os cidadãos à bravura, é por si só, como o de Cassandra, uma 'ferida para ouvir', porque ele 'morde' o ouvinte no âmago de sua 'carne'"[41]. Isso aproximaria a tragédia da ópera, naquilo em que residia o desejo dos criadores do gênero. Inventando a ópera, os músicos da *camerata Bardi* tentavam encontrar o que havia feito o estranho êxito da tragédia antiga: uma mistura de falar e cantar. Zombaram da ingenuidade dos músicos do século XVII, todavia, segundo essa hipótese, existiria um parentesco, muito mais estreito do que aquele normalmente oriundo do lado da forma e do fundo, que precisaria ser situado nas relações entre a voz e o feminino. Tragédia e ópera seriam, ambas, a manifestação de uma voz feminina enlutada desembocando em uma queixa para fora das palavras.

Na tragédia, isso se identifica na repetição sem fim da interjeição *aiaî*, que supostamente exprime a dor em toda a sua imediaticidade, sem mediação da língua articulada. Nós estamos, aqui, o mais perto do canto, queixa nua, luto transformado em pura emissão vocal.

Quando o apelo da mascarada acaba por deixar de funcionar, quando uma mulher é abandonada, não sobra nada. "Se eu não tenho nada, eu não sou nada". A relação com a Coisa não é mais mediatizada, então, pela construção da máscara. Não há mais fala nem vocalização, mas o silêncio da pulsão de morte. A festiva mascarada cede o lugar à insustentável impostura. A impostura podendo ser abordada, no campo do feminino, como a submissão à injunção superegóica: "Seja bela e cale-se". A ausência de resposta ao chamado leva o sujeito feminino, então, a perder-se na ausência que sua criação tentava, ao mesmo tempo,

[41]LORAUX, N. *La Voix endeuillé*. Paris: Gallimard, 1999, p. 92.

evocar e revogar. A voz se torna murmúrio e se apaga. O "cale-se!" pode transformar-se em "mate-se!"[42]. De emissor enigmático do lugar da Coisa, o sujeito feminino se torna emissor queixoso e depois se transforma em receptor perseguido. "Mate-se!" seria a injunção do supereu materno, a qual viria barrar a injunção do supereu paterno: "cale-se". Essa última podendo ser endereçada tanto à voz persecutória quanto ao sujeito. A queixa feminina, o *lamento*, seria uma dupla recusa do "mate-se!" e do "cale-se!". Ele tentaria calar as injunções superegóicas arcaicas fazendo existir o objeto da queixa, e seria uma última tentativa de tomar a palavra; mesmo se essa tentativa pode situar-se, como nos mostra o *lamento* da ópera, aquém das palavras. A queixa deve, assim, ser ouvida como uma das últimas muralhas, uma das formas últimas de enunciação entre voz e fala, permitindo manter à distância as vozes persecutórias. A própria queixa participaria da mascarada feminina; ela manteria a ilusão de que há um objeto da queixa. Com efeito, "queixar-se de" é manter um contato com o objeto para além de sua ausência.

Isso nos permite esboçar: como se dá a especificidade do circuito da pulsão invocante no sujeito feminino em situação de abandono? Se a mascarada feminina é, como mostramos, um chamado, trata-se de um chamado paradoxalmente silencioso. No silêncio da exposição, o sujeito da falta se constitui como o objeto; objeto que parece ele mesmo ser para o outro o que viria preencher sua falta. Esse chamado silencioso não é outro senão uma demanda de ser desejada. Esta possuiria a particularidade de não precisar articular-se em palavras, demanda muda, mas que deve, imperativamente, ser ouvida.

Nós encontraremos a ilustração dessa questão, mais uma vez, no corpus operístico. *Turandot*, a última ópera de Puccini[43], inacabada,

[42]Aqui, o autor joga com a sonoridade das expressões "tais-toi" e "tue-toi", "cale-se" e "mate-se", respectivamente. [NdT]

[43]Sem dúvida não é por acaso que Ph.-J Salazar apresentou, em sua obra, essa ópera de Puccini como a obra que assina o fim do gênero. Aqui, como em *Lulu*, de Alban Berg, a questão da invocação tende a se apagar. Turandot, a cruel princesa, aprenderá o que é uma invocação somente após uma dolorosa iniciação. SALAZAR, PH. -J. *Idéologies de l'opéra*. Paris: PUF, 1980.

criada em 1926, no *Teatro alla Scala Opera* de Milão, sob a batuta de Toscanini, encena essa problemática de uma maneira bastante exemplar. A princesa Turandot aceitará ceder ao homem que tiver resolvido o enigma ao qual ela o submeterá; em outros termos, o enigma que ela é. Caso ele não consiga, morrerá decapitado e sua cabeça será exposta na ponta de uma lança na muralha da fortaleza. A estrutura da obra é bastante surpreendente. Com efeito, a heroína não canta antes do meio da ópera; é somente ao longo da segunda parte do ato II que se ouve a sua voz — fato absolutamente excepcional na história da ópera. Na ocasião de sua primeira aparição, a heroína não canta. Ela se expõe ao olhar dos pretendentes do alto da muralha. Ela se faz ver antes de se fazer ouvir, mesmo que não tenha cessado de fazer falarem dela. Só essa aparição silenciosa fará o príncipe Calaf decidir tentar resolver os enigmas, sob perigo de vida. Como melhor exprimir o fato de que, para possuir uma mulher, só o desejo do homem não é suficiente, e que ele deve, além disso, ser capaz de correr o risco da castração? De qualquer forma, o príncipe Calaf, menos cegado que seus desafortunados predecessores pelo estonteante brilho fálico da princesa, e, sem dúvida, porque ele é sujeito desejante (com o que isso implica de assunção da castração simbólica), responderá ao enigma feminino com as três palavras esperadas: a esperança, o sangue, Turandot; resumindo e desvelando, com isso, o enigma feminino por trás do qual Turandot crera poder dissimular-se. Será necessário, ainda, que ele revele o desejo a essa mulher desmascarada, articulando esse desejo em uma invocação. Isso se realizará pelo intermédio da busca do nome do príncipe, que ela escolherá chamar, mesmo que tenha aprendido seu nome real, de: Amor. O trajeto está, assim, concluído. O chamado mudo, "Olhe para mim", sustentado pela resposta do outro, "Eu te desejo pelo enigma que representas para mim", pode então transformar-se, após esse encontro com a expressão do desejo do Outro, em: "Eu te amo pelo que não poderias me dar." Passamos, assim, de uma exposição muda, que correria o risco de cair em uma submissão, à injunção "Seja bela e cale-se!", confinando o sujeito feminino exclusivamente no registro do escópico, a uma demanda articulada que trança os registros do escópico e do invocante.

Em contrapartida, enquanto o chamado mudo não é ouvido, a máscara se fissura e o sujeito feminino pode fazer-se objeto da pulsão de morte, ou seja: nada, vazio da Coisa. É nessa configuração que o sujeito feminino melhor poderia adquirir sua dimensão passiva — a meta passiva supondo a existência de um Outro cujo sujeito se faz objeto. Com essa atividade do sujeito, que consiste em se fazer o objeto de um outro sujeito, é atingida a realização da meta passiva da pulsão. Ora, essa posição de objeto em relação ao Outro é aquela que o *infans* conheceu enquanto foi entregue a seus cuidados e à sedução que carregam. A meta passiva da pulsão escópica seria um "se fazer ver", que tenta realizar a mascarada feminina, a qual, quando se articula ao "se fazer ouvir" da pulsão invocante, arranca o sujeito feminino do campo mortífero do Outro. Com efeito, como o *infans*, o sujeito feminino deverá evitar que Charybde seja o objeto de um gozo devorador e Scylla, de um abandono que o entregaria à morte. É devidamente a dimensão ativa na passividade[44], o "se fazer ouvir" implicando dar a voz em uma tomada de palavra, que virá colocar um limite na posição arriscada, a qual exibe a forma passiva da pulsão escópica. Riscos que motivam o recuo diante da feminilidade tão frequentemente constatado nas análises de mulheres, o qual não é outro senão o recuo diante do gozo do Outro.

A queixa apareceria, então, como a tentativa de "musicalizar" essa posição mortífera e comportaria, então, uma dimensão de salvaguarda visando a inscrever o sujeito feminino no campo do Outro, pois, como lembra Lacan ao longo do seminário 11: "Enquanto que o se *fazer ver* se indica por uma flecha que verdadeiramente retorna para o sujeito, o *se fazer ouvir* vai para o outro"[45].

[44]Em uma nota acrescentada em 1915, Freud enuncia que a pulsão está sempre ativa, mesmo quando ela se fixou em uma meta passiva. FREUD, S. (1905) Três ensaios para uma teoria da sexualidade. In: FREUD, S. *Obras completas, volume 6: três ensaios sobre a teoria da sexualidade, análise fragmentária de uma histeria ("O caso Dora") e outros textos (1901-1905)*. Tradução de Paulo César de Souza. São Paulo: Companhia das Letras, 2016, p. 139.

[45]LACAN, J. (1963-1964) *O seminário, livro 11: Os quatro conceitos fundamentais da psicanálise*. Trad. M.D. Magno. Rio de Janeiro: Jorge Zahar Ed., 1988, p. 184, aula de 20 de maio de 1964.

Se essa última barreira do "se fazer ouvir" vem a ser invertida, o sujeito feminino se encontra entregue à dimensão mortífera do exclusivo "se fazer ver", na qual ele pode escolher perder-se, já que, para ver, não há nada.

A ópera *Salomé* de Richard Strauss, que evocamos anteriormente, ilustra esse destino. Com efeito, encontramos nessa obra essa perigosa desarticulação, das pulsões escópica e invocante, não mais na morte, como era o caso em *O Castelo dos Cárpatos*, mas em uma moça viva e desejante.

"POR QUE ELE NÃO GRITA?"

Para Salomé, tudo começa com uma voz anônima, destacada de seu corpo (como será mais tarde a cabeça) que emana de uma cela. Uma voz de profeta que insulta e maldiz e que, já no início, seduz a princesa: "Que voz estranha! Gostaria muito de falar com ele...". Essa voz, Salomé deseja ver articular-se com um olhar. Um desses olhares que quase não faltam em torno da moça, que, já no início da obra, são percebidos como maléficos, e então, dos quais é preciso defender-se.

> NARRABOTH (*muito agitado*): A princesa se levanta. Ela deixa a mesa. Ela está muito agitada. Ela vem por aí.
>
> O PAJEM: Não olhe para ela!
>
> NARRABOTH: Sim, ela vem até nós.
>
> O PAJEM: Eu lhe rogo, não olhe para ela![46]

Porque ele não quis (ou não pôde) ouvir o aviso do pajem, Narraboth será compelido a se matar. O olhar é igualmente o de Herodes sobre Salomé, insistente e cheio de desejo.

[46]LACHMANN, H. "Salomé", cena 1, trad. G. Pucher. In: *L'avant-Scène Opéra*. 1983, p. 15, nº 47/48.

> *Herodias (a Herodes):* Tu não deves olhar para ela. Tu não paras de olhar par ela [...] Eu disse para não olhares para ela [...] Por que olhas para ela sem parar?[47]

Mas é ver e ser olhada por Yochanan que Salomé quer a todo preço. Para isso, ela está pronta para prometer a Narraboth de olhá-lo no dia seguinte, a fim de que este, apesar da interdição do Tetrarca, retire o profeta da cisterna. Salomé utiliza, então, para restringir o jovem capitão, todos os recursos hipnóticos da voz e do olhar, contra os quais, ela sabe, ele não conseguirá opor resistência.

> SALOMÉ: Tu farás isso por mim, Narraboth. Bem sabes que fará isso por mim. E amanhã de manhã, eu olharei para ti através do véu de musselina, Narraboth, eu olharei para ti, sorrirei, talvez. Olha para mim, Narraboth. Olha para mim. Ah! Bem sabes que vai fazer o que estou pedindo. O quanto sabes! (*Com força.*) Eu sei que tu farás.[48]

Não é somente do olhar de Yochanan que Salomé quer se tornar mestra, mas igualmente de sua voz. Nem um e nem a outra lhe serão concedidos, amarrando assim o drama.

> YOCHANAN: Quem é essa mulher que me olha? Eu não quero sentir seus olhares sobre mim. Por que ela me olha assim?
>
> SALOMÉ: [...] Fala mais, Yochanan, tua voz é como uma música para meus ouvidos.
>
> YOCHANAN: [...] Não fala comigo. Eu não quero te ouvir.[49]

Yochanan não olha e nem se endereça a Salomé. Ele olha para o lado do Outro divino e convoca a moça a virar-se para Ele.

[47]*Ibid.*, cena 4, p. 31.
[48]*Ibid.*, cena 2, p. 19
[49]*Ibid.*, cena 3, p. 23 e 25.

> YOCHANAN: Ajoelha-te na beira do mar, invoca-o, e chama-o por seu nome. Quando ele vier a ti — e ele vem a todos que o chamam — então, prosterna-te a seus pés, para que ele perdoe os seus pecados.[50]

É interessante notar a aparição da questão da invocação: o profeta indica um Outro que pode responder. Entretanto, não é a esse Outro que aspira Salomé, mas devidamente à voz de Yochanan. Ou, melhor ainda, em uma perturbada fixação no lugar anatômico de onde surge essa voz, à sua boca:

> SALOMÉ: É a tua boca que eu desejo, Yochanan. A tua boca é como uma faixa escarlate sobre uma torre de marfim. Ela é como uma romã, partilhada com uma faca de prata. [...] Deixa-me beijar a tua boca.[51]

Yochanan recusará não somente esse beijo, mas, com isso, recusará igualmente olhá-la e endereçar-se a ela.

> YOCHANAN: Eu não quero olhar para ti. Tu és maldita, Salomé. Tu és maldita.[52]

Essa ausência de olhar e de voz deixará Salomé totalmente submetida à voz materna e às suas terríveis injunções. Com muita pertinência clínica, Oscar Wilde, no momento em que Salomé, depois de ter dançado, reclama a cabeça de Yochanan, põe essa fala na boca do esposo de Herodias:

> HERODES: Não, não, Salomé; não é isso que tu desejas! Não ouça a voz da tua mãe. Ela sempre te deu conselhos ruins. Não a escuta.[53]

Certamente, Herodes tem razão quando discerne que não se trata do desejo de Salomé, mas, ainda mais justamente, ele distingue o gozo

[50] *Ibid.*, cena 3, p. 29.
[51] *Ibid.*, cena 3, p. 27.
[52] *Ibid.*, cena 3, p. 29.
[53] *Ibid.*, cena 4, p. 47

mortífero no qual ela se afunda. Gozo em relação com a voz materna arcaica. Salomé, até o fim, tentará obter o olhar e a fala desse outro masculino desejante, que lhe terão permitido desprender-se dessa relação incestuosa insuportável. Quando ela houver obtido a cabeça do profeta, ainda serão os objetos do desejo, que são a voz e o olhar, que ela tentará retirar.

> SALOMÉ (*se inclina sobre a cisterna e escuta*): Não ouvimos nenhum barulho. Eu não ouço nada. Por que ele não grita, esse homem? Ah! Se alguém viesse me matar, eu gritaria, eu me debateria, eu não me entregaria!... Bata, bata, Naamã, bata, eu te digo... Não, eu não ouço nada. Há um silêncio terrível. [...] (*Um braço negro gigantesco, o do algoz, sai da cisterna portando em um escudo de prata a cabeça de Yochanan. Salomé a agarra*) [...] Mas por que não olha para mim, Yochanan? Teus olhos, que eram tão terríveis, tão cheios de raiva e de desprezo, estão fechados agora. Por que estão fechados? Abra então teus olhos, levanta tuas pálpebras, Yochanan! Por que não me olhas? Tens tanto medo de mim, Yochanan, que não queres me olhar? E a tua língua, ela não diz uma palavra. [...] Ah! Por que não me olhou, Yochanan? Tu colocaste sobre teus olhos a faixa daquele que quer ver seu Deus. Pois bem! Tu viste o teu Deus, Yochanan, mas eu, eu, tu nunca me viste. Se tivesses me visto, terias me amado![54]

Nós já contamos, mais acima, o que vem a seguir: Salomé não obterá de Yochanan morto o que ele lhe recusara quando estava vivo. Em contrapartida, o que Salomé dá a ver e a ouvir é tão insuportável que Herodes reclama que a moça seja sufocada. Essa terrível reivindicação feminina de gozo lhe será fatal. Não há mais invocação, aqui, mas uma demanda brutal de acesso ao gozo. Demanda tão mais insuportável quanto ela se expõe — põe sexo[55] — duplamente no campo escópico e vocal. Assassinada, Salomé, como Yochanan, não gritará.

[54] *Ibid.*, cena 4, p. 51-53.
[55] O termo "põe sexo" é a tradução literal do equívoco destacado pelo autor. Em francês, "s'expose" [se expõe] é homófono de "sexe pose". [NdT]

Alguns anos antes, um grito feminino teria precisado fazer a sua aparição na cena lírica na ocasião da criação da ópera de Jacques Offenbach, *Os contos de Hoffmann*. Aparição imediatamente, e até os nossos dias, censurada. Debrucemo-nos sobre essa obra enigmática que nos permitirá continuar a escavar nosso sulco, concernente aos destinos vocais dos personagens femininos na ópera, bem como a questão do grito, da qual nós já destacamos a importância considerando a dinâmica da história da ópera, e que está, aqui, misteriosamente censurado.

POR QUE ELA NÃO GRITA?
Ou Offenbach, o aventureiro do grito perdido

Os Contos de Hoffmann, de Jacques Offenbach, é a primeira ópera que contém um grito feminino não musicado. Grito que não nos parece, aliás, assinalado por nenhum dos pesquisadores (musicólogos ou psicanalistas) que se interessaram por essa ópera. Michel Poizat, por exemplo, em sua notável e muito documentada obra *A ópera ou o Grito do anjo*, atribui a introdução do grito feminino na ópera a Richard Wagner. É verdade que, na mitologia musicológica, Wagner recebe mais facilmente os traços de um pai de "revoluções" do que Offenbach... Mas o grito que o compositor francês introduziu foi considerado incongruente a tal ponto que os continuadores de sua obra não cessaram de escamoteá-lo, de fazê-lo desaparecer. Um outro elemento surpreendente reteve a nossa atenção: essa obra apresenta a figura enigmática de uma cantora de ópera que não faz nada além de falar. Nós encontramos aí, então, mulheres que falam, cantam e gritam... Eis uma ópera injustamente subestimada que nos permitirá encontrar, em uma obra única, os diferentes elementos desenvolvidos até aqui.

Composta em um libreto de Jules Barbier, que adaptou, nessa ocasião, seu drama fantástico, a ópera relata as aventuras amorosas de E.T.A. Hoffmann, "artista múltiplo": autor de célebres contos, compositor, desenhista e jurista emérito. Em 1851, Jules Barbier e Michel Carré montam, no teatro do Odéon, um drama intitulado *Os Contos de Hoffmann*, cuja ação se situa na Alemanha, na taberna do mestre Luther (atos I e V). Ali, o herói, Hoffmann, conta três histórias fantásticas que ocupam os atos intermediários. Elas são livremente inspiradas em três contos de E.T.A. Hoffmann (1776-1822): *O Homem da areia* (1816) — bem conhecido pelos psicanalistas desde que Freud fez dele um dos pilares de seu estudo consagrado ao fenômeno da inquietante estranheza[56] —, *O Conselheiro Krespel ou o Violino de Cremona* (1818) e *As Aventuras da noite de São Silvestre* (1814). Para garantir ao conjunto ainda mais coesão, os autores fizeram de Hoffmann o protagonista de suas narrativas. Em cada história intervém uma mulher amada e um ser diabólico que, a cada vez, será a causa da perda do objeto amado. Toda a ação se desenrola durante uma representação do *Don Giovanni*, de Mozart, em um teatro vizinho.

Eis o resumo da fábula:

> Prólogo/ Primeiro ato. Em Berlim, na taberna do mestre Luther, a Musa quer que o poeta Hoffmann volte para ela, enquanto ele é amado e ama a Stella, célebre cantora que o desvia de sua arte. Para vigiá-lo, ela toma a aparência de um estudante: Niklausse. Hoffman conta sobre seus amores desafortunados para os estudantes reunidos. As três mulheres amadas que ele evoca parecem formar uma só, e Stella seria, de fato, apenas uma de suas encarnações.
>
> Ato II. Spalanzani, um brilhante físico, construiu um autômato que ele se prepara para apresentar à sociedade como sua "filha" Olympia. Hoffmann, seu aluno, apaixona-se perdidamente por ela, sem reconhecer sua natureza inanimada. Após ter cantado, o autômato oferece ao poeta a ocasião de uma valsa apaixonada. Mas Coppélius, que deu a visão ao androide, vem, em plena festa, cobrar o preço dos seus serviços. Enganado e depois dispensado por Spalanzani, o provedor de

[56]FREUD, S. (1919) O inquietante. In: FREUD, S. *História de uma neurose infantil: ("O homem dos lobos"): além do princípio do prazer e outros textos (1917-1920)*. Tradução e notas de Paulo César de Souza. São Paulo: Companhia das Letras, 2010.

olhos se vinga quebrando a boneca diante dos convidados alegres que assolam Hoffmann, perturbado.

Ato III. O conselheiro Crespel busca retirar sua filha das insistências de Hoffmann, que ela ama. Ela é atingida por um mal misterioso que a faria morrer se ela utilizasse a sua magnífica voz. Esse mal e essa dádiva lhe vêm de sua mãe defunta, célebre cantora. Quando os jovens se encontram, Antonia aceita sacrificar sua carreira por seu amor. O doutor Miracle vem propor seus serviços a Crespel, antes de ser expulso. Retornado junto a Antonia, que permaneceu só, ele anima o retrato de sua mãe para que esta ordene Antonia a cantar perdidamente. Envolvida pelo canto materno, ela obedece e morre.

Ato IV. Hoffmann se apaixona por Giulietta, cortesã veneziana. O capitão Dapertutto lhe dá um diamante para que ela obtenha para ele o reflexo de Hoffmann, depois de já ter obtido a sombra de Schlemil, outro de seus galanteadores. Este último, amante dispensado, desafia Hoffmann para um duelo e morre. O poeta se joga, então, nos braços de Giulietta, que aproveita de seu tormento para arrancar o seu reflexo e depois se esquiva. A fim de neutralizar Niklausse, que quer salvar Hoffmann ao fugir com ele, Dapertutto serve uma taça envenenada que Giulietta bebe sem querer. Ela desmorona, morta.

Epílogo/ Ato V. Retorno à taberna do prólogo. Hoffmann, esgotado pela lembrança de seus amores trágicos, embebeda-se. A Musa da poesia o faz decidir dedicar-se somente a ela. Entra Stella, que veio encontrar Hoffmann. Este, bêbado, vê na cantora somente uma imagem compósita de suas bem-amadas mortas. Niklausse convence Stella a aceitar a mão de um outro homem. Com a voz se distanciando, o verbo retoma, então, toda a sua influência sobre o poeta Hoffmann.

É interessante assinalar como, no próprio interior do libreto, existe uma tensão entre voz e palavra evocada por meio da luta entre a musa, campeã do significante, e a cantora, encarnação da voz. O libreto expõe essa tensão entre o verbo e a voz já na primeira intervenção da musa:

> Desapareça, oh, Sereia![57]
> Fantasma de suas noites
> Em vão tu o persegues,
> Eu quebrarei as correntes
> Que ele carrega em seu pescoço. [...]
> Ela [a Stella] está no palco, um povo a aclama;
> O divino Mozart empresta a seus acentos
> Essa lareira mentirosa, essa ardente flama
> Que de Hoffman outrora fulgurou os sentidos!
> É preciso, nesse momento fatal,
> Que ele escolha entre nossos amores,
> Que ele pertença à minha rival,
> Ou que seja meu para sempre![58]

Por trás do conteúdo manifesto, no qual estão relatados os amores do poeta, aparece um conteúdo latente. Este remete à posição de todo sujeito tentado pelo gozo total — que desembocaria na morte se, a ele, ele se entregasse —, mas que é coagido a desejar e, então, obrigado a renunciar a esse gozo para constituir-se como sujeito. Essa visão não é, certamente, a que se adota normalmente quando se propõe uma leitura da ópera de Offenbach; entretanto, ela parece pertinente pelo fato de que permite propor um certo número de respostas aos enigmas a que nos submete a obra. Vejamos agora, então, como essa problemática orienta de maneira significativa a estrutura dos *Contos de Hoffmann* e a especificidade de sua escrita vocal.

Última obra de Jacques Offenbach, esboçada a partir de 1873 e composta em 1875 e 1880, *Os Contos de Hoffmann* suscitaram, aos

[57]Não causará surpresa ver, aqui, cantora e sereia associadas.
[58]Ato I, cena 1.

musicólogos, durante muito tempo, uma série de problemas — devidos essencialmente ao fato de que o compositor morreu antes de haver completado a sua criação e de haver proposto uma versão definitiva. Ela contém um ponto surpreendente que reteve apenas um pouco a atenção dos comentadores. Todos concordam em reconhecer que os três personagens femininos, Olympia, Antonia e Giulietta são igualmente facetas da mulher amada por Hoffmann: a cantora, Stella. O compositor havia sonhado, como já tivemos a oportunidade de destacar, que uma única soprano interpretasse os três papéis — o que em parte ocorreu, aliás, durante a criação, em 10 de fevereiro de 1881. Adèle Isaac interpretou os papéis de Olympia e de Antonia, o ato de Giulietta tendo sido suprimido. Mas os musicólogos pouco se detiveram na elucidação desse elemento não obstante estranho: Stella, a cantora, durante a sua única aparição na ópera, ao longo do epílogo, fala. Ao passo que as três intervenções de seus duplos, ao longo dos atos II, III e IV a conduziram a interpretar árias de uma vocalidade cada vez mais louca: pensemos na ária de Olympia "Os pássaros na aleia..."; ou nos vocalizes virtuosísticos de Antonia no trio final do ato III; ou ainda na estonteante ária de Giulietta "O amor lhe diz: a bela", culminando em suntuosos vocalises em ré super agudo. O retorno da cantora se salda, na versão original[59], com algumas frases faladas[60]. Como compreender isso? Por que não ter confiado à Stella uma magnífica ária na qual ela teria podido expressar, após ter sido rejeitada por Hoffmann, seu ressentimento ou seu desespero, concluindo a ópera, assim, em um modo mais convencional? Por que o personagem que, na obra, é o

[59]*Os Contos de Hoffmann* é uma ópera cômica em sua versão original. Cômico não remete, aqui, ao tema tratado, mas à forma da obra, que faz alternar o falado e o cantado. Em sua origem, *Carmen* é, igualmente, uma ópera cômica. Os recitativos só foram acrescentados por Ernest Guiraud após a morte de Georges Bizet. É também Ernest Guiraud que se encarregará dessa tarefa para *Os Contos de Hoffmann*.

[60]A cantora pode até ser reduzida a uma só frase falada: "Estás atrasado, Hoffmann!" Como é o caso na versão baseada na edição de Michael Kaye e gravada sob a direção de Jeffrey Tata para Philips (422 374-2), em 1992. Louis Erlo, na produção da ópera de Lyon, em 1993, confia o papel a uma atriz e reduz sua intervenção a uma aparição muda, o que é uma excelente maneira de fazer ouvir a voz em sua dimensão de objeto pulsional!

portador da voz (com efeito, enquanto Hoffmann a espera na taberna, Stella interpreta Donna Elvira no *Don Giovanni*, de Mozart), paradoxalmente, vale-se apenas da fala?

Esse aspecto, ao que tudo indica, pareceu tão estranho à tradição lírica que o principal continuador de Offenbach, Ernest Guiraud, que completou a tradição do mestre, sentiu-se obrigado a concluir o epílogo com um grande duo Hoffmann/Stella com coro, lá onde, ao que tudo indica, Offenbach previa apenas uma breve troca de palavras. Guiraud conferiu novamente à ópera, assim, uma estrutura mais próxima do que ele podia imaginar serem as expectativas do público nesse fim de século XIX. Existe, entretanto, uma coerência no fato de que o epílogo vê desaparecer o canto feminino e volta a se tornar, principalmente, o lugar da fala. Coerência que é possível atualizar se nós tomarmos como eixo de análise essa tensão entre fala-sentido e voz-gozo. Nós mostraremos, a partir daí, que existe, no seio dos *Contos de Hoffmann*, um verdadeiro percurso vocal indo da fala ao grito, passando pelo canto, que torna necessário o retorno à fala no fim da obra.

A PALAVRA, A VOZ, O GRITO E, DEPOIS, A PALAVRA: *Um percurso operístico*

Depois do "coro dos espíritos", o prólogo inicia com palavras e não com o canto da musa da arte poética. Nós estamos, aqui, do lado do verbo, e de uma maneira muito coerente, a musa se transforma em estudante para acompanhar Hoffmann desde o começo da ópera e conduzi-lo a abandonar o gozo da voz — representado por seu amor pela cantora — representado por Niklausse, o fiel companheiro de Hoffmann. O fiador da palavra, seja ela poética, só poderia ser um homem. Aliás, todo o prólogo dará relevo à escansão significante (coros de bêbados, estrofes de Lindorf e canção de Kleinsach escritos de modo silábico, respeitando escrupulosamente o sentido, então, e deixando pouco espaço para os efeitos da voz). Jamais um prólogo (etimologicamente: "antes da palavra") foi tão mal nomeado. Preferiríamos falar, aqui, de "provocação", de chamado à voz... pelo tanto que a questão da vocalidade parece estar ausente. Aliás, durante as representações que dirigiu na ópera de Vienna em 1901, Gustav Mahler o cortou, bem como o epílogo. Isso pode parecer escandaloso aos apaixonados pelo texto original, que nós nos tornamos, mas, além da indignação, se pode ler nesse gesto espetacular, a inutilidade desses trechos, julgados segundo o gozo do ouvinte amante de ópera, mesmo que eles permitam destacar os contornos. Para Gustav Mahler, a ópera começava com a aparição da diva sob a forma da boneca Olympia e se concluía com a morte de Antonia. Gustav Mahler poderia ter dito, como Richard Wagner: "a música é mulher", e o prólogo, bem como o epílogo dos *Contos de Hoffmann*, desenrolam-se em uma taberna, universo essencialmente masculino[61]. A palavra enquadra, com o prólogo e o epílogo, os espetaculares transbordamentos vocais dos atos II, III e IV. Existe então, aqui, duas dinâmicas opostas, dentre as quais uma visa à liberação da voz, que se encontra nos atos centrais. Liberação que os atos das extremidades tentariam conter com a proeminência da palavra. Para esclarecer essa questão, entremos, agora, nos detalhes da análise dos três atos em que intervém a soprano, para tentar determinar como são organizadas as questões vocais.

O ato que sucede ao prólogo, o dito ato de Olympia, conta como o poeta Hoffmann se apaixona por uma cantora-autômato que ele crê ser uma moça. A primeira intervenção[62] da voz feminina de soprano se desdobra, nessa ocasião, na ária: "Os pássaros da aleia...". Aqui, os vocalises são particularmente brilhantes, acrobáticos e periculosos; apesar disso, essa ária não está totalmente desconectada da influência do prólogo. Com efeito, nela encontramos diversos vocalises escandidos. A composição da ária, em que se encontram diversas notas destacadas, instala uma descontinuidade de microssilêncios que fundam

[61]Louis Erlo, na ópera de Lyon, também suprimiu o epílogo. A ópera terminava com a retomada da canção de Kleinsach (que nós já havíamos ouvido ao longo do prólogo) murmurada por Hoffmann, sem acompanhamento orquestral, mais falada que cantada, enquanto ele estrangula a Stella. Poderíamos melhor exprimir a vitória da fala masculina sobre a expressão da voz feminina, e seu desejo, simultâneo, de gozar dela e dominá-la?
[62]Intervenção bastante reduzida, aliás, levando em conta a duração do ato.

a própria possibilidade do sistema linguageiro sonoro. O sentido certamente é perdido, tateia-se o gozo na extremidade do agudo, mas o canto descontínuo do vocalise leva a recolocá-lo sob a tutela da linguagem. O gozo que nasce, quando a voz se liberta dessa tutela, é então, dominado. A partir daí, o grito puro, que as notas super agudas da ária (mi bemol super agudo!) não podem deixar de evocar, é reinserido em um sistema significante que lhe permite ser mantido à distância. Por que se encontra essa prevalência da escansão significante em Olympia, enquanto uma vocalidade quase pura será em seguida atribuída a Antonia, e talvez ainda mais a Giulietta? Compreenderemos isso se admitirmos que, para poder dar voz à demanda do Outro masculino, Olympia deve ser uma mulher-objeto submetida. Esse autômato, sob a demanda de seu "pai", canta uma ária, que obedece ainda à lei do significante por meio das diversas notadas destacadas, introduzidas ao longo da ária. A particularidade da relação da máquina com seu criador é que, para dar a voz, ela depende dele, respondendo assim à demanda do Outro. A voz é, então, analisada[63]; ela se torna um objeto anal, no sentido em que a psicanálise falou de estádio anal. Esse tipo de relação se caracteriza efetivamente pela demanda, que o Outro formula à criança, de dar o objeto fecal a fim de que ele adquira a limpeza. A criança poderá brincar com isso, mas a máquina, não.

Olympia é uma mulher-objeto totalmente submetida à demanda do Outro que, mesmo repleto de solicitude com sua criatura, não possui outro desejo senão brilhar por meio dela: "Minha filha obedecendo a seus mínimos caprichos...", Olympia, enquanto ela obedece e responde unicamente às solicitações paternas, dando voz segundo o ritmo que lhe foi imposto, inscreve-se no registro do significante, e não está, então, em perigo. Entretanto, ela não permanecerá aí e morrerá disso. Uma vez completada a canção, é a dança frenética que tomará a frente. O corpo se arranca, então, do registro do significante para se tornar

[63]Nós encontramos essa relação particular com o objeto-voz anteriormente em Jules, o carteiro-melômano em *Diva*, filme de Jean-Jacques Beineix, e no barão de Gortz, do *Castelo dos Cárpatos*, de Júlio Verne.

corpo gozante. A boneca Olympia valsa cada vez mais rápido com um Hoffmann cego àquilo que está sendo tramado. Isso, aliás, perturba profundamente Spalanzani, seu criador, o qual pede que os façam parar: "Basta, basta, minha filha, não se deve mais valsar". Como não pensar, aqui, na frase do cavaleiro de Ségur a respeito de uma donzela desconhecida, vista no baile: "Ela é virgem, menos a valsa?" Nós não nos espantamos ao encontrar, aqui, uma dimensão abertamente sexual, que a própria situação da ópera torna explícita a quem quiser devidamente ouvi-la. A essa demanda paterna, Olympia responde mais uma vez "sim", mas sem, apesar disso, interromper-se. Além disso, esse "sim" aparece em um vocalise que se eleva ao agudo, escapando, por aí mesmo, da escansão que caracterizou a ária que ela anteriormente interpretara. Esse vocalise apaixonado pode ser facilmente qualificado como orgástico[64]. Olympia parece ter adquirido uma nova autonomia na dança. Teme-se por Hoffmann, aliás, e não por ela. "Ela vai quebrar a cabeça dele", diz Niklausse, como se Hoffmann houvesse se tornado o brinquedo da boneca. É evidentemente a intervenção do pai que interromperá a cena.

Em Richard Strauss e Oscar Wilde, o gozo feminino sem limite de Salomé fora sufocado sob os escudos. Em Jacques Offenbach e Jules Barbier, a mulher é igualmente assassinada por um substituto paterno por ter dado sua opinião no momento em que não lhe demandavam: "Seja bela e cale-se!" Voz sem lei, gozo sem limite, tudo isso é perigoso: mais vale destruí-lo. Olympia não possuía existência senão pela demanda do Outro. Seu desejo, expresso em um vocalise modulado em um "sim" que tateia o grito, poderá apenas reduzi-la ao estado de dejeto, rompendo-se. Não se diz de uma voz, aliás, que ela se rompe ou que ela racha quando a cantora erra um agudo, levando à irrupção dos assovios dos ouvintes, frustrados em sua expectativa? O próprio ato se encerra com os risos dos convivas que zombam da credulidade de

[64]O encenador Robert Carsen, com a cumplicidade de uma Natalie Dessay enlouquecida, não deixará de destacar essa dimensão, em sua produção dos *Contos de Hoffmann*, em 2000, na ópera da Bastilha.

Hoffmann. À voz rompida da diva respondem somente dejetos vocais: vaiada na realidade, risos na ação da ópera.

Notaremos, a respeito disso, que o valete que acompanha todo esse ato, Cochenille, é gago. Isso quer dizer que ele resume, em seu próprio sintoma, toda a dinâmica vocal do ato. Com efeito, no gago, no momento em que a voz deveria encontrar a palavra, é para ele impossível, tomado nessa tensão entre sentido e gozo, encadear a palavra seguinte sem começá-la duas vezes. Essa dicotomia entre palavra e voz, que Olympia encarnara de modo trágico, Cochenille a duplica de modo cômico.

Essa derrapagem vocal ligada ao emprego do corpo terá mostrado que dar a voz não é sem risco. O ato de Antonia desenvolve maravilhosamente essa tese. Antonia é uma moça cuja mãe, falecida, foi uma notável cantora. Como essa, ela possui uma maravilhosa voz, mas da qual ela não pode gozar, sob a pena de morrer. Certamente, ela morrerá após ter ouvido a voz materna que lhe ordena cantar. Esse ato nos confronta com a dimensão mortífera da voz materna em sua vertente arcaica, enquanto ela não está balanceada pela fala paterna. Essa voz cativante, que chama a criança e lhe propõe gozar eternamente da indiferenciação, encontrou, aliás, uma representação no mito das sereias. Uma leitura do texto de Franz Kafka, *O Silêncio das sereias*[65], nos permitirá precisar essa dinâmica da voz, alienante e mortífera.

O SILÊNCIO DAS SEREIAS:

Uma interpretação kafkiana da voz como objeto pulsional

Na ocasião de um curto texto datado de 23 de outubro de 1917, no "Caderno G", intitulado *O Silêncio das sereias,* Franz Kafka propõe uma interpretação bastante estranha do célebre episódio do encontro de Ulisses com as sereias, que Homero relata no canto XII da *Odisseia*. A história é perfeitamente conhecida, e Kafka se apoia no

[65]KAFKA, F. "O silêncio das sereias". In: HOMERO *Odisseia*. Trad. T. Vieira; texto em apêndice de Franz Kafka. São Paulo: Editora 34.

conhecimento que o leitor possui para suscitar nele um estranho sentimento de incompreensão.

Na obra de Homero, a feiticeira Circe, deixando com desgosto partir o seu amante, revela a ele os perigos que encontrará no caminho de volta a Ítaca. Circe anuncia:

> Encontrarás primeiro/Sereias. Quem quer se aproxime delas se/fascina. O ingênuo que de perto escute o timbre/ de suas vozes, nunca mais terá por perto/ a esposa e os filhos novos, que se alegrariam/ com seu retorno à residência, pois Sereias/ o encantam com a limpidez do canto. Sentam-se/ no prado: empilham-se ao redor os ossos de homens/ apodrecidos com a pele encarquilhada. / Não chegues perto! [...] Não/ as ouça ninguém mais além de ti (se o queres).[66]

Ulisses, seguindo os conselhos da feiticeira, tapará os ouvidos de seus companheiros com cera e se fará amarrar ao mastro do barco para poder ouvir o canto mortal.

Eis, agora, como Kafka se apropria do episódio mítico e o reescreve:

> Para se proteger das sereias, Odisseu tapou os ouvidos com cera e se fez prender ao mastro. [...] Ele confiava inteiramente no punhado de cera e na cadeia de correntes e, com uma alegria inocente, lançou-se ao encontro das sereias com seus parcos meios
>
> Mas agora as sereias dispõem de uma arma ainda mais terrível que o canto, isto é, seu silêncio. E embora não tenha acontecido, é talvez concebível que alguém houvesse escapado ao seu canto, mas certamente não ao seu silêncio. [...]
>
> E, de fato, quando Odisseu se aproximou, as poderosas cantoras não cantaram, seja por terem acreditado que só poderiam vencer aquele adversário com o silêncio, seja porque a visão da graça no rosto de

[66]HOMERO *Odisseia*. Trad. T. Vieira; texto em apêndice de Franz Kafka. São Paulo: Editora 34, p. 206.

> Odisseu, que não pensava em nada além de cera e correntes, fê-las esquecer todos os seus cantos.
>
> Mas Odisseu, por assim dizer, não ouviu o seu silêncio; pensou que elas cantassem, e que somente ele estivesse a salvo de escutá-las. Viu de relance, primeiro, o movimento de suas gargantas, a respiração profunda, os olhos lacrimosos, a boca entreaberta, e achou que fosse por causa das árias que se perdiam inauditas ao seu redor. Logo, porém, tudo deslizou por seu olhar fixado na distância, as sereias realmente desapareceram em face de sua determinação e, precisamente quando ele estava mais próximo a elas, já não fazia o menor caso de sua existência.
>
> Elas, no entanto — mais belas do que nunca — esticavam-se e contorciam-se, deixavam os horripilantes cabelos soltos no vento e distendiam as garras sobre os rochedos. Já não queriam seduzir, queriam apenas captar o reflexo dos grandes olhos de Odisseu, tão longamente quanto pudessem.[67]

Para notar a pertinência da "interpretação" de Kafka, que torce a lenda ao ponto de tornar as sereias silenciosas e Ulisses, surdo, convém voltar às coordenadas do mito original.

As sereias são demônios marinhos, metade mulheres, metade pássaros. Elas são mencionadas pela primeira vez por Homero no canto XII da *Odisseia* (v. 1-200). Lá, elas são duas. Outras tradições mais tardias contabilizam três, e até quatro. Elas são consideradas como musicistas extraordinárias, e, segundo Apolodoro[68], uma tocava a lira, uma outra cantava, a terceira empunhava a flauta.

As sereias habitavam uma ilha do Mediterrâneo, tradicionalmente localizada ao longo da costa da Itália meridional, no mar da península de Sorrente, para onde, com sua intervenção sonora, elas atraíam os marujos que passavam pelos arredores. Os navios se aproximavam

[67]KAFKA, F. "O silêncio das sereias". In: HOMERO *Odisseia*, Trad. T. Vieira; texto em apêndice de Franz Kafka. São Paulo: Editora 34, p. 501-502.
[68]APOLLODORE *Bibliothèque*. The Loeb Classical Library: Londres/Nova Iorque, 1921.

perigosamente das costas rochosas de sua ilha e ali se despedaçavam. As sereias devoravam, então, o corpo dos marujos naufragados.

Antes mesmo do episódio de Ulisses, as sereias conheceram uma primeira "derrota". Apolônio de Rodes a relata em suas *Argonáuticas*[69]. Jasão, partindo à conquista do Velo de ouro na longínqua Cólquida, embarca no navio Argo uma cinquentena de heróis da Grécia. Dentre eles, encontram-se Castor e Pólux, Admeto, Héracles, Butes, Laerte[70] e Orfeu. Este último havia sido solicitado por Jasão para tornar seus companheiros surdos às perniciosas vozes das sereias. Algo que ele consegue fazer, mas somente em parte. Com efeito, Apolônio de Rodes revela que um dos marujos, Butes, escolheu a voz das sereias em vez do canto de Orfeu e se jogou ao mar para juntar-se a elas. Essa exceção mostra que o canto de Orfeu não possui a faculdade de amarrar totalmente os marujos e de mantê-los à distância da voz das sereias: o todo do real da voz não poderia ser tomado aos encargos do simbólico, da palavra poética. O canto (a voz submetida à lei do significante) de Orfeu permite à maioria dos marujos, todavia, manter à distância esse real fascinante, ouvido no chamado sustentado pelas sereias. Essa lenda nos mostra em que o canto (misto de voz e de palavra) é o que permite fazer calar a voz, ou, ao menos, permite permanecer em parte surdo a ela. O canto é o que permite depor a voz, pacificá-la. O que leva Jacques-Alain Miller a dizer:

> Se nós falamos tanto, se fazemos os nossos colóquios, se tagarelamos, se cantamos, se escutamos os cantores, se fazemos música e se a ouvimos [...], é para fazer calar o que merece ser chamado de voz como objeto *a*.[71]

[69]APOLLONIOS DE RHODES *Argonautiques*, canto 1, v. 492 e 568; canto II, v. 595. Londres/Nova Iorque: The Loeb Classical Library, 1921.

[70]A presença, dentre os Argonautas, de Laerte, pai de Ulisses, permite situar esse episódio no tempo mitológico, anterior àquele que Homero relata.

[71]MILLER, J.-A. "Jacques Lacan et la voix" . In: LEW, R., SAUVAGNANT, F. (orgs.) *La Voix*. Paris: La Lysimaque, 1989, p. 184. Na teoria de Lacan, o objeto *a* é o objeto causa do desejo. Não representável enquanto tal, ele só pode ser identificado sob a forma parcial de fragmentos do corpo, redutíveis ao objeto da sucção (o seio), ao objeto da excreção (fezes), ao olhar e à voz.

Qual é, então, a característica do canto das sereias? Contrariamente ao que se poderia esperar, esse canto não é somente agradável. Ele contém uma dimensão considerável de tensão e, então, de gozo, que se pode compreender se se retornar à origem da criação das sereias. Ovídio conta que elas não possuíram sempre asas de pássaros[72]. Em um primeiro tempo, elas foram moças, companheiras de Perséfone. Quando esta foi raptada por Hades, o deus dos Infernos, elas pediram aos deuses que as provessem de asas, a fim de que tivessem meios de procurá-la em toda parte. O nascimento das sereias teria a sua origem, então, em uma perda, a qual vai carregar um chamado. Mais do que cantar, as sereias chamam, e até gritam seu desespero. Essa dimensão do grito permanece, aliás, impressa no próprio coração de seu canto, já que, por diversas vezes, Homero o qualificará como *phthoggos*, o que, em grego antigo, quer dizer canto, mas também grito, e até o grunhido inarticulado do ciclope[73]. A aproximação do canto das sereias e do grunhido do ciclope não deixa de surpreender... Como se pode compreender isso? Uma das acepções do termo *phthoggos*[74] se orienta ao som puro, sem sutis harmonias, nesse caso, uma emissão contínua que o descontínuo da palavra não chegaria a velar. A voz da sereia colocaria em primeiro plano a dimensão sonora e não significante do enunciado por meio de uma destruição da articulação.

As sereias dizem a Ulisses:

> Aproxima, Odisseu plurifamoso, glória/ argiva. Vem aqui! Vem a nós! / [...] Bem distantes, a ponto de não mais ouvir *grito*[75] algum/ e o canto das Sereias.[76]

[72]OVÍDIO *Metamorfoses*, canto V, v. 555.

[73]HOMERO *Odisseia*. Trad. T. Vieira; texto em apêndice de Franz Kafka. São Paulo: Editora 34, canto IX.

[74]Ver, a esse respeito, as muito esclarecedoras análises de KAHN, L. *La petite Maison de l'âme*. Paris: Gallimard, 1993, p. 237-238, e BENTATA, H. "Sirènes et chofar: incarnation mythique et rituelle de la voix". In: MEYER, F. (org.) *Quand la voix prend corps*. Paris: L'Harmattan, 2000, p. 89-103.

[75]A palavra "grito" foi grifada pelo autor.

[76]HOMERO, *Odisseia*. Trad. T. Vieira; texto em apêndice de Franz Kafka. São Paulo: Editora 34, canto XII, p. 211. Trad. modificada. Nota-se a insistência do chamado na repetição do imperativo "Vem!".

De fato, pouco importa o texto; as sereias não são senão vozes que expressam, em suas vocalizações vociferantes, um desejo absoluto no que diz respeito ao sujeito. O que veiculam essas vozes é uma promessa de gozo e de saber absoluto. Elas recolocam o sujeito em relação com um tempo anterior à lei, mas sem, com isso, anunciá-lo. Contrariamente à cantora — que, no agudo de sua voz, é confrontada com uma necessária perda de articulação da fala para poder cantar e que, por isso mesmo, transgride a lei do significante e, do mesmo modo, a relembra —, a sereia e seu grito se situariam aquém dessa lei.

Com efeito, no caso do canto, há transgressão e recordação das questões da lei significante. Se a voz da sereia é mortífera, é porque a relação com a lei é salutar ao desejo humano pelo fato de permitir ao percurso desejante que perdure, que não se perca em ilusórios encontros. Mas, como o homem não pode nunca se acomodar totalmente com essa lógica da renúncia, ele sempre é tentado por essa voz do gozo que o convida a se reconectar com o arcaico, com esse tempo mítico em que o desejo não precisara ainda se atualizar. Nesse ponto se concentra a força das sereias, que encontram uma cumplicidade no próprio coração do homem. A voz da Sereia é o desejo do Outro que vem buscar o sujeito, e o perde utilizando seu próprio "tropismo" de gozo: "desejo de não-desejo", como disse Piera Aulagnier[77]. Enquanto a voz como tal desaparece por trás da significação no ato de fala, enquanto, na cantora, ela aparece encadeada pela lei do significante, na sereia, ela ocupa, desencadeada, a frente da cena, fazendo-se pura materialidade sonora. Próxima do grito, ela urra a quem quer ouvi-la: "Goza, nós te ordenamos! Que nada te interrompa! A ti o saber absoluto!".

Nós encontramos, aqui, a dimensão contínua característica do objeto *a*, definido por Lacan. Contínuo do olhar ilustrado pelo olhar do cego, e contínuo da voz que consegue expressar-se no grito ou,

[77]AULAGNIER, P. *A violência da interpretação, do pictograma ao enunciado*. Rio de Janeiro: Imago, 1979.

melhor ainda, no silêncio. Não os microssilêncios das consoantes que vêm interromper o fluxo das vogais, permitindo o acesso à palavra, mas o silêncio anterior à palavra. O silêncio pleno do caos precedendo a palavra criadora. Silêncio mortífero, presença absoluta que ainda não haveria encontrado a irrupção da pulsação, criada pela alternância presença/ausência. Fazendo das sereias seres silenciosos, Kafka encontra poeticamente essa questão do objeto pulsional voz. Efetivamente, como ele o nota justamente, não poderíamos escapar desse silêncio pleno que solicita a parte incriada em cada um de nós. Mas Kafka não se queda aí e dá uma "volta do parafuso"[78] ao transformar as sereias em dançarinas! A descrição dada é eloquente e não deixa nenhuma dúvida:

> Elas, no entanto — mais belas do que nunca — esticavam-se e contorciam-se, deixavam os horripilantes cabelos soltos no vento e distendiam as garras sobre os rochedos.[79]

Fazendo as sereias deslizarem do campo sonoro ao escópico, Kafka radicaliza o que diz respeito à voz como objeto *a* (ou seja, como objeto não representável), o qual ele posiciona, com uma presciência clínica notável, enquanto *á*-fono. A voz não está ligada com o sonoro, ela é o que está em excesso no ato de fala. Imitando, ou melhor, dançando, o chamado que elas endereçam a Ulisses, enquanto permanecem silenciosas, as sereias de Kafka se tornam puras vozes, lembrando, com isso mesmo, que é possível ver as vozes[80].

Existe um outro ponto extremamente surpreendente, na releitura de Kafka, que nos permitirá, de nossa parte, dar um passo suplementar: trata-se da maneira pela qual Ulisses utiliza a cera. No mito homérico, Ulisses torna surdos seus companheiros tapando seus ouvidos

[78]Ver MANNONI, O. "A volta do parafuso". In: MANNONI, O. *Chaves para o imaginário*. Trad. L. M. R. Vasalo. Petrópolis: Vozes, 1973.
[79]KAFKA, F. "O silêncio das sereias". In: HOMERO *Odisseia*. Trad. T. Vieira; texto em apêndice de Franz Kafka. São Paulo: Editora 34, p. 502.
[80]"E todo o povo vê as vozes", Êxodo, 20, 15.

com cera, enquanto ele mesmo deixa os seus bem abertos para poder aproveitar o concerto:

> Talhei a bronze um grande círculo de cera/ e o fragmentei. Com mãos robustas o premi. / Depois de macerá-la ao Sol, refulgurante, senhor Hiperionide, a cera aquece. Amolgo-a/ bem nas orelhas de meus companheiros, um/ a um. No mastro, ereto, me amarraram, mãos/ e pés. Apertam o adibal, antes que as pás/ dos remos singrem a água gris.[81]

Ora, em Kafka, Ulisses se faz não somente amarrar ao mastro, mas, além disso, tapar seus ouvidos com cera:

> Para se proteger das sereias, Odisseu tapou os ouvidos com cera e se fez prender ao mastro.[82]

Eis o que é, no mínimo, surpreendente. Ulisses teria se tornado surdo... Kafka parece prefigurar, aqui, o que nós propusemos, no início de nosso percurso, definir como um ponto surdo no seio da psiquê[83]. Freud já havia nos advertido: o poeta precede o psicanalista[84].

Kafka, poeticamente, trata essa questão. Ulisses, em seu texto, ensurdecendo-se ao silêncio das sereias[85] — o silêncio devendo ser compreendido, aqui, como a voz primeira, o rumor do real —, conserva

[81]HOMERO *Odisseia.* Trad. T. Vieira; texto em apêndice de Franz Kafka. São Paulo: Editora 34, canto XII, p. 210.
[82]KAFKA, F. "O silêncio das sereias". In: HOMERO *Odisseia.* Trad. T. Vieira; texto em apêndice de Franz Kafka. São Paulo: Editora 34, p. 501.
[83]VIVES, J.-M. "Para introduzir a questão da pulsão invocante". Rev. latinoam. psicopatol. fundam., São Paulo, v. 12, n. 2, p. 329-341, Junho, 2009. Disponível em: <http://www.scielo.br/scielo.php?script =sci_ arttext&pid=S141547142009000200007&lng=en&nrm=iso.
[84]Ver FREUD, S. (1907) O delírio e os sonhos na *Gradiva* In: FREUD, S. *Obras completas, volume 8: O delírio e os sonhos na* Gradiva, *Análise da fobia de um garoto de cinco anos e outros textos (1906-1909).* Tradução de Paulo César de Souza. São Paulo: Companhia das Letras, 2015.
[85]Não sem humor, Kafka diz devidamente: "Mas Odisseu, por assim dizer, não ouviu o seu silêncio; pensou que elas cantassem". In: HOMERO *Odisseia.* Trad. T. Vieira; texto em apêndice de Franz Kafka. São Paulo: Editora 34, p. 502.

a possibilidade de atar-se aos cantos das sereias. Tornando-se surdo a seu silêncio — que é apenas a imaginarização da voz como objeto —, ele ouve seus cantos e sai, assim, ileso do perigoso passe. Se nós retomarmos, a partir dessa interpretação, a desventura ocorrida com Butes, ao longo de sua viagem com os Argonautas, nós poderíamos dizer que, enquanto todos os companheiros de Jasão haviam constituído esse ponto surdo intrapsíquico permitindo-lhes escolher o canto de Orfeu à voz das sereias, Butes — em contato com elas desde sempre — não pôde investir nesse doma-voz. Nós compreendemos, então, a enigmática fórmula de Kafka: "é talvez concebível que alguém houvesse escapado ao seu canto, mas certamente não ao seu silêncio"[86]. *In fine*, o Ulisses de Kafka revela-se ser ao de Homero o que Hamlet é ao Édipo, na *Interpretação dos sonhos*, retomado em "Personagens psicopáticos no palco"[87], de Freud: a saber, um herói moderno. Na *Traumdeutung*, Freud escreve:

> No mesmo solo de *Édipo rei*, lança raízes outra grande obra trágica, o *Hamlet*, de Shakespeare. Mas no tratamento diferenciado do mesmo material se revela toda a diferença entre a vida psíquica de dois períodos culturais imensamente afastados, o avanço secular do recalcamento na vida psíquica da humanidade. Em *Édipo*, como no sonho, a fantasia de desejo subjacente da criança é trazida à luz e realizada; em *Hamlet* ela permanece recalcada e ficamos sabendo de sua existência — o que é semelhante ao estado de coisas de uma neurose — apenas pelos efeitos inibidores que dela provêm.[88]

[86]KAFKA, F. "O silêncio das sereias". In: HOMERO *Odisseia*. Trad. T. Vieira; texto em apêndice de Franz Kafka. São Paulo: Editora 34, p. 501. Notaremos que, com um rigor conceitual que inspira admiração, Kafka fala, aqui, do canto e não da voz. Com efeito, compreenderemos que, em nada, não é o canto que é mortal, mas a voz em sua dimensão de absoluta continuidade.

[87]FREUD, S. (1942 [1905 ou 1906]) Personagens psicopáticos no teatro. In: FREUD, S. *Obras completas, volume 6: três ensaios sobre a teoria da sexualidade, análise fragmentária de uma histeria ("O caso Dora") e outros textos (1901-1905)*. Tradução de Paulo César de Souza. São Paulo: Companhia das Letras, 2016.

[88]FREUD, S. *A interpretação dos sonhos*. Trad. R. Zwick. Porto Alegre: L&PM, 2016, p. 287.

Lá onde a dinâmica pulsional estava de imediato atualizada em Homero, ela se encontra "estranhada" em Kafka. Mas é esse deslocamento imposto pelo autor — como no caso de Hamlet em relação com o de Édipo — que nos permite perceber as modalidades de expressão e as questões contemporâneas: trata-se menos de um canto sedutor que de uma voz vociferante fora do simbólico, urrando àqueles que não conseguiram tornar-se surdos a ela: "Goza!". Uma ligação, que nós nos propomos agora estudar, pode então ser estabelecida entre esse imperativo, tal como nós os encontramos nos escritos de Homero e na arte lírica.

RETORNO AOS CONTOS

Bem como as sereias de Homero, a voz da mãe de Antonia convida a mortais encontros:

> Cara criança que eu chamo
> Como outrora
> É a tua mãe, é ela!
> Ouça a sua voz
> Antonia, Antonia, Antonia...
> Minha voz te chama como outrora!
> Minha voz te chama!
> Canta mais, minha filha! Canta!...[89]

A voz da sereia, como a da mãe de Antonia, é o desejo do Outro que vem buscar o sujeito. Para obedecer, ele pode, então, ou perder-se no mais total silêncio, ou dar a voz, cantar perdidamente para responder à vocalização do Outro com uma invocação que tentaria ir ao encontro de seu ouvido. É exatamente o trajeto vocal de Antonia que se pode notar ao longo desse ato. Antonia começa por cantar uma ária

[89]BARBIER, J. "Les contes de Hoffmann", ato III, n° 17, "Trio". In: *L'Avant-Scène Opéra*, p. 55-57.

de âmbito[90] relativamente reduzido: "Elle a fuit la torterelle..." Depois, no duo com Hoffmann, encontraremos dois *si*, lançados triunfalmente em: "Tu verás se eu perdi a minha voz." A voz e o gozo a ela ligado começam, aqui, a imporem-se, deixando poucas dúvidas sobre a escolha que fará a moça, entre a vida amputada de toda esperança de gozo vocal e a morte provocada pela voz. Nós encontraremos, em seguida, um longo trilo culminando em um ré super agudo, lançado desde os bastidores... Quase um grito, mas um grito que permanece velado, já que é produzido fora de cena. O horror do gozo é assim, momentaneamente, mantido à distância. Esse grito, contudo, será esboçado, nessa vez em cena, no trio final em que a figura diabólica do médico invoca a voz materna para fazer Antonia cantar[91]. Uma ascensão cromática levará as vozes ao registro mais agudo e culminará no dó super agudo e no dó super agudo sustenido para Antonia, que morrerá. O grito de Antonia, mesmo musicalizado, de fora da cena [hors scène] se torna, então, acompanhado pelos sugestivos "mais, ainda" do personagem masculino, "ob-sceno" [ob-scène][92]. Após o ato de Olympia, ao longo do qual a voz havia sido mais ou menos mantida sob a lei do significante, o ato de Antonia a liberta dela, por intermédio da voz-sereia-mãe.

Poderíamos nos espantar, com isso, que seja surdo o personagem do valete, sobre o qual levantamos anteriormente a hipótese de que ele duplicava, de modo cômico, a dinâmica vocal da heroína? O melhor meio não é, como já nos ensinavam Homero e, após, Kafka, escapar aos malefícios da voz das sereias? Notaremos, aqui, como no fim do ato de Olympia, a presença de "lampejos de voz" na presença do riso do doutor Miracle, personagem diabólico tendo conduzido Antonia a cantar ao invocar a imagem e a voz de sua mãe. As rubricas precisam: "*Antonia, agonizante,*

[90]O âmbito é a amplitude de uma melodia entre sua nota mais grave e sua nota mais alta.

[91]A sedução faz, com efeito, algo cantar naquele que é seduzido. É o que leva Antonia a abandonar as balizas simbólicas paternas para as águas mais turvas da sereia materna. A perversidade do sedutor, do mestre-cantor, trabalha com a cumplicidade do seduzido para conduzi-lo a se perder, mas isso é sentido como vindo do outro.

[92]Nota da editora: Na frase, o autor se vale da homofonia entre "obscène" (obsceno) e "hors scène" (fora de cena), o que não foi possível preservar na tradução.

cai. Miracle desaba no chão, soltando uma gargalhada. O fantasma desaparece, o retrato retoma seu aspecto." O riso é, aqui, o que chega mais próximo de presentificar a voz como objeto da pulsão invocante: não objeto sublime, pelo qual Antonia acreditou morrer, mas dejeto. Offenbach não poderia melhor nos transmitir que a voz sublime da cantora se revela, no fim das contas, não ser senão a máscara do grito, o que o próximo ato deveria ter posto em cena. Eu digo realmente "deveria ter", pois, como nós nos deteremos a demonstrar, isso nunca acontece.

GIULIETTA OU O GRITO CENSURADO

O ato seguinte, dito ato de Veneza, vê Hoffmann apaixonar-se por uma cortesã, Giulietta, a qual, sob demanda do diabólico Dapertutto, roubará seu reflexo e morrerá, não como Olympia e Antonia, ao longo de sublimes e brilhantes vocalises, mas em um grito. Não é questão de vocalise tendendo ao grito, como anteriormente, mas de um grito fora do registro simbólico, na medida em que ele não é musicalmente anotado. O libreto recentemente estabelecido (2004) por J.-Chr. Keck[93], para as representações de Lausanne, dirigidas por Mac Minkowski e encenadas por Laurent Pelly, precisa: "*Soltando de repente um grito*". Esse ato é o mais problemático e é igualmente aquele que mais varia de uma versão à outra. Offenbach parece não ter ficado satisfeito com o libreto concernente ao fim do ato de Giulietta, e ele até discretamente fez apelo a seus libretistas usuais, Meilhac e Halévy[94].

Diversas soluções foram propostas a partir das interpretações do libreto, arquivado no escritório da censura, e das folhas de partes faltantes encontradas ao longo desses últimos anos:

- 1972, versão de Richard Bonynge, gravada para Decca (455 865-2): envenenamento de Giulietta.

[93]J. -Chr. KECK é um musicólogo especialista nos *Contos de Hoffmann*. Suas pesquisas e suas descobertas musicológicas contribuíram grandemente para o estabelecimento de uma versão quase definitiva da obra. Ver *L'Avant-Scène Opéra*, n° 235, 2006.

[94]Libretistas cúmplices com os quais Offenbach realizou suas maiores óperas bufas: *La Belle Hélène* (1864), *La Vie parisienne* (1866), *La Grande-Duchesse de Gérolstein* (1867), *La Périchole* (1868).

Giulietta entra em cena seguida de Pitichinaccio.

PITICHINACCIO: Por aqui, Senhora, por aqui.

GIULIETTA (*sem perceber Hoffmann*): Partiu! Está ótimo! O resto não me diz mais respeito. [...] Eu fui cruelmente vingada! Que tolos, esses homens de gênio! (*Ela parte com uma gargalhada que é repetida por Pitichinaccio. Hoffmann olha com estupor. Giulietta começa a se despentear olhando-se no pequeno espelho. Ela tosse.*) Eis os poéticos amores que me enrouqueceram a voz!

PITICHINACCIO: Pega, Senhora, pega, beba, beba, Senhora!

(*Ele lhe serve de beber. Giulietta pega o copo, mas mal encosta os lábios nele e o joga para longe, se levanta,* solta um grito[95] e *cambaleia.*)

HOFFMANN (*tomando-a em seus braços*): Ah, miserável!

(*Giulietta olha para Hoffmann com horror. Depois ela escorrega de seus braços e cai morta. Pitichinaccio dá uma gargalhada.*)

- Em 1992, encontra-se a mesma situação na versão realizada por Michael Kaye e gravada por Jeffrey Tata para Philips (422 374-2).
- Em 1996, Kent Nagano grava para Erato (0640 14330-2) uma nova versão desse fim do ato IV, igualmente realizada por Michael Kaye.

HOFFMANN (*a Giulietta*)
Assim, tu mentias, mulher miserável!
Do amor sagrado tu tomavas a tônica
Para roubar minha vida e minha alma,
Meu coração e meu sangue? E para atrair em teu negro covil
Alguma outra vítima, oh, monstro execrado!
Tu sorrias para ele? Pois bem, não! Víbora!
Eu vou te esmagar!

(*Ele retira um punhal de seu bolso.*)

[95]Grifos nossos.

DAPERTUTTO: Inferno! Turva os olhos dele!

NIKLAUSSE: Hoffmann!

HOFFMANN: Onde então ela está?

OS CONVIDADOS: Ah! Ah! Ah!

DAPERTUTTO: Vai, bate no ar, o diabo tem parte com isso!

HOFFMANN: Ah! Ei-la! (*Ele bate em Pitichinaccio que cai.*)

GIULIETTA (*precipitando-se sobre o corpo de Pitichinaccio*): Meu Naccio!

HOFFMANN: Aberração!

GIULIETTA: Sou eu, eu que te chamo!

OS CONVIDADOS: O Naccio dela!

GIULIETTA: Meu coração!

OS CONVIDADOS: (*rindo*): Ah! Ah! Ah! (*Fecham-se as cortinas. Fim do ato.*)

- Em 2004, Jean-Christophe Keck elabora uma nova versão que será dirigida por Marc Minkowski na ópera de Lausanne, e retomada na ópera de Marseille.

HOFFMANN (*a Giulietta*)
Então tu me traíste, criatura infame!
De uma sincera paixão tu imitavas a tônica!
Para me roubar minha vida e meu sangue!
E qual será então, horrível víbora,
Tua próxima vítima designada?
Como para mim, sorrirás para ele?
Pois bem, não! Pois bem, não!
Não, não, não, não! Eu te esmagarei!

DAPERTUTTO: Já está na hora do inferno se meter nisso...

NIKLAUSSE: Que fazer?

HOFFMANN: Eu te esmagarei...

OS CONVIDADOS: Hi! Hi! Hi! Ho! Ho! Ho!

HOFFMANN: Vai! Eu vou te estrangular!

DAPERTUTTO: De Giulietta, eu não preciso mais agora!

OS CONVIDADOS: Hi! Hi! Hi! Ho! Ho! Ho!

DAPERTUTTO (*coloca sua mão esquerda diante do rosto de Hoffmann, que permanece petrificado. Com a mão direita, ele lhe estende sua espada*): Toma! Pega a minha espada! Ela te é familiar!

HOFFMANN (*pegando a espada em mãos, com o braço estendido*): Ah! Giulietta!

(*Dapertutto coloca agora o diamante diante dos olhos de Giulietta, fascinada, depois a empurra lentamente na espada que segura Hoffmann.*)

OS CONVIDADOS: Ah!

GIULIETTA (*soltando de repente um grito*): Ah!

OS CONVIDADOS: Miserável! O que então ele fez?

GIULIETTA (*em seu último suspiro*): Hoffmann!

HOFFMANN (*acordando repentinamente e caindo de joelhos, perto de Giulietta*): Giulietta!

DAPERTUTTO (*contemplando a cena e gargalhando*) Pobre Giulietta! Morta!

OS CONVIDADOS: Ele a matou! Ha! Ha! Ha!

(*Os esbirros levam Hoffmann. Dapertutto ri.*)

A versão escolhida para a impressionante encenação de Olivier Py, em 2008, no grande teatro de Genebra, escamoteia igualmente esse momento[96].

O grito aparece explicitamente, entretanto, em três dos libretos (em 1972: "Giulietta pega o copo, mas mal encosta os lábios nele e o joga para longe, se levanta, solta um grito e cambaleia.". Em 1992: mesma indicação.

[96]*Les Contes d'Hoffmann*, direção de O. Py, Bel Air classiques, 2009, 2 DVD.

E em 2004: "soltando de repente um grito"), mas estranhamente não se encontra em nenhuma das versões gravadas ou apresentadas...

A insistência desse escamoteamento não poderia deixar indiferente o psicanalista. Aqui, nós somos realmente confrontados com uma repressão do grito.

Ao longo desse ato, é o personagem de Pitichinaccio que, como fizera o valete gago no ato de Olympia e o servente surdo no de Antonia, acompanha Giulietta como sua sombra. Se os primeiros esclareciam de modo particular a dinâmica vocal, o que nos ensina esse estranho personagem? Dos três personagens, Pitichinaccio é aquele que possui menos texto: nada mais que algumas breves falas ("Três longos dias!...", "Brinque com as palavras!", "Foge!", "Ele está, então, sem reflexo?", "Não há mais reflexo!"), e nenhuma ária. Isso é bem pouco! Esse personagem essencial, motor no desenlace do ato, é mais uma silhueta, na ópera, do que um verdadeiro personagem. Ele aparece na obra de E.T.A. Hoffmann: "Salvator Rosa"[97]. Trata-se de um anão *castrato*, que um idoso veste de mulher para servir de camareira para sua pupila. O que ele vem fazer nesse ato? O ato de Veneza, de longe o mais complexo dos cinco, sai da problemática exclusiva da voz para oferecer uma articulação entre pulsão escópica e pulsão invocante. A meta realmente é apropriar-se da imagem: a sombra de Schlemil, e depois, o reflexo de Hoffmann. A voz circula, mas ela possui como meta o gozo do olhar. Nós podemos, a partir disso, levantar a hipótese de que a presença do *castrato* não somente esclareceria a dinâmica sedutora e dominadora da voz (interpretou-se frequentemente o papel de Pitichinaccio como o proxeneta de Giulietta, ele a faria "cantar"...), mas seria igualmente o reflexo caricatural da divina cortesã. O estranho *castrato*, travestido e pouco loquaz, condensaria nele as questões invocante (silêncio) e escópica (paródia de mulher) do ato. Em uma das versões desse ato, ele conclui com uma gargalhada, em seguida dos convivas do ato de Olympia

[97]HOFFMANN, E.T.A. Salvator Rosa. In: *Contos Fantásticos*. Trad. C. Cavalcanti. Rio de Janeiro: Imago, 1993.

e do diabólico doutor Miracle, do ato de Antonia. Riso que está onipresente em todo esse fim de ato trágico. É, em consequência, no riso, e em sua relação com o grito, que nós fixaremos nossa atenção agora.

O RISO:
Comemoração estranhamente inquietante do grito

O que pode explicar a gargalhada daquele que parecia ter se ligado com Giulietta e com quem ela parecia ter laços?

Acompanhando o grito inaudível na medida em que ele é, aparentemente, impensável, o riso — outra manifestação vocal fora das palavras — está extremamente presente ao longo desse fim de ato, conduzindo à morte. Cedendo a um trocadilho fácil, poderíamos dizer que se "embarca na risada"[98] muito ao longo do ato de Veneza. Mas é preciso devidamente reconhecer: nada na situação parece justificar essa hilaridade, seja ela zombeteira ou cruel.

Enquanto clínicos, nós nos deteremos em elucidar a presença desse riso. Nós já o encontramos ao longo do ato de Olympia, em que os convidados zombam da credulidade de Hoffmann, e depois no de Antonia, em que o médico diabólico conclui o ato com uma gargalhada de triunfo. Se esses risos podiam ser considerados como de "situação", esse não é o caso no ato de Giulietta. Durante a cena final, enquanto Hoffmann se dá conta de que perdeu seu reflexo, e que assistimos a um assassinato, os convidados não cessam de rir. Certamente, tomou-se o hábito, na ópera, de não ser detalhista demais com o sentido que veicula o libreto, mas, nesse caso, a situação é tão incongruente que a seguinte hipótese pode ser levantada: ela revela uma verdade inconsciente, como revela o riso inextinguível, surgindo na ocasião de uma cerimônia solene (enterro, condecoração...).

É nessa dinâmica que se situam os risos dos *Contos de Hoffmann*? Esse não parece ser o caso. Rir é uma certa maneira de dar a voz. De fato, esses risos não são lampejos de voz que se fariam com a violência de

[98]O autor se vale do verbo "gondoler" no sentido de "contorcer-se de rir". O trocadilho, aqui, refere-se às gôndolas, embarcações típicas de Veneza. [NdT].

uma passagem ao ato, o que se passa, possivelmente, ao longo da cerimônia oficial. Aqui, são risos sardônicos, triunfantes ou zombeteiros. O riso vem marcar o prazer de ver o outro cair: desprezo de Hoffmann em face da boneca que ele toma por um ser humano (ato de Olympia); em face do gozo vocal mais forte que o amor (ato de Antonia); em face da desaparição do objeto desejado quando este parecia dever entregar-se (ato de Giulietta). Se Freud escolheu um dos contos de Hoffmann para abordar a dimensão da "inquietante estranheza", *Os Contos de Hoffmann*, de Offenbach, quase não suscitam esse sentimento. Ou melhor: eles poderiam suscitar um sentimento de inquietante estranheza sonora, se as indicações do compositor fossem seguidas ao pé da letra, ou seja, se se respeitasse a escrita vocal, desejada por Offenbach, e então, a presença do grito.

A análise freudiana do sentimento da inquietante estranheza mostra que o que deve permanecer na sombra do familiar, mas que a abandona, contudo, é inquietante porque é portador de uma transgressão, especialmente se há repetição. É a noção de retorno do recalcado que aqui se encontra prefigurada, em 1919:

> O inquietante é aquela espécie de coisa assustadora que remonta ao que é há muito conhecido, ao bastante familiar.[99]

O inquietante encontraria sua fonte em um momento em que o sujeito, em via de surgimento, é tomado em uma dinâmica em que o princípio do prazer e seu mais além constituem um mundo. A constituição desse mundo implica o afastamento, o recalcamento de sensações, de objetos que, em um primeiro momento, fizeram parte do sujeito. Um desses objeto rejeitados é o grito que o *infans*, em um estado de desamparo, não expulsa em um primeiro momento para chamar, mas para "ex-pulsar" essa sensação de sofrimento.

[99]FREUD, S. (1919) O inquietante. In: FREUD, S. *História de uma neurose infantil: ("O homem dos lobos"): além do princípio do prazer e outros textos (1917-1920)*. Tradução e notas de Paulo César de Souza. São Paulo: Companhia das Letras, 2010, p. 331.

Mas o que é recalcado — ou, para ser mais preciso, reprimido — na ópera? Nosso percurso nos permite agora afirmar: é o grito. Grito do qual se aproxima, cada vez mais, à medida que se escreve a história da ópera. Grito que ameaça retornar e do qual se esforça para manter à distância. O retorno do grito provocaria esse sentimento de inquietante, comemorando o momento em que o sujeito, para existir, lançou no vazio do mundo essa primeira manifestação sonora. Os risos triunfantes e sardônicos dos três atos centrais seriam a comemoração reduzida ao mínimo desse grito *princeps*, entre grito e canto. Com efeito, se o grito, em sua dimensão contínua, fura o espaço da palavra, o riso, de sua parte — mesmo se está fora do sentido —, reintroduz a dimensão do descontínuo pelos soluços que engendra. O riso, então, seria ao mesmo tempo evocação do grito primordial que viu a constituição do sujeito, e manifestação de alívio, já que ele foi evitado...

Ao contrário dos dois atos precedentes, em que intervém a diva, o ato de Giulietta deveria concluir-se ("deveria", insisto no termo já que nenhuma produção parece ir ao cabo de suas próprias escolhas!) com um grito real, o que é extremamente raro na ópera. Desenha-se, então, um percurso coerente se o observarmos à luz de nossa problemática: da vocalidade submetida à lei do significante, do ato de Olympia ao grito de Giulietta, passando pelos vocalises de Antonia, todos os graus da voz foram percorridos *crescendo*. Com isso, resta apenas retornar à palavra pura, que permitirá velar o grito que desvelara a voz. Paradoxalmente, é o que Stella, a cantora, realizará no epílogo.

Essa análise apresenta a vantagem de dissipar, em parte, a indefinição que subsistiu, durante muitos anos, concernente à ordem a respeitar entre o ato de Antonia e o de Giulietta. As edições Choudens, em 1882, propuseram uma partitura na qual o ato de Giulietta precedia o de Antonia. É essa versão, aliás, que será durante muito tempo a mais utilizada para as representações e gravações[100]. As pesquisas

[100]É a que empregou, por exemplo, R. Bonynge em 1972, em sua gravação na Decca, com Joan Sutherland nos papéis de Olympia, Antonia, Giulietta e Stella.

musicológicas conduzidas entre 1984 e 1994, a partir de manuscritos encontrados e do libreto entregue pelo próprio Offenbach à censura, mostraram, todavia, que a ordem desejada pelo compositor era a seguinte: Olympia, Antonia e, finalmente, Giulietta. Isso parece coerente se estudarmos a estrutura da ópera à luz da problemática, que aqui articulamos, entre fala e voz.

Com efeito, seguindo essa ordem, a progressão da ópera é inteiramente tensionada ao grito da cortesã, vindo concluir o percurso vocal da mulher. Tudo se passa como se o grito emitido por Giulietta, no momento de sua morte, resultasse do abandono da preeminência da lei sobre o significante que se mantivera, de modo mais ou menos feliz, ao longo dos atos precedentes. Richard Bonynge pressentiu devidamente o hiato entre o grito e o lugar central do ato no qual ele é proferido, na versão estabelecida por Choudens em 1882. Com efeito, como continuar a cantar o ato de Antonia após ter sido atingido o paroxismo vocal, na circunstância do grito de Giulietta? Isso, aliás, conduz Joan Sutherland a escamotear esse grito. Ela escolhe, a despeito das indicações cênicas, substituí-lo por um suspiro. Mas existia outra solução? Era preciso ou eliminar o grito indicado no libreto, ou deslocar o ato para o fim. A desaparição do grito era a solução mais "satisfatória" para todos. Com efeito, após ter ouvido esse grito, manifestação da voz em sua mais pura e mais incômoda materialidade, pode-se apenas voltar à fala pura. Ao grito não se pode opor senão a fala. Em consequência, compreende-se por que é necessário, à diva, não cantar ao longo do epílogo. O horror provocado pelo paroxismo vocal que constitui o grito não pode ser mantido à distância senão pela reintrodução da lei do significante sob a forma da fala.

Essa questão do grito também nos permite levantar uma hipótese concernente à supressão desse ato durante a criação. Os musicólogos propuseram alguns motivos: ato longo demais[101], necessitando de difíceis mudanças de cenário... Todavia, permanece evidente que o público

[101] Algumas óperas da mesma época, como as de Meyerbeer, entre outros, eram tão longas quanto, se não mais...

o aprecia particularmente. Sobre isso testemunha a célebre barcarola, tornada uma verdadeira "serra musical", usada de toda e qualquer maneira. Nós acreditamos que o que determinou a supressão desse ato, durante a criação, é menos a sua extensão do que a presença desse grito, verdadeiro "*diabolus in opera*". Após ter suprimido as mulheres dando a voz, suprime-se o próprio lugar da mais pura expressão da voz, a saber, o grito. Offenbach aparece, aqui, como aquele com quem chega o escândalo operístico. Aquele que se acostumou considerar como um agradável animador e igualmente aquele que revelou ao público que toda ópera tende ao grito. O que esse mesmo público recusou, e ainda recusa, ouvir, pois "o grito é a voz, privada daquilo por meio do qual ela pode ser objeto para o desejo do Outro. [...] O 'buraco do grito' é um buraco interior, mas é também o da Coisa. [...] Assim, o grito cava o corpo — e, ao mesmo tempo, ressoa no espaço onde a Coisa falta"[102].

Bem se vê, aí, como a ópera deve se manter constantemente entre a fala e o grito, de modo que o ouvinte não caia nem no tédio, nem no horror. O prólogo e o epílogo dos *Contos de Hoffmann* podem ser suprimidos, como o fez Gustav Mahler, por causa da importância que conferem à fala e, finalmente, porque pouco sustentam o gozo do ouvinte. Em contrapartida, o grito, no ato de Giulietta, aproximando-se bem perto do gozo ligado à voz, é vivido como perigoso. Em consequência, ele é suprimido regularmente e, até, sistematicamente. Um ano após a criação dos *Contos de Hoffmann*, um outro grito de mulher aparecerá na ópera: trata-se do grito que rasga *Parsifal*, de Richard Wagner, e que lança o personagem de Kundry, logo após reduzido ao silêncio. Esse grito não será censurado e, com isso, nada mais será como antes... Ele marcará até uma das etapas decisivas que levaram ao fim da ópera como gênero. Com efeito, se a ária visava ao grito, esse último não menos devia ser evitado. Daí o surto dos ouvintes quando a diva erra

[102]JURANVILLE, A. *Lacan e a filosofia*. Trad. V. Ribeiro. Rio de Janeiro: Jorge Zahar Ed., 1987, p. 202.

uma nota: a voz divina deixa adivinhar na nota desafinada[103] o horror do urro infernal. Nenhum instrumentista provocará tal ódio se ele tocar uma nota errada... Prova disso é, se ainda é preciso de alguma, que a voz não é um instrumento como os outros. Não se diferenciam, aliás, no conservatório, os músicos (instrumentistas) dos cantores (dos quais se pode esperar que sejam igualmente músicos...)? Uma vez revertida a regra da interdição do grito na ópera, esse gênero só poderia morrer ou eternizar-se na repetição do mesmo: *lasciatemi morire*.

A questão da melodia e dos efeitos de lirismo vai então, pouco a pouco, ceder o lugar à questão da emergência do real da voz, tema no qual a música contemporânea se deteve particularmente[104]. É essa emergência que nós analisaremos a partir de um dispositivo social que visa, no mesmo movimento, a convocar e a revogar a voz. Nós estamos falando da música eletrônica e dos agrupamentos festivos que ela suscita.

[103]Nota da editora: em francês "couac". Onomatopeia usada para designar a falha de um instrumentista ou cantor no exercício da função.

[104]COHEN-LEVINAS, D. *La création après la musique contemporaine*. Paris: L'Harmattan, 1999; *La Voix au-delà du chant. Une fenêtre aux ombres*. Paris: Vrin, 2006.

CINCO

POR QUE OS ADOLESCENTES PREFEREM ESCUTAR MÚSICA ELETRÔNICA EM VEZ DE SEUS PAIS?

Julien, 20 anos de idade, vem se consultar depois de uma *bouffée délirante*[1] surgida no dia seguinte de uma balada de música eletrônica, em que ele dançou durante mais de onze horas, sustentado pelo consumo de diversas substâncias. De volta para casa, por volta do meio-dia, ele se deita, adormece e acorda depois de uma hora com uma sensação de opressão torácica muito forte. Alguns minutos depois, ele começa a ouvir vozes e é incapaz de expressar o que dizem. O fenômeno cederá sozinho, ao cabo de algumas horas. Julien é um estudante que participa de *raves* desde os 16 anos e que, desde então, consome *ecstasy*.

[1] O termo "bouffée délirante", que indica uma crise delirante repentina de curta duração, foi mantido em francês, pois foi usado como tal no vocabulário psiquiátrico, estando incluso nos "Transtornos psicóticos agudos e transitórios" (F23), no CID 10. [NdT]

Quando nós o conhecemos, o episódio delirante data de um mês. Julien não voltou mais a nenhuma balada e não mais consumiu drogas. Todavia, seu medo de que "isso [o] retome" permanece muito grande. Ele próprio observa que, se cessou todo consumo de tóxicos, ele não pode evitar escutar, diariamente, música eletrônica, muito alta, em fones. "É como uma droga, ele repetirá diversas vezes; acalma!" É essa frase que fez nascer, em nós, a intuição de que uma relação "melo-maníaca" do jovem com a música poderia ser, nesse caso, um equivalente toxicomaníaco. O que, na música eletrônica, incita tanto o adolescente? O que ele ouve quando escuta essa música[2]?

A música eletrônica é, sem dúvida, o mais revolucionário fenômeno musical do fim do século XX. Ela efetua uma ruptura com todas as referências musicais precedentes, à exceção da música dita contemporânea (Stockhausen, Adams, Reich), com a qual ela partilha uma estrutura frequentemente repetitiva. A característica mais surpreendente dessa música, pouco analisada pelos comentadores, que são fascinados, ao que parece, pelos *beats* (pulsações por minuto que acentuam seu aspecto repetitivo), reside em um trabalho específico com o timbre, que é, com a altura, a duração e o volume, um dos parâmetros do som. Trabalho que poucos compositores haviam tão sistematicamente conduzido.

UMA MÚSICA TIMBRADA

O timbre caracteriza o que se chama igualmente de a "cor" do som. Este, com efeito, nunca é puro, mas resulta de um emaranhado complexo no qual outras frequências sonoras (harmônicos, reverberações) vêm se acrescentar à frequência inicial. O timbre depende também do "contorno temporal" do som (ataque, decaimento, sustentação, repouso). Não se pode "mensurar" o timbre de um dado som, mas se pode exibir seu espectro sonoro com a ajuda de analisadores, identificando e permitindo visualizar as diversas frequências associadas a ele.

[2] VIVES, J.-M., CASSABUT, J. "Les enjeux vocaux de la dynamique subjective rencontrée à l'occasion du rassemblement adolescent techno". In: *Cliniques méditerranéennes*, n°75. Toulouse: Érès, 2007, p. 155-165.

Dois sons podem possuir a mesma altura e o mesmo volume, mas eles não podem possuir o mesmo timbre — este dependendo da maneira pela qual é "atacado" e dos ressonadores particulares[3]. O timbre é a negativação do simbólico pelo real — ou, dito de outro modo, ele é o que escapa do poder de simbolização e permanece intraduzível. O timbre é o parâmetro vocal mais difícil de apreender: o volume e a altura podem mensurar-se objetivamente, mas não o timbre. Ele é a resultante complexa da transformação e da modelagem do som laríngeo pelas cavidades de ressonância. Ele está em relação direta com o real do corpo e se encontra relativamente pouco modificável, afora, justamente, nas manifestações do real que são a puberdade, a menopausa ou a doença laríngea. O timbre é, sem dúvida, um poderoso índice de "presença", precisamente porque ele não pode, afora certas situações psicopatológicas, ser evocado arbitrariamente.

Os professores de canto têm devida consciência de que as possibilidades de modificar o timbre são limitadas, já que ele é o que buscam ouvir em um cantor iniciante, colocando-se a questão: existe um timbre? Em outros termos, de que importa que a pessoa não cante ainda muito afinado, ou que não possua uma grande potência vocal, se se percebe, além desses embaraços, um sujeito cantante? É ainda o timbre que desperta, seletivamente, a paixão do liricômano. Com efeito, quando a voz da diva se eleva ao agudo, o que o ouvinte percebe é um timbre. Esse timbre da cantora o fará vibrar ou não. Cantora, e não cantor, pois as vozes masculinas — à parte, mais uma vez, as dos *castrati* — raramente provocaram os transportes ou as rejeições que suscitaram as vozes das divas. Nesse âmbito, as brigas opondo os admiradores de Maria Callas com os de Renata Tebaldi permaneceram célebres. É preciso crer que o amor deixa cego, mas pode também, em certas condições, deixar surdo... ao canto, quando o timbre vem nos soar. A busca apaixonada

[3] Os amantes de jazz brincam, frequentemente, de tentar reconhecer tal ou tal instrumentista "às cegas" (*blind test*). O que lhes permite identificar o músico é seu timbre e, entre outras coisas, as "transitórias de ataque", que são os primeiros milissegundos da produção do som.

por um timbre, eleito pelo amante como sendo o lugar de onde "isso" o chama, permite supor que ele encontra, ali, uma resposta possível à busca desejante acionada pela pulsão invocante. O amante percebe, ali, seu objeto e tenta aproximar-se dele, e até tomá-lo...

Esse ponto de real que excede a palavra, como mostramos anteriormente, tornará o investimento possível para o *infans*. Com efeito, a palavra é transmitida ao *infans* assombrada pelo timbre da voz materna. Timbre que o *infans* reconhece muito cedo, aliás, como mostraram as experiências dos psicólogos do desenvolvimento conduzidas em recém-nascidos com apenas algumas horas de vida. O timbre é, para a voz do sujeito, o equivalente das impressões digitais; fala-se, aliás, em impressão vocal. O timbre deve ser compreendido, aqui, mais além do simples parâmetro vocal, em sua dimensão de pura continuidade. Aristóteles, em seu tratado *Da anima*[4], nomeia *phônè* a voz enquanto timbre. Ela não é articulada. Ela não se refere a um objeto cuja significação ela transmitira da parte de um destinador a um destinatário. Ela é inarticulada, mas se diferencia do ruído na medida em que faz sentido. Ela não é o signo arbitrário colocado no lugar de uma coisa — o signo sendo o que representa algo para alguém. Ela é da ordem do contínuo; ela não é decomponível em unidades discretas. Ela trabalha a palavra e por vezes a ensurdece, bem como mostra a clínica da afonia. O timbre assombra a voz articulada e vem por vezes ocupar a frente da cena. Com a palavra, os sujeitos se comunicam, debatem, decidem, contam... Com a voz, em sua dimensão de timbre, o sujeito (se) manifesta. Lacan abre uma brecha na análise das relações entre o sujeito e essa dimensão real da voz que é o timbre ao escrever:

> O sujeito produz a voz. Digo mais, a função da voz sempre faz intervir no discurso o peso do sujeito, seu peso real. A voz grossa, por exemplo,

[4] ARISTÓTELES *Da anima*. Tradução e notas de Maria Cecília Gomes dos Reis. São Paulo: Editora 34, 2012, 2ª edição.

> a princípio entra em jogo na formação da instância do supereu, onde ela representa a instância de um Outro se manifestando como real.[5]

Por vezes, o dizer vem arranhar o dito: o ilustre caso de Dora, relatado por Freud, em que essa manifestação do sujeito é localizável na ocasião de seus ataques de "tosse e a perda de voz"[6]. A tosse é o que permite dar a voz sem que nada seja articulado. Isso vem marcar um choque do ato de fala com seu próprio gozo corporal: quando há disfunção da laringe enquanto órgão fonador, é como zona erógena que ela "sobrefunciona". Mas, nesse caso, dar a voz é fazer emergir o timbre.

A música eletrônica privilegia quase exclusivamente essa dimensão do timbre, e não a da altura, contrariamente à maior parte das músicas que a precederam. Certos desenvolvimentos da música eletrônica, tais como o *gabber*, versão extrema do *hardcore*, utilizam, aliás, os timbres mais desconcertantes, no limite da dor, como os ruídos de interferência industriais. Não é mais uma melodia composta por unidades discretas que propõe a música eletrônica, mas um contínuo sonoro: passa-se imperceptivelmente do grave ao agudo e vice-versa. Não há palavras, não há descontinuidade melódica, mas timbres ligados por uma pulsação podendo ir além dos 230 batimentos por minuto. A habilidade do DJ não consiste mais em passar de uma música à outra, o que fora sua função nos bailes, mas em manter um fluxo ininterrupto, passando imperceptivelmente de uma *mix* à outra. Todavia, esse contínuo sonoro, ao longo da noite, é rompido por momentos de dois tipos:

1. Parada brutal da difusão musical, confrontando os *ravers* com um silêncio ensurdecedor;
2. Introdução no contínuo sonoro de sons eletrônicos extremamente cortantes.

[5] LACAN, J. (1958-1959) *O seminário, livro 6: O desejo e sua interpretação*. Trad. C. Berliner. Rio de Janeiro: Jorge Zahar Ed., 2016.

[6] FREUD, S. ([1901] 1905) Análise fragmentária de uma histeria. In: FREUD, S. *Obras completas, volume 6: três ensaios sobre a teoria da sexualidade, análise fragmentária de uma histeria ("O caso Dora") e outros textos (1901-1905)*. Tradução de Paulo César de Souza. São Paulo: Companhia das Letras, 2016, p. 199.

Nos dois casos, a reação imediata da multidão se expressa sob a forma de gritos. Tudo se passa como se os *ravers* ouvissem no "a-menos" do silêncio ou no "a-mais" dos sons estridentes um chamado ao qual eles respondem sob forma de exortação: a uma só voz, eles gritam. Essas rupturas não se situam do lado da escansão simbólica, mas, em sua dimensão traumática, impõem aos participantes o que está em jogo na noite: uma aproximação, ao mais perto, da Coisa, com o risco de nela afundarem.

A segunda característica da música eletrônica, já enunciada, é sua dimensão repetitiva. Ela se constrói sobre a base de "ciclos" sonoros, montados de tal maneira que a repetição se localiza no coração da própria estrutura da obra. Isso implica que esta não seja mais vetorizada temporalmente, contrariamente a todas as peças musicais compostas até então, mas que se inscreva essencialmente em um aqui e agora, espécie de presente de eternidade em que a atividade da pulsão consegue ilustrar-se, estando desconectada do percurso desejante. Nessas duas especificidades (contínuo e repetição), nós reconhecemos dois fundamentos do trabalho em obra na pulsão de morte.

A partir daí, parece-nos justificado levantar a hipótese segundo a qual a música eletrônica funcionaria, em alguns adolescentes, como uma "voz", em que o sujeito ouviria um chamado que convém, aqui, definir. Nós pensamos que esse chamado, no caso dos adolescentes que conhecemos em nossa prática, deve ser situado do lado de um "vem" — próximo do chamado das sereias, expressão de um desejo incondicional e incestuoso do qual seria impossível escapar — que de um "torna-te". Julien, aliás, se deu conta disso, com muita precisão, já que ele nos dirá após algumas sessões:

> Quando eu escuto música eletrônica no fone, eu não preciso falar, tudo está lá. A música fala comigo e eu não tenho nada a dizer. Quando eu venho te ver, é o contrário: você está mais para silencioso e eu falo, mesmo que eu não saiba muito bem por quê.

Parece que encontramos, aqui, uma expressão extremamente clara do conflito entre o real da voz em sua dimensão de chamado ao gozo, da qual levantamos a hipótese de que a música eletrônica seria uma das formas possíveis, e a voz, vetor da fala, em sua dimensão de chamado a tornar-se. Se nós voltarmos às características da música eletrônica, nós poderemos compreender como ela convoca essa dimensão do real. Com efeito, o timbre é o que escapa ao poder de simbolização, o que permanece intraduzível.

O adolescente melomaníaco encontraria na música eletrônica o instrumento de um curto-circuito do desejo pelo "consumo" de um objeto que existe e insiste lá onde o objeto do desejo não pode estar senão faltante. Até hoje, a voz como objeto pulsional se inscrevia de modo subentendido nos dispositivos culturais que a solicitavam: ela era o que faltava e do que o amante tentava aproximar-se. Com a música eletrônica, ela se impõe, a dimensão contínua e o trabalho com o timbre sendo o que permite, ao máximo, convocá-la. Reduzindo o objeto causa do desejo — a voz como objeto — ao objeto da demanda (a música gravada que, todavia, faz ouvir algo desse objeto voz), o adolescente põe o desejo em falta. Já que existe realmente um objeto preenchendo a demanda, como é o caso na toxicomania, ele evita o desejo, que explora uma falta do lado do objeto e uma divisão do lado do sujeito.

Com isso, nós propomos levantar essa hipótese: o sujeito não consegue inscrever-se totalmente no circuito da invocação. Certamente, ele grita para que a voz do Outro se faça ouvir. Contudo, não se pode dizer que ele "se faça ouvir": ele estaria, então, "bloqueado" no primeiro tempo da pulsão. Ele é chamado, submetido à voz arcaica que ele ouviria no desencadeamento dos timbres percebidos, mas não consegue ainda percorrer a segunda parte do circuito, a qual lhe permitiria dar a voz, colocar-se como emissor, e não mais somente como receptor. Todavia, é importante destacar que as características aqui observadas se encontram, durante uma *rave*, levadas a seu paroxismo, o que nos conduz a interrogar o próprio dispositivo da manifestação da música eletrônica.

A angústia de Julien, após sua *bouffée délirante*, convida ao questionamento: por que ele repatria, ao campo da esfera íntima, sua maneira toxicomaníaca de escutar música quando ele não pode realizá-la e regulá-la entre os *ravers*? Pode-se, com efeito, assimilar a *rave* a um ritual "comunial"[7] moderno, que faz empréstimos de diferentes fenômenos de transe e de exercícios de crises — histeriformes coletivas — tais como as descreveu Catherine Clément[8]. Exceto que as dimensões sagradas, místicas e produtoras de símbolos, sem estarem ausentes, como veremos mais à frente, não conseguem proteger sempre o sujeito contra os desafios mortíferos da voz, que podem, eventualmente, transformar a festa em um verdadeiro caos[9]. Com efeito, é possível que da festa surja a dimensão do ódio, que Lacan define como uma comunhão sem comunicação. Pode-se, então, colocar em evidência um apagamento da dinâmica subjetivante em prol de uma (e)fusão no seio da "família" dos *ravers*.

Nós mostramos anteriormente que a voz era, necessariamente, consubstancial à lei no advento e na manutenção da divisão estrutural do sujeito: se a voz precisa da lei para ter direito de cidadania, a lei precisa da voz para se fazer ouvir. Procedendo à exacerbação de um contínuo sonoro, a música eletrônica não somente desfaz toda unidade discreta, tal como o significante, mas, além disso, substitui a melodia pelo som, ou melhor, pela onda sonora[10]. Ela incentiva, assim, a largar a lei simbólica para não conservar senão o real do gozar da voz.

Ora, o gozo está sempre do lado do excesso; do lado de um corpo excedido no plano da percepção e das sensações. O gozo é fora do lugar (o lugar é devidamente toda a questão dos festivais clandestinos de música eletrônica), fora do tempo (a *rave* desorienta o tempo cronológico, o embaralha associando os *afters* ao festival e estendendo este

[7]Nota da editora:o autor utiliza o neologismo "communionnel", por isso optamos por manter um neologismo também na tradução ao português.
[8]CLÉMENT, C. *Les Révolutions de l'inconscient. Histoire et géographie des maladies de l'âme.* Paris: La Martinière, 2001.
[9]Traduzimos como "caos" a palavra "ravage", termo que joga com a palavra "*rave*", aproximando-se foneticamente. [NdT]
[10]Também fazemos referência, aqui, à voz, atribuída por O. Messiaen ao anjo de sua ópera *Saint François d'Assise,* que é figurada por ondas Martenot. Os sons oriundos desse instrumento não são justamente notas enquanto recortes de unidades sensíveis, mas, ao modo da música eletrônica, *glissandi* que têm por consequência apresentar uma continuidade sonora. O que nos permite dizer que, se os anjos estão fora do sexo, também estão fora da linguagem.

último durante vários dias), fora do sujeito (o corpo do grupo e o da pessoa se substituindo). A ordem simbólica é perturbada pelo afluxo de gozo. A dimensão sagrada desaparece, o dispositivo da música eletrônica não necessitando desse reconhecimento da alteridade radical da figura divina; quanto ao valor místico do agrupamento da música eletrônica, ele se resume ao artifício do consumo de tóxicos, que propulsa o sujeito ao delírio, ou seja, o retira do sulco traçado pelo princípio do prazer para fazê-lo atingir seu mais além. Em suma, somente a dimensão imaginária, que nós tocamos por meio da fantasia comunial, parece harmonizar-se com o real do gozo. Lacan aborda uma tal fantasia[11] em sua ligação com o canibalismo, com a oralidade (do corpo de Cristo); registro de um gozo transgressor e incestuoso, que nós vamos tentar articular com a *rave* por meio da seguinte questão: o que se consome e se partilha na ocasião da rave?

DO ÓDIO ANTES DE TUDO

Para Freud, o amor é secundário. É o ódio, em sua dimensão estruturante, que motiva o amor enquanto defesa do afeto odioso. O que nós já notamos quando evocamos o mito de "Totem e tabu": o ódio primordial dos filhos ao pai conduzirá à eliminação desse. Do assassinato coletivo nascerá uma culpa partilhada na qual os filhos se reconhecerão, fundando por aí mesmo uma comunidade de pertencimento "assassina", proporcionando o amor ao restabelecimento totêmico e cultual do lugar do pai. É importante destacar que ao ato assassino sucede uma refeição totêmica, ao longo da qual o corpo do pai é absorvido. Nós encontramos, aí, essa oralidade canibal comunial que poderia caracterizar o fenômeno de agrupamento da música eletrônica. A incorporação do corpo do pai morto encontrará, aqui, seu equivalente na incorporação auditiva — fenômeno já encontrado na ocasião de nosso estudo sobre o shofar.

[11] LACAN, J. (1960-1961) *O seminário, livro 8: A transferência*. Trad. D. D. Estrada. Rio de Janeiro: Jorge Zahar Ed., 1992.

Antes desse movimento de incorporação, nós podemos levantar a hipótese que, em um primeiro tempo, o pai interditor é logicamente rejeitado para fora do dispositivo. Ele retornaria sob a forma do policial. No espaço da *rave*, em que a lei está suspensa, posta entre parênteses, a intervenção da lei seria percebia como a encarnação policial do supereu, o que apresenta uma primeira forma de pacificação pulsional exprimindo-se assim: "Tudo não é possível". Contudo, trata-se, aí, somente de um primeiro tempo de subjetivação, pois essa intervenção permanece sempre exterior ao sujeito. É no encontro clínico que Julien, atribuindo-nos a injunção "Fala!", prosseguirá esse processo de subjetivação. Nós propomos precisar essa hipótese de uma ligação "*a*ural" com o Outro e suas consequências amodiosas[12], atendo-nos à análise das relações existentes entre a multidão/massa de *ravers* e o DJ.

Se o ódio se constitui em ligação primeira, será devidamente necessário, ao grupo (ou à comunidade), uma construção defensiva capaz de manter à distância o ódio primordial em jogo no dispositivo. Este nos parece revelado pelo êxtase, esse estado secundário, nirvânico, atingido pelo consumo de *ecstasy*, que não é outra coisa senão a "pílula do amor". Nós obtemos, então, sob a forma de uma inversão em seu contrário, o precioso *pharmakon*, capaz de curar o *raver* de uma intoxicação odiosa, e que não é outra coisa senão o amor. A construção defensiva que procede ao equilíbrio da montagem *technoide* é, então, o amor. Essa pista nos permitirá arriscar uma nova definição do personagem central do DJ, em exercício no seio das *rave parties*.

O PAI MENOS O PIOR

A questão que se coloca é a do lugar ocupado pelo DJ no seio de um tal dispositivo. Com efeito, ele não é outra coisa senão o traficante oficial de um gozo sonoro (D.J. como *Dispensateur de Jouissance* [Dispensador de Gozo]) que ele dispensa aos participantes por meio de seus vinis, suas

[12] "Amódio" é um neologismo lacaniano que tenta evidenciar a articulação estreita entre o amor e o ódio.

mixagens, seu *feeling*. Tudo parte dele e de sua performance ao longo do *set* que ele toca. Quando ele é "bom", os participantes gritam, o que pode ser ouvido como um "Mais, ainda!", vindo validar sua proposição de chamado a gozar, na qual DJ e *ravers* se encontram co-implicados. De fato, os "diversos gritos de alegria, os assovios e a barulheira ouvidos entram na execução musical"[13]. Existe uma co-criação musical em que os elementos fornecidos pelos *ravers* são retomados, reelaborados e redistribuídos pelo DJ. Nós praticamente poderíamos ler aí a função alpha de Bion, em que os elementos impensáveis, expulsos pelo *infans*, são tomados ao encargo pela mãe, elaborados e, depois, restituídos sob uma forma mais apropriável[14].

Quando ele é "ruim", a sessão pode ser encurtada, o DJ é vaiado. A continuidade sonora cai e, com ela, o êxtase gozoso do *raver*, dando lugar ao corte introduzido pelos significantes injuriosos: retorno à palavra depois que a voz foi revelada em sua mais insustentável crueza. Em suma, o DJ pode ser idolatrado, enquanto dispensador de gozo, ou odiado, quando ele supostamente o recusou, de modo fantasmático, aos outros. Ele seria, então, suspeito de conservar o gozo só para ele, encontrando assim a posição do pai da horda totêmica freudiana. Com isso, nós colocaremos a seguinte proposição: o DJ ocupa o lugar do pai da horda, mas, contrariamente ao do mito freudiano, ele aceita dispensar o gozo aos filhos reunidos. O bom andamento da noite permitiria, momentaneamente, suspender a necessidade segundo a qual não há pai senão morto. Isso engendraria a fantasia de um retorno a esse tempo a-histórico em que não teria sido necessário que uma lei fosse promulgada, e em que o desejo não teria precisado se atualizar. O ritual de agrupamento da música eletrônica — ritual cuja função consiste em reinscrever o sujeito no *socius*, ao mesmo tempo em que assume algo de um gozo comunitário — pode, todavia, não ser capaz de realizar a sua função. Somente o DJ, como já destacamos, possui

[13]VAUDRIN, M. -C. *La musique techno ou le retour de dionysos*. Paris: L'Harmattan, 2004, p. 99.
[14]BION, W. *Experiências com grupos*. Trad. W. I. Oliveira. Rio de Janeiro: Imago, 1975.

a possibilidade de vetorizar o gozo, ocupando simultaneamente um lugar de pai arcaico (caso os *ravers* suspeitassem que ele retém um gozo reservado somente a ele) e de figura ideal paterna (quando ele sabe compartilhá-la e dispensá-la aos outros). Nesse sentido, ele não se sobrepõe inteiramente ao pai freudiano em seu alcance interditor, aceitando, todavia, encarnar "esse ao menos um que o nega". Com isso, nós defendemos que o DJ representa uma figura intermediária entre o pai da horda e o da lei. A *rave* acrescentaria, assim, ao mito freudiano, um pai de um terceiro tipo, forma de substituto ao pai freudiano, por meio de uma construção fantasmática de um pai que goza e que não guardaria o gozo para ele. O pai menos o pior, de certo modo. Falta determinar o lugar do DJ em relação com o real da Coisa sonora, tal como agora vamos defini-la.

SE FAZER UM NOME A PARTIR DE UMA VOZ

Os diferentes elementos que acabamos de evidenciar e que concorrem ao funcionamento do dispositivo da música eletrônica estão muito distantes do que nós estabelecemos concernente ao velamento/desvelamento da voz no seio da ópera. De fato, esse dispositivo parece dedicar-se a querer torná-la presente o mais diretamente possível. Contudo, não estamos em um espaço totalmente assimbólico. O que vai sustentar o dispositivo é um efeito de nominação. Com efeito, se nos *flyers*, anunciando a realização de *raves* clandestinas[15], nem a data, nem o lugar[16] são revelados, neles figuram, em contrapartida, o nome do ou dos DJ. E, para as mais "selvagens"[17] dentre elas, não há sequer *flyers*, tudo se faz de boca em boca; aí, mais uma vez, é o nome do DJ

[15]As únicas reconhecidas como verdadeiras pelos *ravers* melomaníacos, que consideram as noites de música eletrônica na boate apenas como sucedâneos pouco dignos de interesse.

[16]Data e lugar são anunciados alguns dias após, com a distribuição de outros *flyers* ou nas ondas de rádio especializadas.

[17]O termo "sauvage", referindo-se a festas, indica que estas se realizam de modo clandestino. Mantivemos, aqui, a palavra "selvagem" para manter a ambiguidade indicada pelas aspas. [NdT]

que circulará. É o nome, então, que cumpre devidamente o papel de "chamado" para os *ravers*, é ele que lhes permitirá mobilizarem-se e irem sem medo de se perderem. O nome orienta seu desejo, inscrevendo-os, ao mesmo tempo, no campo do simbólico.

O dispositivo da música eletrônica convocaria o espaço da Coisa (fora do tempo, fora do lugar e fora do sujeito), e é o nome do DJ que permitiria estabelecer as barreiras autorizando a revocação da Coisa, após sua convocação. O gozar é orientado para o desejo do DJ, que se inscreve não na fala, mas em seu estilo (ou expressão subjetiva no próprio seio da matéria sonora, gráfica, pictórica etc.). No caso que nos interessa, o contínuo sonoro é marcado diferentemente por cada um dos compositores. O DJ possuiria uma face de contato com o real da Coisa (trabalho com o timbre e o contínuo) e uma outra em ligação com as estruturas simbólicas (se fazer um nome). Se a música eletrônica abole, em virtude de suas qualidades intrínsecas, todo valor separador e distintivo, próprio à linguagem simbólica, ela retoma uma parte em virtude do lugar de exceção que ocupa o DJ. Esse lugar sustenta o dispositivo da música eletrônica, mas corre o risco de suturar a divisão estrutural do sujeito, conduzindo, assim, a um processo de dessubjetivação, como nos mostra o exemplo de Julien. É essa dimensão do contato com a Coisa que permite compreender o movimento alucinatório que observamos nele. Enquanto, até então, ele conseguia gozar desse contato com o real por meio de um tal dispositivo, ele se encontra transbordado e invadido; o recurso ao clínico deve ser situado, aqui, como um chamado para que o real encontre seu lugar de inaudito e se encontre, assim, novamente velado.

SEIS

ENVIO: FIAT VOX!

Nós poderíamos condensar na seguinte fórmula a assunção do sujeito em sua articulação com a voz do Outro: "Lá onde isso estava, invoca!". Tal poderia ser a demanda que o Outro materno endereça ao sujeito a se tornar, enquanto ela sabe se fazer mais poeta que sereia. O sujeito poderá, então, dar a voz após tê-la recebido — voz que ele fará surgir do próprio inconsciente. Por isso, é possível afirmar que não nos servimos da voz, mas que ela assombra a fala e emana, em sua própria estranheza, a cada vez que a cadeia significante chega a se romper.

O *infans*? Ele tem voz, mas não articula. Nós podemos dizer que, similarmente ao inconsciente, essa dimensão da voz não conhece o tempo e, então, não possui história, estritamente falando. A famosa ruptura da muda, situando a voz do menino em um registro diferente, concerne essencialmente à tessitura. Há, nesse caso, ruptura e, então, historicização. Se o timbre se encontra efetivamente modificado ao longo desse processo, é menos no sentido de um antes e um depois (o agudo passando ao grave, transformação genética e "catastrófica", no sentido que lhe deu o matemático René Thom) do que no sentido topológico, no qual, após a modificação dos espaços tratando o som laríngeo, o timbre se encontra modificado. Contudo, não há ruptura, como no caso da altura da voz. O timbre do adulto é uma modificação do timbre da criança, que já contém em potência o timbre adulto, no qual para sempre ressoará o da criança. O timbre, tal como nós tentamos abordá-lo, aqui, não é aquele que se pode diretamente perceber; é aquele que, desde sempre, está perdido. É esse "fantasma" que entreveem os clínicos que observam a aparição, em certos momentos da cura, de uma voz Outra. O paciente não fica exatamente com uma voz de criança — mesmo que isso possa, por vezes, acontecer —, em vez disso, ele deixa ressoar esse timbre no qual se reconhece o *infans*.

Com isso, a transferência poderia apreender-se como um timbre em vias de articular-se e de atualizar-se na fala, na medida em que a transferência e o inconsciente só existem no ato de dizer. O timbre, na cura, é então esse resto que não participa no efeito de significação, pois ele não está sob a influência da lei, mas surdo como manifestação irredutível do sujeito. Essa voz que se atualiza na transferência não é, aliás, necessariamente a do paciente. Para dar somente um exemplo, nós citaremos o caso de uma mulher de origem extra-europeia, que diz repetidas vezes, ao longo de sua análise, que ela reconhecia, com um espanto continuamente renovado, nos momentos em que tomávamos a palavra, a voz de sua avó falando.... Sua avó falava só uma língua não europeia, o que ela ouvia, no desvio de nossas intervenções, eram menos as palavras, ou uma significação, do que uma voz, um timbre vindo invadir o espaço transferencial da sessão.

O que nós ouvimos enquanto escutamos nossos pacientes, e que nós reconhecemos com espanto como uma voz inédita, é um timbre que nos soa[1] (no sentido do K.O. e no do "O.K., mensagem recebida"). Esse toque, como o do shofar, comemora o fato de que, para advir como sujeito invocante, nós tivemos de assumir e rejeitar o timbre do Outro. O nosso reconhecimento para com a diva, enquanto ela vocaliza perdidamente no agudo, ou para com o paciente que toma "a palavra", dá-se por ambos comemorarem esse momento em que a voz do Outro veio nos soar e introduziu, além da pura continuidade do timbre, a descontinuidade das palavras. Com efeito, fazendo-nos ouvir seu timbre, a diva não foraclui o simbólico, o que pode fazer a voz superegóica; ela o transgride. Bem como o paciente, que faz ouvir uma voz inédita, consegue pôr em continuidade o timbre para sempre perdido e a fala desdobrada no momento da sessão.

[1]Em francês, o verbo "soar", principalmente no particípio passado, "sonné", remete ao sinal sonoro de nocaute durante lutas esportivas. [NdT]

Existiram, então, lugares e instantes em que o sujeito poderia experimentar a possibilidade de arrancar-se da lei do significante, sem, apesar disso, ser desamarrado simbolicamente. A ópera ou, de modo mais geral, a música, é um desses lugares.

Vejamos, enfim, como um sujeito desamarrado e possuído pela voz do Outro pode, no âmbito do encontro com um bom ouvinte, ser separado dela pela intervenção de uma fala.

O EXORCISMO COMO CHAMADO A ADVIR

Um pai leva seu filho aos discípulos de Jesus a fim de que eles retirem dele um espírito impuro. Mas, mesmo que este não seja seu primeiro exorcismo, eles fracassam. Jesus chega nesse momento, e o diálogo inicia:

> Mestre, eu te trouxe meu filho, que tem um espírito mudo. Quando ele o toma, despedaça-o. E espuma, range os dentes e fica ressequido. Pedi aos teus discípulos que o expulsassem, mas não conseguiram.[2]

A narração continua:

> Jesus perguntou ao pai: "Há quanto tempo lhe sucede isto?" — "Desde pequeno. Sim, muitas vezes o espírito atira ao fogo ou na água para perdê-lo. Mas, se tu podes, socorra-nos, tenha compaixão de nós". Então Jesus lhe disse: "Isso: 'Se tu podes!'... Tudo é possível àquele que crê!" Imediatamente, o pai do menino gritou e disse: "Eu creio! Socorra a minha incredulidade!" Jesus vê uma multidão que acorre, conjurou o espírito, o impuro, e disse-lhe: "Espírito mudo e surdo, eu te ordeno: saia e nunca mais entres nele!" Ele grita, agita-o violentamente e sai. Ele está como morto, de modo que muitos dizem: "Ele está morto!" Jesus, porém, toma-o pela mão, acorda-o: ele se levanta. Quando eles entram na casa, seus discípulos, a sós, perguntam-lhe: "Por que nós não

[2]Marcos, IX, 17b. *Évangiles. Les Quatre Annonces*, trad. A. Chouraqui, Paris, Desclée de Brouwer, 1976, p. 218.

pudemos expulsá-lo?" Ele responde-lhes: "Essa espécie não pode sair a não ser com oração".[3]

A última resposta de Jesus se endereça aos discípulos que lhe perguntam por que eles fracassaram. A resposta se endereça não somente a eles, mas igualmente aos pais da criança. Com efeito, quem se mostraria incapaz de rezar ou, dito de outro modo, de sentir-se em posição de invocante, a não ser a mãe ausente e o pai que tem tão pouca fé na palavra que ele pede que socorram a sua incredulidade? Essa é a história de uma mãe que não pôde invocar um pai ou que não recebeu dele nenhuma resposta. É a história de um pai que talvez não tenha sequer recebido a demanda da mãe, para transmitir a seu filho o que chegava a seus ouvidos, ou que, se a recebeu, não teve fé o suficiente para fazê-lo.

Em outros termos, eis um casal que, desarmado em face da chegada dessa criança, não soube improvisar uma resposta inédita. Com isso, a criança dos Evangelhos fica presa em um mundo imundo, não humanizada, submetida às vociferações aterrorizantes de um espírito mudo que grita[4]. Jesus entra em cena e vai dar a voz. Aqui, ainda, não são as palavras que vão agir, mas a posição subjetiva que as fundamenta. Com efeito, o que poderia ser uma fala que se endereça a um surdo-mudo senão uma pura invocação que permitiria abrir um lugar àquele que era surdo, não de seus ouvidos, mas surdo a todo chamado significante? Jesus retira seu poder do ato de fé que ele efetua ao expressar um desejo para o sujeito por vir. Desejo que, aqui, toma a forma invocante da reza, graças à qual uma alteridade advém à criança, arrancando-a do caos, de sua posição de dejeto, e revelando-lhe sua vocação para a humanidade. Esse ato de fé, que o psicanalista efetua, a mãe precisou realizar no início de sua relação com o *infans*. Ato que se atualiza no que nós optamos por chamar de improvisação.

[3]*Ibid.*, p. 218-219.
[4]Um sopro mudo que grita: pode-se dar uma definição mais precisa de uma certa forma de voz — a do supereu — tal como a psicanálise nos propõe apreendê-la?

Para dar uma interpretação ao grito do *infans*, a mãe deve improvisar, no sentido musical do termo, o que quer dizer que a resposta, representando um chamado da criança a tornar-se um sujeito desejante, não provém do imprevisto, mas repousa na relação que mantém a mãe com a linguagem e a lei — como na música, em que o improvisador toca em função de regras musicais interiorizadas. Somente uma mãe capaz de improvisar pode introduzir seu filho na ordem simbólica. Isso supõe que ela esteja apta a ouvir um grito e a interpretá-lo como demanda. Improvisando sua "sonata materna" [5], a mãe introduz a lei que conduz o pré-sujeito à palavra. A improvisação é o processo que, para além da Coisa, descobre a mãe ao *infans*, que ouve então o "torna-te" e pacifica o "vem". Desvelar-se vocalizando seu desejo implica que a mãe enfrente sua própria castração, recuse a onipotência e integre a diferença entre ela e seu filho. Levando em conta a sua castração e respondendo ao grito do recém-nascido, ela marca uma separação em que virá se alojar a pulsão invocante. Se o desejo está na origem da capacidade de improvisação materna e do nascimento do sujeito, ele é igualmente o que permite ao sujeito, no âmbito de uma terapia, pender de uma posição a uma outra. Isso supõe que existe um pequeno outro suscetível de ocupar momentaneamente o lugar (e de nele se manter) do grande Outro, o qual representa a fonte e a garantia de uma plenitude de sentido. O Outro deve ser fiável para sustentar o sujeito a se tornar; no caso contrário, ele origina um desmoronamento da lei simbólica.

Só uma mãe capaz de improvisar e, se revelando, assim, artista (nós encontramos a poeta já no centro do combate musical entre Orfeu e as sereias), pode dar o direito ao *infans* — se ele também faz a escolha — de entrar na ordem simbólica e de inscrever-se no campo da fala e da linguagem. É preciso, entretanto, que a mãe esteja apta a ouvir um grito, para, em seguida, "autorizar-se" a interpretá-lo como uma demanda (que se pode compreender como o fato de "se *autor*izar a").

[5]QUIGNARD, P. *Ódio à música*. Trad. A. M. Scherer. Rio de Janeiro: Rocco, 1999.

Para tanto, ela deve também ser capaz de aceitar desvelar seu desejo à criança, a fim de que dele ele se aproprie e possa engajar-se, por sua vez, em um percurso desejante. Improvisando em seu ritmo, a mãe introduz a lei que inicia o futuro sujeito na palavra. A improvisação é o processo que leva a mãe a pronunciar essa palavra: "Torna-te".

Essa improvisação implica admitir, no outro, a existência de um sujeito com a possibilidade de responder positivamente a essa injunção: "Torna-te!" O analista que ocupa essa posição não é mais, então, somente um "sujeito suposto saber", mas, ainda mais essencialmente, um "sujeito suposto saber que há sujeito". A dificuldade dessa posição é que, se nos é possível conduzir o sujeito a perceber o que ele não é, nós não possuímos nenhum meio de lhe dizer o que ele é. Sua essência, sendo somente escência[6], é um movimento ao qual o sujeito deveria, se possível, identificar-se.

O mandamento simbólico, que fundamenta a proposição "Tu não és só isso", lembra que eu sou, efetivamente, outra coisa além d' "isso", mas igualmente outra coisa além de "mim". "Eu" é um outro do qual não tenho nenhum conhecimento possível, mas cujo reconhecimento me é concedido pelo fato de que ele pode ser suposto. Na ocasião do encontro analítico, o equívoco defrauda o destino, "de-sidera"[7], e então, introduz na questão do desejo, no sentido em que lá onde pesava o destino de uma significação petrificada pode advir pelo jogo da linguagem, o movimento próprio do devir humano. Movimento, e não agitação, o primeiro sendo ao mesmo tempo orientado e endereçado, e o segundo não sendo.

[6]Nota da editora: Em francês: "Son essence n'étant qu'escence". O termo "escence" vem do latim, significa devir, porvir. Ele já foi usado anteriormente por Jean-Michel Vives no artigo "En quoi la psychanalyse nous conduit-elle à (re)penser la question de l'articulation de l'universel et du singulier?", ao retomar o conceito de Hominescence de M. Serres. O artigo está disponível em: https://www.cairn.info/revue-insistance--2012-2-page-41.htm?try_download=1#.

[7]Ler, a respeito dessa passagem da sideração à "de-sideração" as páginas muito esclarecedoras de DIDIER-WEILL, A. *Os três tempos da lei*. Trad. A. M. de Alencar. Rio de Janeiro: Jorge Zahar Ed., 1997, p. 267-339; bem como os luminosos desenvolvimentos que a ela dedica OUAKNIN, M. -A. *C'est pour cela qu'on aime les libelules*. Paris: Calmann-Lévy, 1998, p. 150-169.

Como compreender essa ativação do movimento do sujeito humano? Para esclarecer algo quanto a isso, talvez seja judicioso partir do brilhante exemplo que Didier-Weill nos dá em sua obra *Um mistério mais longínquo que o inconsciente*[8]. Ele relata um episódio da vida de Rilke, quando ele era secretário de Rodin, em meados dos anos 1905-1907. Rilke sofria, nessa época, de transtornos melancólicos, de uma interrupção do movimento, e então, de uma estase do tornar-se da qual nada podia arrancá-lo. Nem a frequentação das mais interessantes obras, nem as mais sutis conversas conseguiam retirá-lo desse estado de abatimento. Mas, entrando um dia no ateliê de Rodin, ele colocou sua mão sobre o rosto de uma estátua na qual o escultor há pouco trabalhava. Segundo seu próprio testemunho, ele sentiu voltarem as forças de vida que o haviam desertado. Em que consiste a eficácia dessa mensagem silenciosa que as palavras eram incapazes de transmitir e que permite ao poeta colocar-se novamente em movimento?

Para poder compreender isso, nós devemos, aqui, distinguir com precisão dois tipos de voz.

A primeira seria uma voz silenciosa, que é um puro chamado a advir, fundando a própria aparição do real. É aquela que as Escrituras presentificam já no primeiro versículo do Gênesis:

> No princípio, Elohim criou os céus e a terra.[9]

A segunda seria uma voz expressando-se em uma fala que visa, por sua parte, a colocar em forma esse real advindo. É com ela que nos deparamos no terceiro versículo, em que a voz de Deus se faz ouvir e se exprime em uma fala:

> Elohim disse: "Haja luz"
> E houve luz.[10]

[8]DIDIER-WEILL, A. *Un mystère plus lointain que l'inconscient*. Paris: Aubier, 2010, p. 27-28.
[9]*Entête/La Genèse*, I, 1, trad. A. Chouraqui, Paris: Lattès, 1992.
[10]*Ibid.*, I, 3.

A voz silenciosa deveria ser posta em relação com a ressonância, da qual Lacan fala na ocasião do seminário dedicado ao sinthoma, em 18 de novembro de 1975:

> É preciso que haja alguma coisa no significante que ressoe. É surpreendente que isso não tenha ocorrido aos filósofos ingleses. Eu os chamo assim porque não são psicanalistas. Acreditam ferreamente que a fala não tem efeito. Estão errados. Imaginam que há pulsões, e isso quando se dispõem a não traduzir *Trieb* por *instinct*. Não imaginam que as pulsões são, no corpo, o eco do fato de que há um dizer.[11]

A voz silenciosa e invocante solicita esse momento de emergência em que o real humano se encontrou inflamado pelo encontro com o endereçamento e a necessidade de tornar-se humano. A voz silenciosa é aquela que solicita o engajamento do processo de hominescência; a voz, exprimindo-se em uma palavra, o nomeia e, consequentemente, lhe dá forma. Contudo, parece importante notar que essa nominação não basta por si só para produzir o processo do devir humano. Nele, é necessária também essa esperança contida na voz silenciosa, que não se apoia sobre uma representação, mas sobre uma suposição.

Aqui se situa o desafio do encontro psicanalítico, e o que ele nos lembra a cada dia: se a dialética, que fundamenta o encontro entre o analista e o analisando é, ao longo da sessão, trabalhada pela espera, ela deve, de modo ainda mais essencial, sê-lo pela esperança. A espera está claramente articulada com a ilusão da completude. O excerto seguinte de *Fragmentos de um discurso amoroso*, de Roland Barthes, o indica com precisão:

> Na transferência, espera-se sempre — o médico, o professor, o analista. Mais ainda: se espero num guichê de banco, no embarque de um avião,

[11]LACAN, J. (1975-1976) *O seminário: livro 23: O sinthoma*. Trad. S. Laia. Rio de Janeiro: Jorge Zahar Ed., 2007, p. 18, aula de 18 de novembro de 1975.

> estabeleço imediatamente uma relação agressiva com o empregado, a recepcionista, cuja indiferença revela e irrita minha dependência: de modo que se pode dizer que, em todo lugar onde houver espera, há transferência: dependo de uma presença que se divide e custa a aparecer — como se fosse para derrubar meu desejo, desencorajar minha carência. *Fazer esperar*: prerrogativa constante de todo poder, "passatempo milenar da humanidade".[12]

A esperança, ao contrário, acompanha e abre o campo dos possíveis. Essa esperança, bem diferente da espera, se encontra ainda nos trágicos gregos, e particularmente em Eurípedes, que dela deu magníficas ilustrações.

Assim, em *Héracles* nós encontramos esse diálogo entre Anfitrião e Mégara:

> Anfitrião: Assim me alegro e amo as esperanças.
> Mégara: Sim! Mas de que serve esperar o impossível?
> Anfitrião: O remédio está em retardar os males.[13]

Mais explícito ainda é o coro final de seu *Alceste*:

> O que se esperava não se realiza
> e para o inesperado um deus encontra passagem.[14]

Eurípedes articula e opõe muito pertinentemente, aqui, espera e esperança. O que se esperava, tomado na dimensão transferencial tão justamente atualizada por Roland Barthes, não se realiza, cedendo o lugar ao inesperado. Esse "inesperado" pode ser definido, a partir

[12]BARTHES, R. *Fragmentos de um discurso amoroso*. Trad.M. V. M. de Aguiar. São Paulo: Martins Fontes, 2003, p. 96.

[13]EURÍPEDES *Héracles*. Trad. J. Torrano. In: *Codex — Revista de Estudos Clássicos*. Rio de Janeiro, vol. 6, n. 1, jan.-jun. 2018, p. 273. Trad. modificada.

[14]EURÍPEDES, *Alceste*, trad. M. Gondicas. Montpellier: Théâtre des Treize-Vents, 1993, p. 62. Esta citação foi traduzida do francês, pois os significantes ali empregados são fundamentais para o argumento do autor. [NdT]

de Alain Didier-Weill[15], como a existência de uma coisa significante que se revela ser o que consegue poder permanecer, irresistivelmente, quando não resta mais nada do que havia sido esperado. A esperança silenciosa não é mais, então, compreendida como a espera de algo, mas como o que é vetorizado por essa voz significante fora da palavra, que convida o sujeito a advir, lá onde o silêncio da espera conduz o eu a ter de responder por sua possibilidade de existência. Parafraseando Eurípedes, poderíamos assim dizer:

> O que se esperava não se realiza
> e para o inesperado a análise encontra passagem.

A dolorosa situação na qual se encontra imersa a criança das Escrituras nos mostra que o *infans* possui voz, mas não a articula. Os desafios do encontro clínico com esse tipo de paciente poderiam, então, apreender-se como um processo de acolhimento de uma voz fora do tempo, atualizando-se em uma tentativa de fala. A mobilização rítmica da voz permitiria uma primeira inscrição no tempo. A voz, na cura, é então esse resto que não participa no efeito de significação, pois não está totalmente sob a influência da lei, mas surdo como manifestação irredutível do sujeito, visando, além das palavras, a outra Coisa. O psicanalista tentará, então, na relação transferencial, permitir a essa voz permanecer velada para que uma fala possa nascer. Esse advento da fala não poderia efetuar-se a partir do nada. É aqui que a questão do desejo do analista se coloca com toda a sua importância. Chamado pelo psicanalista, o sujeito pode escolher responder. Esse chamado se efetuará em uma improvisação que não poderá abdicar da relação com a lei, a palavra improvisação não possuindo, aqui, o sentido pejorativo adquirido ao longo dos séculos, mas a significação que a etimologia nos lembra: que chega de maneira imprevista.

A voz como objeto da pulsão invocante se revela, no fim de nosso percurso, ser uma relação implicada por sua função de endereçamento.

[15]DIDIER-WEILL, A. *Un mystère plus lointain que l'inconscient*. Paris: Aubier, 2010, p. 288-295.

Relação mobilizada nos dispositivos sociais visando a gerar, dela, os desafios de gozo, como nós nos detivemos a mostrar por meio do estudo da ópera, da música religiosa ou das festas de música eletrônica. Voz "atacando-se" ao poder discricionário do significante e, entretanto, necessária para que a palavra não se torne letra morta, bem como nosso estudo do shofar nos permitiu evidenciar. A "viva voz", com seus desafios de gozo, sendo então compreendida como o ponto de sem sentido no coração do dispositivo linguageiro, permitindo-lhe perdurar e ser investido pelos sujeitos. Não há palavra sem voz. Aqui, mais uma vez, não é da dimensão sonora que se trata — o ato de fala atestado pelo surdo-mudo provando com clareza o suficiente —, mas dessa dimensão sonora, visual ou gráfica efetuada pelo corpo a fim de produzir um enunciado. A voz se revela, ao cabo de nosso percurso, o que, do corpo, deve ser perdido para que advenha uma fala. Não há fala sem sacrifício da voz...

O segundo tipo de relação que institui o circuito da pulsão invocante é a relação com o Outro e com seu desejo. É aí que a meta da pulsão invocante ("se fazer ouvir", mas, ainda mais originariamente, "se fazer endereçar") se encontra mais bem evidenciada. Ser endereçado é, ao mesmo tempo, vital e problemático para a criança. Vital, pois sem esse endereçamento do Outro, vocalizado em uma improvisação, chamado recebido e aceitado pelo *infans*, não há tomada de palavra possível. Quando esse chamado endereçado vem a faltar ou não é aceito pelo *infans*, desencadeiam-se a voz arcaica e suas terríveis injunções mortíferas.

Que ele seja endereçado é, todavia, problemático na medida em que a interpelação do adulto permanece enigmática — o *che vuoi?* utilizado, por Lacan, para especificar o enigma do sujeito em face das manifestações do desejo do Outro, bem o indica —, mas igualmente, de maneira mais crucial, na medida em que a criança não pode defender-se dele; ela não pode de modo algum recusar que o Outro se enderece a ela[16].

[16]Darian Leader desenvolveu essa questão do endereçamento e eu retomo, aqui, suas contribuições. LEADER, D. "La voix en tant qu'objet psychanalytique". In: *Savoirs et clinique*. Toulouse: Érès, 2006, p. 157-58.

Uma psicopatologia do chamado consegue, então, exprimir-se em uma distorção radical dessa relação com o Outro. O sujeito pode se fazer porta-voz do Outro, em uma indiferenciação primeira e na incapacidade de existir. Ele pode, igualmente, experienciar-se como submetido a essa voz que o persegue e à qual ele obedece, vendo-se destinado por ela. Essas formas psicopatológicas podem encontrar, no âmbito da cura analítica, uma pacificação pelo velamento dessas vozes, na ocasião de uma fala elaborada transferencialmente. O psicanalista tentará, então, em uma relação transferencial em que o endereçamento mortífero originário poderá atualizar-se, permitir a essa voz das origens que permaneça velada para que uma fala possa emergir.

É na medida em que o psicanalista tenta manter-se nesse lugar de onde um endereçamento poderia emergir, e supor um sujeito para além dos sintomas, inibições e angústias, que a cura analítica permitiria realizar a experiência do encontro com um Outro, experienciado como não surdo. Encontro em que seria possível, ao paciente, nascer à fala em uma improvisação, uma "sonata terapêutica" a duas vozes. Encontro em que um chamado endereçado pode ser ouvido e em que, no concerto do mundo, pode nascer uma voz lá onde só havia confusão. Surgiria, então, um *Fiat vox!* que autorizaria o paciente a dar a voz por meio de uma fala articulada, pela qual, até o momento, ele não fora senão invadido.

POSFÁCIO

A conquista da voz

Com esse texto, em obra há muito tempo, Jean-Michel Vives nos transmite uma reflexão sobre a voz que está marcada por duas portas de entrada: a primeira abre para a grande erudição de um psicanalista versado na leitura do que a literatura psicanalítica escreveu sobre essa questão; a segunda, para um grande conhecimento do mundo da ópera. A segunda porta de entrada é a que foi aberta por aquele que é, ou foi, um praticante da voz: Jean-Michel teve a experiência pessoal do canto e a da encenação de diferentes óperas.

Eu suponho que é essa conjunção que lhe deu — além do exame que ele nos propõe de diversas questões que remetem à história da ópera, à mitologia, à religião, à psicanálise — a possibilidade de nos propor uma visão teórica que me parece totalmente nova, em particular a respeito das razões que fundamentam o surgimento daquilo que nomeamos voz. Poderia parecer, a respeito disso, que no campo da psicanálise a identificação genial pela qual Freud observou, em seu neto, que a linguagem humana se enraizava em duas palavras — *fort-da* — é incontornável. Mas Jean-Michel nos propõe pensar, para além desses dois significantes originários que fundam a possibilidade da fala, um lugar ainda mais radical, que seria o da emergência da voz como tal.

Nessa perspectiva, ele questiona o caminho pelo qual todo sujeito, no instante em que ele tem de dizer como ele é representado ou representável por um significante, deve, ao mesmo tempo, dizer como e em que ele é apresentado e apresentável por essa coisa enigmática: a voz.

A via pela qual eu tenho de adquirir uma voz *x* me é revelada quando certas circunstâncias me conduzem a reconhecer que o campo do semblante, no qual eu exponho meu "por-ser/pare-ser", no que diz respeito a outrem, desmorona. O que me resta para sustentar, quando o olhar do Outro não é mais alimentado pelo que eu dou a ver? A coisa que me resta, então, é essa experiência, realizada por todo analisando, quando, privado — pelo saber-fazer do analista — da garantia que recebe de sua fantasia, é levado a descobrir, mais além do princípio do prazer, a existência desse chamado lançado pelo desvelamento da pulsão invocante: "Lá onde tu não és mais visível, torna-te audível! Lá onde tu não és mais olhado, te tornarás guardado, guardião da voz?"[1].

Tudo se passa quando advém esse processo, como se o sujeito descobrisse, no maior dos espantos, essa dissimetria absoluta entre "dar a ver" e o "dar a ouvir": enquanto o fato de encarnar uma imagem requeria, curiosamente, apenas um pouco de imaginação, eis que o sujeito, estupefato, descobre, no instante em que deve se fazer ouvir, que o fato de encontrar qual é a sua voz se origina de uma problemática mais complexa do que a que consistia em encontrar a sua imagem.

Essa descoberta pode ser feita, em uma psicanálise, quando a experiência do divã põe o analisando — privado da relação com o semblante permitida pelo face a face — em uma posição de desamparo, a qual é fecunda — para seguir Jean-Michel Vives — comparar com o desamparo de Orfeu e de Eurídice.

A qual questão abriria, assim, um paralelo entre o discurso de desamparo do sujeito no divã e o discurso do *lamento* que Monteverdi

[1]Nesse trecho, o Alain Didier-Weill faz ressoar as palavras "regardé" [olhado], "gardé" [guardado] e "gardien" [guardião]. [NdT]

emprestou às divas, deixando ouvir o canto queixoso do ser abandonado? Além de Eurídice, Ariadne, Penélope ou Popeia, a "diva" remete a um mesmo fato de estrutura: ela é essa parte feminina do ser cujo canto de dor deixa, antes de mais nada, ouvir que ele é o canto de uma voz que só pode cantar — e não dizer — o fato de que sua dor remete a uma causa muito mais profunda, mais radical, que aquela que é alegada na perda do objeto amado. Perda justificando o fato de que, frequentemente, resulte em morte.

Qual é o segredo desse sofrimento que, além da falta de objeto, remete a uma falta a ser? O enigma dessa causa melancólica aparece em toda a sua crueza quando o analisando se encontra em posição de constatar que basta, por vezes, que esteja deitado no divã para dar à sua voz a oportunidade de dizer e de se dizer, para que esse *lamento* apareça e se desenvolva. Isso se daria pelo fato mesmo de que o humano está posto em posição, além de toda racionalização lógica, de fazer surgir sua voz que é causa dessa afetação grandiosa?

Eu evoco, aqui, a estranheza da experiência traumática, na qual Freud descobriu que o *infans* traumatizado não é conduzido a se fazer ouvir por um grito, na medida em que é, muito pelo contrário, conduzido a ter a experiência de um silêncio aterrado, o qual testemunha que, nele, nada mais — exceto um olhar fascinado — permanece vivo. Se Freud observa que a entrada no traumatismo se manifesta pela experiência de um tal silenciamento, ele nos deixa a tarefa de pensar a saída do traumatismo: essa saída não implicaria a "saída" da voz por meio do som mais elementar, que é, talvez, o som da primeira letra, cuja exclamação, "ah!", exprime tanto o maior dos êxtases quanto o maior dos temores? Esse "a" originário detém a dimensão impronunciável (o aleph hebreu) que conduziu Lacan a fazer dele seu célebre objeto "pequeno *a*": ele nos leva a compreender em que, se a saída do traumatismo passa pela saída do silêncio, a conquista da voz não se faz sem a mais extrema afetação emotiva. Essa afetação (*a-ficere*) é o efeito (*e-ficere*) testemunhando do mais originário fazer (*facere*), pelo qual ele não se revela impossível de refazer (*re-facere*) de outro modo o malfeito, o mal-fazer (*mi-facere*) em que consiste o traumatismo.

Nós tocamos, nesse ponto, na raiz da estrutura da voz: ela é variada, com efeito, a um duplo destino contraditório: falar ou cantar. Esse dualismo a dispõe a sustentar, desde sempre, duas instituições rivais: a Igreja, cuja função é transmitir, no temor, a palavra de Deus, e a ópera, cuja função é nos arrebatar com a voz da diva.

Esse conflito entre voz e palavra, ao qual Jean-Michel Vives nos inicia de modo frequentemente divinatório, não nos remeteria à estrutura trinitária do homem?

A voz da diva faz ouvir a voz silenciosa dos anjos, que, por sua vez, faz ouvir a voz inaudível de Deus. Voz divina reenviando, talvez — como deixa supor Jean-Michel Vives, leitor de Reik —, à audibilidade, pelo shofar, do grito de agonia do pai primordial.

Concluamos com a saída do traumatismo: o primeiro som (aleph), pelo qual há saída do silêncio, não simbolizaria o "um", impronunciável, engendrando "dois" (beth), que, dividindo-se em palavra ou em canto, fundaria o que a psicanálise nomeia como a divisão do sujeito?

ALAIN DIDIER-WEILL

BIBLIOGRAFIA

ANDRÉ, J. "La perte d'amour". In: *Psychologie clinique et projective*, 1995, vol.1, n°2, p. 161-168.

ANZIEU, D. *O eu-pele*. São Paulo: Casa do Psicólogo, 1988.

APOLLODORE *Bibliothèque*. Londres/Nova Iorque: The Loeb Classical Library. G. Frazer, 1921.

APOLLONIOS DE RHODES *Argonautiques*. Londres/ Nova Iorque: The Loeb Classical Library. R. C. Seaton, 1921.

ARISTÓTELES *Da anima*. Tradução e notas de Maria Cecília Gomes dos Reis. São Paulo: Editora 34, 2012, 2ª edição.

ASSOUN, P. -L. *Leçons psychanalytiques sur le regard et la voix*. Paris: Anthropos, 1995.

AULAGNIER, P. *La Violence de l'interprétation*. Paris: PUF, 1975.

AVANZINI, G., FAIENZA, C., MINCIACCHI, D., LOPEZ, L. e MAJNO, M. "The Neurosciences and Music". In: *Annals of the New York Academy of Sciences*, vol. 999, 2003.

AVANZINI, G., LOPEZ, L., KOELSCH, S. e MAJNO, M. "The Neurosciences and Music (II). From Perception to Performance". In: *Annals of the New York Academy of Sciences*, vol. 1060, 2005.

BAAS, B. *De la chose à l'objet: Jacques Lacan et la traversée de la phénoménologie*. Louvain: Peters-Vrin, 2000.

BAAS, B. *La Voix déliée*. Paris : Hermann, 2010.

BARBIER, P. *História dos castrati*. Trad. R. Ramalhete. Rio de Janeiro: Nova Fronteira, 1993.

BARBIER, P. *La Malibran*. Paris: Flammarion, 2005.

BARTHES, R. *Fragmentos de um discurso amoroso*. Trad. M. V. M. de Aguiar. São Paulo: Martins Fontes, 2003.

BAUCHAU, H. *Antigone*. Arles: Actes Sud, 1997.

BENJAMIN, W. *A obra de arte na era de sua reprodutibilidade técnica*. Trad. S. P. Rouanet. São Paulo: Brasiliense, 1994.

BENTATA, H. "Sirènes et chofar: incarnation mythique et rituelle de la voix". In: MEYER, F. (org.) *Quand la voix prend corps*. Paris: L'Harmattan, 2000.

BINSWANGER, L. (1965) *Délire*. Grenoble: Million, 1993.

BINSWANGER, L. (1961) "Le problème du délire dans la perspective de la phénoménologie pure". Trad. B. Rordorf. *Présent à Henri Maldiney*. Lausanne: L'Âge d'homme, 1973.

BION, W. *Experiências com grupos*. Trad. W. I. Oliveira. Rio de Janeiro: Imago, 1975.

BOURLOT, G. "Fictions et destins des fictions: enjeux épistémologiques de la fiction chez Freud". In: *Cliniques méditerranéennes*, nº 84, 2011, p. 75-92.

BRULIN, M. *Le verbe et la voix. La manifestation vocale dans le culte en France au XVIIe siècle*. Paris: Beauchesne, 1998.

CASANOVA, G. *Histoire de ma vie*. Paris: Robert Laffont, 1999.

CASTARÈREDE, M.-F. *La voix et ses sortilèges*. Paris: Belles-Lettres, 1987.

CASTARÈREDE, M.-F.. *Les vocalises de la passion*. Paris: Armand Colin, 2002.

CASTARÈREDE, M.-F. (org.) *Au commencement était la voix*. Toulouse: Érès, 2005, p. 89-96.

CASTARÈDE, M. -F. *Chantons en chœur*. Paris: Les Belles Lettres, 2012.

CHÉREAU, P. *Si tant est que l'opéra soit du théâtre*. Toulouse: Ombres, 1992.

CHION, M. *Le promeneur écoutant*. Paris: Plume, 1993.

CLÉMENT, C. *L'opéra ou la défaite des femmes*. Paris: Grasset, 1979.

CLÉMENT, C. *Les révolutions de l'inconscient. Histoire et géographie des maladies de l'âme*. Paris: La Martinière, 2001.

COHEN-LEVINAS, D. *La création après la musique contemporaine*. Paris: L'Harmattan, 1999.

COHEN-LEVINAS, D. *La voix au-delà du chant. Une fenêtre aux ombres*. Paris: Vrin, 2006.

DA PONTE, L. (1830) *Mémoires*. Trad. J. -F. Labie. Paris: LGF, 1980.

DERRIDA, J. *A voz e o fenômeno*. Trad. L. Magalhães. Rio de Janeiro: Jorge Zahar Ed., 1994.

DE WAELHENS, A. *La psychose. Essai d'interprétation analytique et existentiale*. Louvain-Paris: Desclée de Brouwers, 1971.

DIDIER-WEILL, A. *Invocations. Dionysos, Moïse, saint Paul et Freud*. Paris: Calmann-Lévy, 1998.

DIDIER-WEILL, A. *Lila ou la Lumière de Vermeer. La psychanalyse à l'école des artistes*. Paris: Denoël, 2003.

DIDIER-WEILL, A. *Os três tempos da lei*. Trad. A. M. de Alencar. Rio de Janeiro: Jorge Zahar Ed., 1997.

DIDIER-WEILL, A. *Un mystère plus lointain que l'inconscient*. Paris: Aubier, 2010.

DUMÉZIL, G. *Apollon sonore*. Paris: NRF, Gallimard, 1987.

DUPONT, F. *Aristote ou le vampire du théâtre occidental*. Paris: Aubier, 2007.

EURÍPEDES *Alceste*. Trad. M. Gondicas. Montpellier: Théâtre des Treize-Vents, 1993.

FARGE, A. *Essai pour une histoire des voix au XVIIIe siècle*. Paris: Bayard, 2009.

FERNANDEZ, D. *Porporino ou les Mystères de Naples*. Paris: Grasset, 1974.

FREUD, S. (1895) Projeto para uma Psicologia Científica. In: *Obras psicológicas completas de Sigmund Freud*, vol. 1. Rio de Janeiro: Imago, 1976.

FREUD, S. *A interpretação dos sonhos*. Trad. R. Zwick. Porto Alegre: L&PM, 2016.

FREUD, S (1905) Três ensaios para uma teoria da sexualidade. In: FREUD, S. *Obras completas, volume 6: três ensaios sobre a teoria da sexualidade, análise fragmentária de uma histeria ("O caso Dora") e outros textos (1901-1905)*. Tradução de Paulo César de Souza. São Paulo: Companhia das Letras, 2016.

FREUD, S ([1901] 1905) Análise fragmentária de uma histeria. In: FREUD, S. *Obras completas, volume 6: três ensaios sobre a teoria da sexualidade, análise fragmentária de uma histeria ("O caso Dora") e outros textos (1901-1905)*. Tradução de Paulo César de Souza. São Paulo: Companhia das Letras, 2016.

FREUD, S (1942 [1905 ou 1906]) Personagens psicopáticos no teatro. In: FREUD, S. *Obras completas, volume 6: três ensaios sobre a teoria da sexualidade, análise fragmentária de uma histeria ("O caso Dora") e outros textos (1901-1905)*. Tradução de Paulo César de Souza. São Paulo: Companhia das Letras, 2016.

FREUD, S (1907) O delírio e os sonhos na *Gradiva*. In: FREUD, S. *Obras completas, volume 8: O delírio e os sonhos na* Gradiva, *Análise da fobia de um garoto de cinco anos e outros textos (1906-1909)*. Tradução de Paulo César de Souza. São Paulo: Companhia das Letras, 2015.

FREUD, S (1912-1913) Totem e tabu. In: FREUD, S. *Obras completas, volume 11: totem e tabu, contribuição à história do movimento psicanalítico e outros textos (1912-1914)*. Tradução de Paulo César de Souza. São Paulo: Companhia das Letras, 2012.

FREUD, S (1914) Introdução ao narcisismo. In: FREUD, S. *Introdução ao narcisismo: ensaios de metapsicologia e outros textos (1914-1916)*. Tradução e notas de Paulo César de Souza. São Paulo: Companhia das Letras, 2010.

FREUD, S (1915) Os instintos e seus destinos. In: FREUD, S. *Introdução ao narcisismo: ensaios de metapsicologia e outros textos (1914-1916)*. Tradução e notas de Paulo César de Souza. São Paulo: Companhia das Letras, 2010.

FREUD, S (1915) A repressão. In: FREUD, S. *Introdução ao narcisismo: ensaios de metapsicologia e outros textos (1914-1916)*. Tradução e notas de Paulo César de Souza. São Paulo: Companhia das Letras, 2010.

FREUD, S *Neuroses de transferência: uma síntese*. Trad. A. Eksterman. Rio de Janeiro: Imago, 1987.

FREUD, S. *Obras completas, volume 13: conferências introdutórias à psicanálise (1916-1917)*. Tradução de Sergio Telarolli e revisão da tradução de Paulo César de Souza. São Paulo: Companhia das Letras, 2014.

FREUD, S. *Obras completas, volume 9: observações sobre um caso de neurose obsessiva ["O homem dos ratos"], uma recordação de infância de Leonardo da Vinci e outros textos (1909-1910)*. Tradução de Paulo César de Souza. São Paulo: Companhia das Letras, 2013.

FREUD, S. (1919) "Batem numa criança": contribuição ao conhecimento da gênese das perversões sexuais. In: FREUD, S. *História de uma neurose infantil: ("O homem dos lobos"): além do princípio do prazer e outros textos (1917-1920)*. Tradução e notas de Paulo César de Souza. São Paulo: Companhia das Letras, 2010.

FREUD, S. (1919) O inquietante. In: FREUD, S. *História de uma neurose infantil: ("O homem dos lobos"): além do princípio do prazer e outros textos (1917-1920)*. Tradução e notas de Paulo César de Souza. São Paulo: Companhia das Letras, 2010.

FREUD, S. (1920) Além do princípio do prazer. In: FREUD, S. *História de uma neurose infantil: ("O homem dos lobos"): além do princípio do prazer e outros textos (1917-1920)*. Tradução e notas de Paulo César de Souza. São Paulo: Companhia das Letras, 2010.

FREUD, S. *Psicologia das massas e análise do eu e outros textos (1920-1923)*. Tradução de Paulo César de Souza. São Paulo: Companhia das Letras, 2011.

FREUD, S. (1922) A cabeça da medusa. In: *Psicologia das massas e análise do eu e outros textos (1920-1923)*. Tradução de Paulo César de Souza. São Paulo: Companhia das Letras, 2011.

FREUD, S. (1923) O eu e o id. In: FREUD, S. *Obras completas, volume 16: O eu e o id, "autobiografia" e outros textos (1923-1925)*. Tradução de Paulo César de Souza. São Paulo: Companhia das Letras, 2011.

FREUD, S. (1925) A negação. In: FREUD, S. *Obras completas, volume 16: O eu e o id, "autobiografia" e outros textos (1923-1925)*. Tradução de Paulo César de Souza. São Paulo: Companhia das Letras, 2011.

FREUD, S. (1925) Algumas consequências psíquicas da diferença anatômica entre os sexos. In: FREUD, S. *Obras completas, volume 16: O eu e o id, "autobiografia" e outros textos (1923-1925)*. Tradução de Paulo César de Souza. São Paulo: Companhia das Letras, 2011.

GÉROLD, T. *Les Pères de l'Église et la Musique*. Paris: Alcan, 1931.

GILLIE-GUILBERT, C. "Variations sur la voix des enseignants". In: CASTARÈREDE, M.-F. (org.) *Au commencement était la voix*. Toulouse: Érès, 2005.

HOFFMANN, E.T.A. Salvator Rosa. In: *Contos Fantásticos*. Trad. C. Cavalcanti. Rio de Janeiro: Imago, 1993.

HOMERO *Odisseia*. Trad. T Vieira; texto em apêndice de Franz Kafka. São Paulo: Editora 34, 2013.

HUSSERL, E. *Leçons pour une phénoménologie de la conscience intime du temps*. Trad. H. Dussort. Paris: PUF, 1964.

HUSSERL, E. "Postface à mes idées directrices". trad. L. Kelkel. In: *Revue de métaphysique et de morale*, vol. 62, nº4, 1957.

Insistance, n° 5, "L'inconscient et ses musiques". Toulouse: Érès, 2011.

Insistance, n° 6, "Les voi(es)x de la création". Toulouse: Érès, 2011.

JAMAIN, C. *Idée de la voix. Études sur le lyrisme occidental*. Rennes: PUR, 2004.

JANKELEVITCH, V. *La Musique et l'Ineffable*. Paris: Seuil, 1983.

JURANVILLE, A. *Lacan e a filosofia*. Trad. V. Ribeiro. Rio de Janeiro: Jorge Zahar Ed., 1987.

KAFKA, F. "O silêncio das sereias". In: HOMERO *Odisseia*. Trad.T Vieira; texto em apêndice de Franz Kafka. São Paulo: Editora 34, 2013.

KAHN, L. *La petite Maison de l'âme*. Paris: Gallimard, 1993.

KAWADA, J. *La voix. Étude d'ethno-linguistique comparative*. Trad. S. Jeanne. Paris: École des hautes études en sciences sociales, 1998.

LACAN, J. (1953-1954) *O seminário, livro 1: Os escritos técnicos de Freud*. Trad. B. Milan. Rio de Janeiro: Jorge Zahar Ed., 1986.

LACAN, J. (1955-1956) *O seminário, livro 3: As psicoses*. Trad. A. Menezes. Rio de Janeiro: Jorge Zahar Ed., 1985.

LACAN, J. (1957-1958) *O seminário, livro 5: As formações do inconsciente*. Trad. V. Ribeiro. Rio de Janeiro: Jorge Zahar Ed., 1999.

LACAN, J. (1958-1959) *O seminário, livro 6: O desejo e sua interpretação*. Trad. C. Berliner. Rio de Janeiro: Jorge Zahar Ed., 2016.

LACAN, J. (1959-1960) *O seminário, livro 7: A ética da psicanálise*. Trad. A. Quinet. Rio de Janeiro: Jorge Zahar Ed., 2008.

LACAN, J. (1960-1961) *O seminário, livro 8: A transferência*. Trad. D. D. Estrada. Rio de Janeiro: Jorge Zahar Ed., 1992.

LACAN, J. (1962-1963) *O seminário, livro 10: A angústia*. Trad. V. Ribeiro. Rio de Janeiro: Jorge Zahar Ed., 2005.

LACAN, J. (1963-1964) *O seminário, livro 11: Os quatro conceitos fundamentais da psicanálise*. Trad. M.D. Magno. Rio de Janeiro: Jorge Zahar Ed., 1988.

LACAN, J. (1968-1969) *O seminário, livro 16: De um Outro ao outro*. Trad. V. Ribeiro. Rio de Janeiro: Jorge Zahar Ed., 2008.

LACAN, J. (1969-1970) *O seminário, livro 17: O avesso da psicanálise*. Trad. A. Roitman. Rio de Janeiro: Jorge Zahar Ed., 1992.

LACAN, J. (1972-1973) *O seminário, livro 20: Mais, ainda*. Trad. M.D. Magno. Rio de Janeiro: Jorge Zahar Ed., 1985.

LACAN, J. (1975-1976) *O seminário, livro 23: O sinthoma*. Trad. S. Laia. Rio de Janeiro: Jorge Zahar Ed., 2007.

LACAN, J. (1972) "O aturdito". In: *Outros escritos*. Trad. V. Ribeiro. Rio de Janeiro: Jorge Zahar Ed., 2003.

LACAN, J. (aula de 20 de novembro de 1963) "Introdução aos Nomes-do-Pai". In: *Nomes-do-Pai*. Trad. A. Telles. Rio de Janeiro: Jorge Zahar Ed., 2005.

LACAN, J. (1960) "Observação sobre o relatório de Daniel Lagache: "Psicanálise e estrutura da personalidade". In: *Escritos*. Trad. V. Ribeiro. Rio de Janeiro: Jorge Zahar Ed., 1998.

LACAN, J. (1960) "Subversão do sujeito e dialética do desejo no inconsciente freudiano". In: *Escritos*. Trad. V. Ribeiro. Rio de Janeiro: Jorge Zahar Ed., 1998.

LAZNIK, M.-C. *Vers la parole*. Paris: Denoël, 1995.

LEADER, D. *O roubo da Mona Lisa: o que a arte nos impede de ver*. Trad. A. J. S. e Souza. Rio de Janeiro: Elsevier, 2005.

LEADER, D. "La voix en tant qu'objet psychanalytique". In: *Savoirs et clinique*. Toulouse: Érès, 2006, p. 157-58.

LE BRETON, D. *Éclats de voix. Une anthropologie des voix*. Paris: Métailié, 2011.

LECOURT, É. *Freud et le sonore*. Paris: L'Harmattan, 1992.

LEE, V. (1887) *La voix maudite*. Trad. S. Geoffroy-Menoux. Dinan: Terre de brume, 2001.

LEMARQUIS, P. *Sérénade pour un cerveau musicien*. Paris: Odile Jacob, 2009.

LEMOINE-LUCCIONI, E. *Le partage des femmes*. Paris: Seuil, 1976.

LEVI-STRAUSS, C. *O homem nu*. Trad. B. Perrone-Moisés. São Paulo: Cosac & Naify, 2011.

LORAUX, N. *La voix endeuillée. Essai sur la tragédie grecque*. Paris: Gallimard, 1999.

MALDINEY, H. *Aîtres de la langue et demeures de la pensée*. Lausanne: L'Âge d'homme, 1975.

MALDINEY, H. *Art et existence*. Paris: Klincksieck, 1986.

MALDINEY, H. *Penser l'homme et la folie*. Grenoble: Million, 1991.

MALEVAL, J.-C. *L'autiste et sa voix*. Paris: Seuil, 2009.

MANNONI, O. "A volta do parafuso". In: *Chaves para o imaginário*. Trad. L. M. R. Vasalo. Petrópolis: Vozes, 1973.

MASSEY, I. J. "The Musical Dream Revisited: Music and Language in Dreams". In: *Psychology of Aesthetics, Creativity, and the Arts*, vol. S, nº1, p. 42-50, 2006.

MIJOLLA, A. de (org.) *Dicionário internacional de psicanálise*. Trad. A. Cabral. Rio de Janeiro: Imago, 2005.

MILLER, J.-A. "Jacques Lacan et la voix". In: LEW, R., SAUVAGNANT, F. (orgs.) *La Voix*. Paris: La Lysimaque, 1989.

NAUDIN, J. *Les voix et la chose. Phénoménologie et psychiatrie*. Toulouse: Presses universitaires du Mirail, 1997.

OATES, J. C. *Blonde*. Trad. L. A. Aguiar. São Paulo: Globo, 2003.

OUAKNIN, M.-A. *Concerto pour quatre consonnes sans voyelles*. Paris: Balland, 1991.

OUAKNIN, M.-A. *C'est pour cela qu'on aime les libelules*. Paris: Calmann-Lévy, 1998.

OUAKNIN, M.-A. *Les dix Commandements*. Paris: Seuil, 1999.

OVIDIO *Metamorfoses*. D. L. Dias. São Paulo: Editora 34, 2017.

POMMIER, G. Comment les neurosciences démontrent la psychanalyse. Paris: Flammarion, 2004.

POIZAT, M. *L'opéra ou le cri de l'ange. Essai sur la jouissance de l'amateur d'opéra*. Paris: Métailié, 1986.

POIZAT, M. *Variations sur la voix*. Paris: Anthropos, 1998.

POIZAT, M. *La voix du diable. La jouissance lyrique sacrée*. Paris: Métailié, 1991.

POIZAT, M. *Vox populi, vox Dei. Voix et pouvoir*. Paris: Métailié, 2001.

POMMIER, G. *Comment les neurosciences démontrent la psychanalyse*. Paris: Flammarion, 2004.

POMMIER, G. *D'une logique de la psychose*. Toulouse: Érès, 1983.

PRÉVERT, J. (1946) "Pater Noster". *In: Œuvres complètes*. Paris: Gallimard, Bibliothèque de la Pléiade, 1992.

QUÉNIART, J. (org.) *Le chant, acteur de l'histoire*. Rennes: PUR, 1999.

QUIGNARD, P. *Ódio à música*. Trad. A. M. Scherer. Rio de Janeiro: Rocco, 1999.

RABINOVITCH, S. *Les voix*. Toulouse: Érès, 1999.

REGNAULT, F. "Porquoi les hommes jouent-ils une femme sur le théâtre". In: *Théâtre-Équinoxes*. Arles: Actes Sud, 2001.

REIK, T. "Le schofar". In: *Le rituel. Psychanalyse des rites religieux*. Trad. M.-F. Demet. Paris: Denoël, 1974.

REY-FLAUD, H. *Le démenti pervers. Le refoulé et l'oublié*. Paris: Aubier, 2002.

RIVIERE, J. "A feminilidade como máscara". Trad. A. C. Carvalho, E. Carvalho. In: *Psyche (Sao Paulo)* [online]. 2005, vol.9, n.16 [citado 2019-11-22], p. 13-24. Disponível em: <http://pepsic.bvsalud.org/scielo.php?script=sci_arttext&pid=S1415113820050002000002&lng=pt&nrm=iso>. ISSN 1415-1138.

ROUGET, G. *La musique et la Transe*. Paris: Gallimard, 1980.

ROUSSEAU, J.-J. *Ensaio sobre a origem das línguas*. Trad. F. M. L. Moretto. Campinas: Editora Unicamp, 2008.

SACKS, O. *Alucinações musicais*. Trad. L. T. Motta. São Paulo: Companhia das Letras, 2007.

SALAZAR, PH. -J. *Idéologies de l'opéra*. Paris: PUF, 1980.

SALAZAR, PH. -J. *Le Culte de la voix au XVIIe siècle*. Paris: Champion, 1995.

SANTO AGOSTINHO *Confissões*. Trad. L. Mammí. São Paulo: Companhia das Letras, 2017.

SARTRE, J.-P. *O ser e o nada: ensaio de ontologia fenomenológica*. Trad. P. Perdigão. Petrópolis: Vozes, 1997.

SCHAEFFER, P. *Traité des objets musicaux*. Paris: Seuil, 1977.

SERRES, M. *Musique*. Paris: Le Pommier, 2011.

SIBONY, D. *Les trois monothéismes*. Paris: Seuil, 1992.

STAROBINSKI, J. "Ombra adorata" In: *As encantatrizes*. Trad. A. V. Lessa. Rio de Janeiro: Civilização Brasileira, 2010.

STEINSALTZ, A. *Le chandelier d'or*. Lagrasse: Verdier, 1988.

VAUDRIN, M.-C. *La musique techno ou le retour de Dionysos*. Paris: L'Harmattan, 2004.

VERNE, J. *Le château des carpathes*. Arles: Actes Sud, 1997.

VIVES, J.-M. "À cor et à cri. La mise à mort de l'opéra: un acte contemporain". In: DESPRATS-PÉQUIGNOT, C., MASSON, C. (orgs.) *Formes contemporaines de la création*. Paris: L'Harmattan, 2008, p. 57-69.

VIVES, J.-M. "Au-delà du symptôme: le sujet du bégaiement". In: PIERART, B. (org.) *Les bégaiements de l'adulte*. Bruxelas: Mardaga, 2011, p. 29-36.

VIVES, J.-M. "Et incarnatus est...". In: MEYER, F. (org.) *Quand la voix prend corps entre la scène et le divan*. Paris: L'Harmattan, 2001, p. 109-127.

VIVES, J.-M. "Sobre o episódio fóbico do pequeno Hans ao tornar-se diretor da ópera ou a arte de acomodar os restos enigmáticos de um tratamento". In: VIVES, J-M. *A voz na clínica psicanalítica*. Rio de Janeiro: Editora Contra Capa, 2012, p. 64-80.

VIVES, J.-M. "Para introduzir a questão da pulsão invocante". In: *Revista Latinoamericana de Psicopatologia Fundamental*. São Paulo, v. 12, n. 2, p. 329-341, Junho, 2009. Disponível em: <http://www.scielo.br/scielo.php?script=sci_arttext&pid=S141547142009000200007&lng=en&nrm=iso>.

VIVES, J.-M. "O silêncio das sereias de Kafka: uma aproximação literária da voz como objeto pulsional". Trad. R. Dutra. In: *O Marrare, Revista da Pós-Graduação em Literatura Portuguesa*, n°11, 2009.

VIVES, J.-M. "Les trois temps de la voix". In: *Synapse*, n° 163, Paris, 2000, p. 29-35.

VIVES, J.-M. "La voi(x)e du féminin: entre regard et invocation". In: ANDRÉ, J., JURANVILLE, A. (orgs.) *Fatalités du féminin*. Paris: PUF, 2002, p. 129-147.

VIVES, J.-M. "La voix du père ou le chant de l'émasculin". In: *Trames*, n°28, 1999, p. 41-48.

VIVES, J.-M. "La voix hors-sexe: les castrats de la scène à l'obs-scénité". In: BRUN, A., TALPIN, J.-M. (orgs.) *Cliniques de la création*. Bruxelas: DE Boeck, 2007, p. 193-204.

VIVES, J.-M., CASSABUT, J. "Les enjeux vocaux de la dynamique subjective rencontrée à l'occasion du rassemblement adolescent techno". In: *Cliniques méditerranéennes*, n°75. Toulouse: Érès, 2007, p. 155-165.

VIVES, J.-M, RAUFAST, L. "Les dits-mensions de la voix: pour une approche psychanalytique du phénomène musical". In: *Prétentaine*, n°18-19.

VIVES, J.-M., VINOT, F. "Pour une assomption sonore du sujet". In: *Art et thérapie*, nº68/69, Blois : 1999, p. 102-109.

VIVES, J.-, WILLEMS, S. "Dynamique du regard et de la voix dans l'opéra". In: *Prétentaine*, n°20-21, 2007.

Este livro foi impresso em outubro de 2021 pela
Gráfica Bartira para Aller Editora. A fonte usada
no miolo é Palatino Linotype corpo 10,5.
O papel do miolo é Pólen Soft LD 80 g/m².